社会連帯経済と都市

●フランス・リールの挑戦

立見淳哉・長尾謙吉・三浦純一 編
Junya Tatemi, Kenkichi Nagao, & Junichi Miura

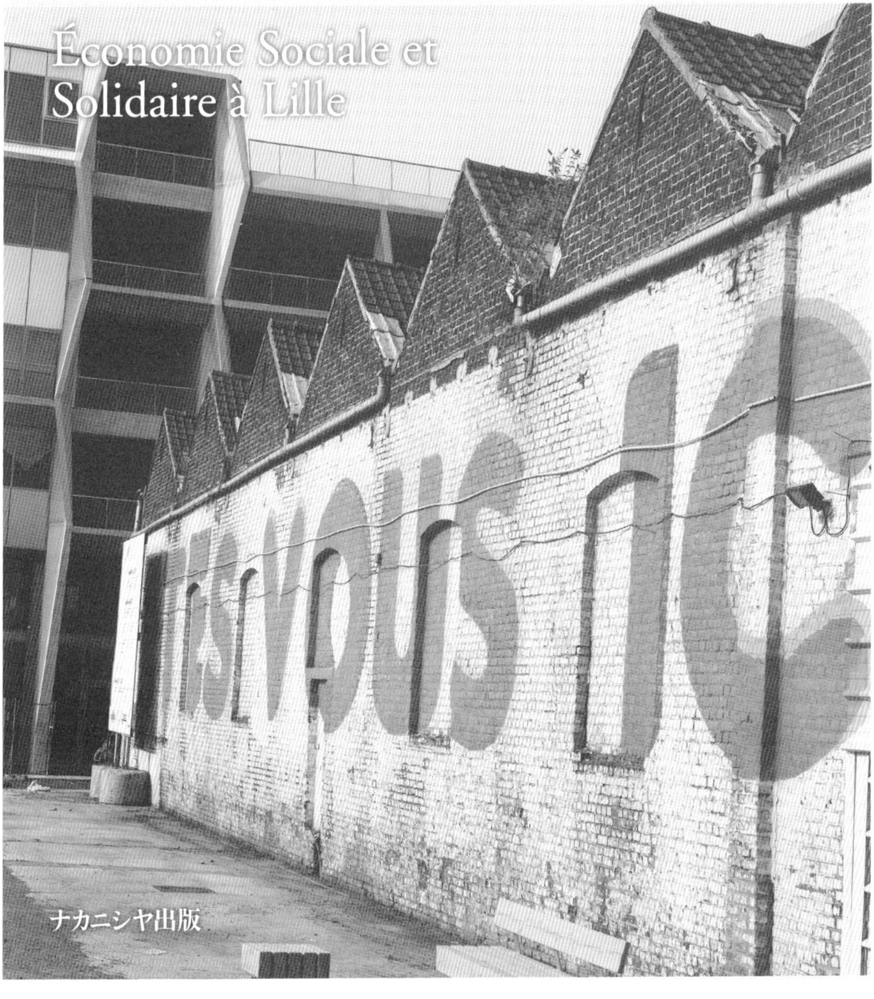

Économie Sociale et
Solidaire à Lille

ナカニシヤ出版

写真① 1920 年代のルーベの景観（繊維工場の煙突の街並み）

真② ルペルス氏によるユニオン地区の説明（第 7 章）

写真③ 工場跡地と先端産業の拠点開発
「CETI（ヨーロッパ革新的繊維センター）」

写真④ リノベーションされた旧羊毛貯蔵庫

写真⑤ 左建物でのサプロフィットの
リノベーション WS の説明（コラム 5）

写真⑥ 複合施設「ステファン・エセル・センター」外観。APES はこの建物内の「社会連帯経済の家」に入居している。

写真⑦「社会連帯経済の家」の入居組織

写真⑧ リールヨーロッパ駅（コラム 7）

写真⑨ コワーキング・スペース「Mutualab」外観（第 4 章）

写真⑩「Mutualab」に掲示されているビヤン・コマン biens communs（共通財／善）の説明図

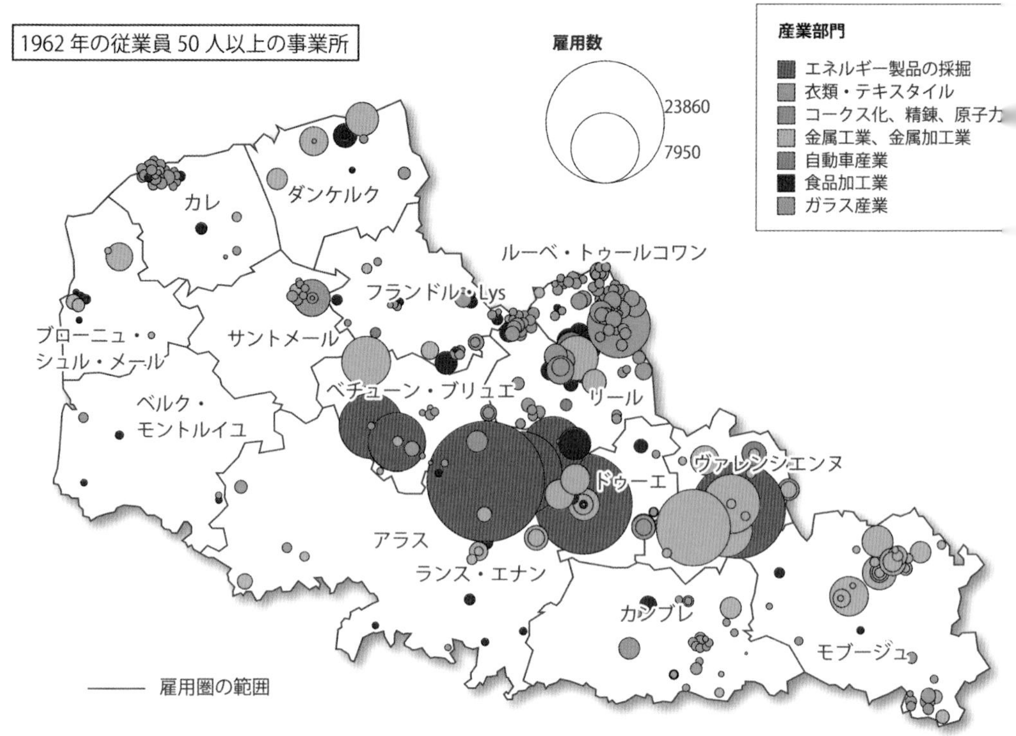

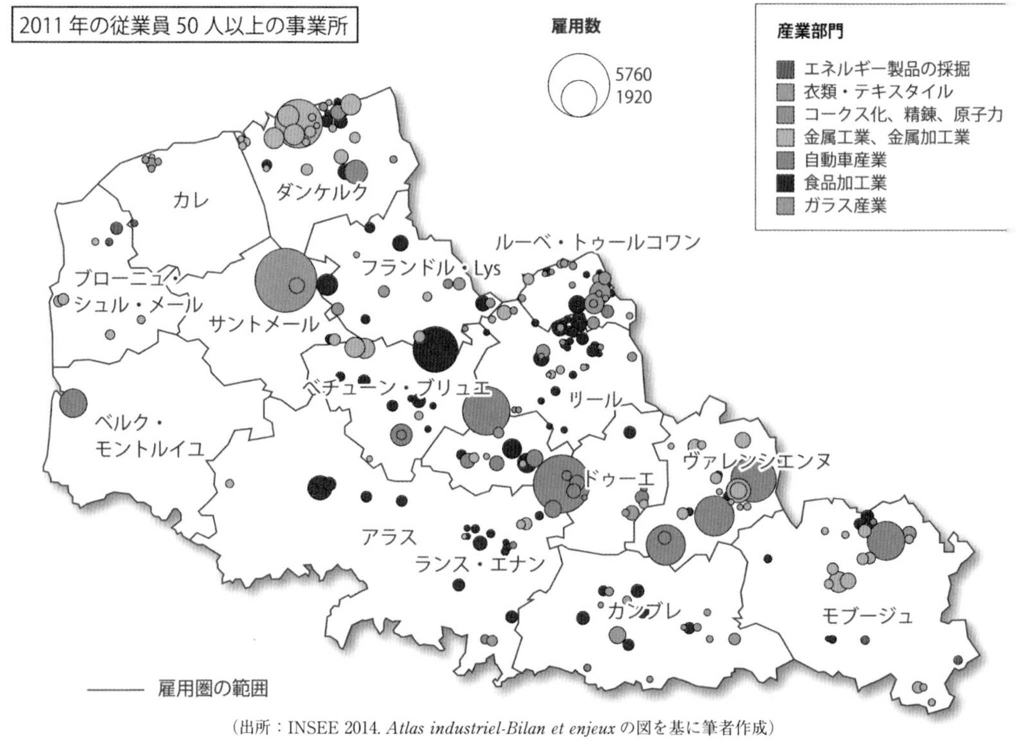

（出所：INSEE 2014. *Atlas industriel-Bilan et enjeux* の図を基に筆者作成）

目　次

01　現代資本主義と「もう一つの経済」の探求 ―――――――――――――― *1*
（執筆者一同）

1　資本主義の変化と社会連帯経済への期待　*1*
2　社会連帯経済：公共空間における共通善《ビヤン・コマン》に基づく経済　*4*
3　構想の経緯と本書のねらい：リールへの着目　*6*
4　本書の構成　*10*

02　フランスにおける社会連帯経済とその諸概念 ―――――――――――――― *13*
（立見淳哉）

1　社会連帯経済とは何か　*13*
2　社会連帯経済の概念的枠組み　*21*
3　社会連帯経済は「もう一つの経済」なのか？　*27*
4　おわりにかえて　*32*

コラム１　連帯金融 La Nef（三浦純一）　*36*

03　社会連帯経済の制度的基礎 ―――――――――――――― *38*
（立見淳哉）

1　社会連帯企業とガヴァナンス　*40*
2　社会連帯経済の制度的布置　*46*
3　社会連帯経済関連政策と地域　*51*
4　社会連帯経済をめぐる新たな争点？：むすびにかえて　*60*

コラム２　連帯経済と社会的起業家（三浦純一）　*62*

04　「社会連帯企業」の事業活動・企業形態・ガヴァナンス ―――――― *65*
（大田康博・立見淳哉）

1　はじめに　*65*
2　フランス社会連帯企業の特徴　*66*
3　オー・ド・フランス州における社会連帯企業　*74*
4　おわりに　*87*

コラム 3　Little big women（三浦純一）　*90*

05　APESの活動世界 ——— *93*

（三浦純一・立見淳哉）

1　はじめに　*93*
2　APES 誕生の時代的・地域的文脈　*94*
3　APES の組織・理念目標・原則と価値観　*97*
4　APES の具体的な活動　*100*
5　おわりに　*112*

コラム 4　ポストコロナと二つのシェアリング・エコノミー（三浦純一）　*115*

06　補完通貨と社会連帯経済 ——— *118*

（大貝健二）

1　はじめに　*118*
2　補完通貨について　*119*
3　時間通貨「l'Accorderie」の実践　*124*
4　地域通貨「Bou'sol」の挑戦　*128*
5　おわりに　*136*

07　社会連帯経済と参加型都市計画 ——— *139*
ユニオン地区の経験　**（川口夏希）**

1　はじめに　*139*
2　リール地域の都市計画と ESS　*141*
3　ユニオン地区の空間整備プロジェクト　*145*
4　建築家／住民／政策担当者の協働による労働者住宅のリノベーション　*151*
5　おわりに　*158*

コラム 5　サプロフィット Les Saprophytes：水平的な社会・空間の構築へ
（川口夏希）　*161*

08　近隣公共空間を活性化するリール市の参加民主主義 ——— *168*

（三浦純一）

1　はじめに　*168*

2　フランスの地方分権過程とリール市　172
3　リール市の参加民主主義制度　178
4　近隣公共空間を活性化する参加民主主義の要点　186
5　まとめにかえて　190

09　ノール=パ・ド・カレ州における就業構造の変容と社会連帯経済 ― 193
（小川 亮・花木完爾）

1　はじめに　193
2　就業構造の地域的変容　195
3　地域失業の情勢　209
4　社会連帯経済（ESS）セクターの雇用　216
5　おわりに　222

コラム６　リール地域における産業の歴史・変遷（立見淳哉）　224

10　経済政策と社会連帯経済 ―――――――――――――― 227
「第３次産業革命」の理念とローカルな実践への展望　（長尾謙吉）

1　はじめに　227
2　第３次産業革命：ジェレミー・リフキンの提唱　228
3　ノール=パ・ド・カレ州における構想　232
4　産業革命と社会－空間の再構築：むすびにかえて　234

コラム７　リールをめぐるリスケーリング（三浦純一）　237

11　社会連帯経済の可能性によせて ―――――――――――― 240
（立見淳哉・長尾謙吉・三浦純一）

巻末付録：インタビュー調査の訪問先と主な内容　247
事項索引　251
人名索引　253

初 出 一 覧

第2章，第4章，第7章，コラム6は以下の既発表論文をもとにしている。初出論文に対して，3つの章では軽微な修正を加え，コラム6ではその一部を抜き出し加筆修正を行なった。その他の各章は，本書の出版のために書き下ろしたものである。

第2章：立見淳哉 2018. フランスにおける社会連帯経済の展開―もう一つの経済に向けた試み.『経営研究』69(2): 19–39.

第4章：大田康博・立見淳哉 2020. 社会的企業の事業活動, 企業形態, ガバナンス―フランスの社会連帯経済を中心に.『経営研究』71(1): 17–39.

第7章：川口夏希 2019. 社会連帯経済と参加型都市計画―フランス・リール地域ユニオン地区の経験.『都市と社会』(3): 128–147.

コラム6：立見淳哉 2012. 仏・リールにおける産業構造の転換と文化振興の役割. 大阪市立大学大学院創造都市研究科編『創造経済と都市地域再生 2』37–43. 大阪公立大学共同出版会.

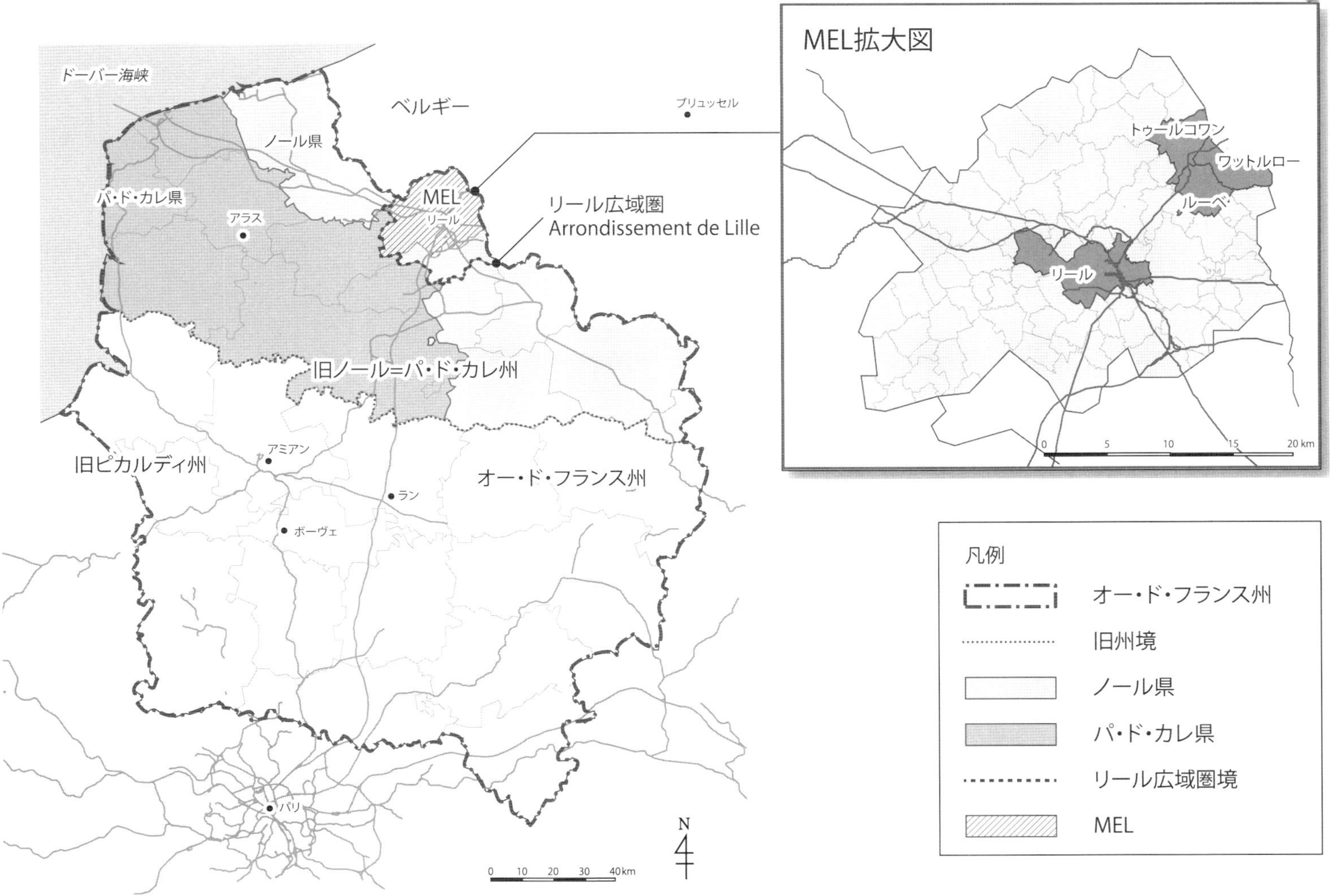
ドーバー海峡
ベルギー
ブリュッセル
ノール県
パ・ド・カレ県
アラス
MEL
リール
リール広域圏
Arrondissement de Lille
旧ノール=パ・ド・カレ州
旧ピカルディ州
アミアン
ラン
ボーヴェ
オー・ド・フランス州
パリ
0 10 20 30 40km
N
MEL拡大図
トゥールコワン
ワットルロー
ルーベ
リール
0 5 10 15 20 km
凡例
オー・ド・フランス州
旧州境
ノール県
パ・ド・カレ県
リール広域圏境
MEL

現代資本主義と「もう一つの経済」の探求

01

1 資本主義の変化と社会連帯経済への期待

本書は，フランスの北東部に位置するリール地域における社会連帯経済 Économie Sociale et Solidaire（ESS《ウーエスエス》）の実践を詳細に検討することで，通常考えられがちなものとは異なるもう一つの経済の可能性を探り，都市・地域経済の再編に向けた新たな展望を得ることを目的としている。

今日，多くの都市・地域経済が，グローバル資本主義の中で疲弊し，明確な将来展望を描けなくなってきている現実がある。産業構造の転換と工業の衰退，雇用基盤の喪失，特定大都市への集中と地域間格差の拡大，社会保障制度の綻び，企業のグローバルな移動と従来型の企業誘致を中心とした地域政策の限界，環境問題への対処など，難題は累積している（立見・長尾 2013）。われわれは，どのように対峙していけばよいのだろうか。

本書ではこれに対し，「経済」に対する常識や発想を根本的に転換させていく必要があると考えている。そして ESS が，都市・地域経済にとって今後歩むべき道への重要な手がかりを与えてくれると考えるのである。ESS は社会的排除や環境破壊など現代資本主義が引き起こす諸問題との格闘を通じて形成されてきたものである。それは「もう一つの経済」の姿を追求することで，問題の要因を取り除き，より公正な社会の実現をめざす運動である。ESS は，基本的にはローカルな近接性 proximité に基づく経済であり，その意味で人々が生活する足元の地域経済について，斜陽工業都市であれ農村地域であれ，将来像を考える上で示唆に富む試みなのである。

ESS は日本ではまだ馴染みの薄い言葉であり，具体的なイメージが湧きにくいかもしれない[1)]。簡単に表現するなら，それは「通常の」経済のように私的利益の追求ではなく，万人にアクセス可能な社会的な有用性（社会的効用）を追求することに主眼を置く経済である。その意味で，協同組合やNPOなどの非営利組織や，ソーシャル・ビジネスやソーシャル・イノベーションを主軸とする活動からなるセクターをイメージするとわかりやすいだろう（池本・松井編 2015)。ただし，第2章で触れるように，ESSはこれらの概念と，厳密には同義ではない。そこでは，社会的効用の生産に加えて，開かれた参加に基づく，企業の民主的ガヴァナンスが求められる。ESSは，社会的目的を有する企業の集まりをただ単に意味するだけではなく，共通善としての価値を共有し，一つの仕組みをもった経済たろうとする点を大きな特徴としている。そうした仕組みゆえに，企業をはじめとする組織とともに集合的消費 collective consumption や集団的秩序 collective order といった集合性の具体的な発現である都市・地域経済に着目して理解する必要がある。

ESSは世界各地で巻き起こりつつあるが（廣田 2016)，南欧や南米といったラテン語系の諸国（幡谷編 2019)，すなわちスペイン（工藤 2016)，フランス，ブラジル（鈴木 2017）といった国でとりわけ活発な展開をみせている。このうち，本書が対象とするフランスでは，1990年代以降，社会的経済，連帯経済，社会的起業家といった異なる概念が徐々に融合し，2000年代に入って，これらを包含するカテゴリーとしてESSが使用されるようになった経緯がある。そして2014年には社会連帯経済関連法が成立し，政策的支援が本格化しているほか，多くの研究者が関与し，理論的な考察も深められている。国民経済全体における位置づけを見ても，ESSはGDPの10%，民間雇用の10.5%から12.7%ほどを占め，また2010年から2015年の間に，民間雇用全体の増加が7%であったのに対し，ESSは26%の増加を示すなど比重を高めつつある（Lacroix et Slitine 2016)。

ところで，ESSが2000年代を通じて大きな動きとなってきた背景を，資本主義の変化と現代資本主義の特質を抜きに考えることは難しい。なぜなら，それが現代資本主義の問題を乗り越えることを目指した運動であると共に，活動の底流におい

1）学術的研究については，協同組合や社会的経済（北島 2016; 津田 2017)，開発経済学（西川・生活経済政策研究所編 2007)，社会包摂（北島 2007; 福原 2013）の分野などで研究が進められてきた。ESSの仕組みに関する最もまとまった著作としては，ラヴィル編（2012）がとりわけ重要である。近年では，ESSの平易な概説（廣田 2016）や，連帯金融を扱ったアルティ（2016）も訳出されるなど，徐々に紹介が進んでいる。特定地域にフォーカスした優れた研究として，ラテンアメリカ諸国の連帯経済の実態を描いた幡谷編（2019）も得られている。また，立見・筒井（2018）は，一般読者向けの短い文章だが，連帯経済を参照軸に，日本における近年の田園回帰現象の意味を検討したものである。

ては現代資本主義と同様の「精神」を部分的にではあれ共有しているようにみえるからである。その精神とは，自由・自律・自発性・モノや人間の個性／真正性の重視といった要素によって特徴づけられるものである。

『資本主義の新たな精神』の著者であるボルタンスキー・シャペロ（2013）によると，資本主義は常に資本主義に人々を参加させる規範的な支柱，すなわち「精神」を必要とする。そして，それは今日，自由で自律した個人間の結合や，モノや人間の個性（特異性）の重視といった結合主義的規範によって特徴づけられている。現代のイノベーションや創造性を生み出す，非物質的労働（知識創造や感情の操作など頭を使った労働）や，プロジェクトとネットワークを通じた協業・分業はこの精神によって支えられている。

この精神は，高度成長を支えた当時の資本主義の批判から生じ，1980年代を通じて資本主義を今日の形態へと変容させただけではなく，現代資本主義を正当化する規範となったものである[2)]。資本主義に向けられてきた批判には，大きく「芸術家的批判」と「社会的批判」があるが，主として前者の芸術家批判と資本主義の変容が，今日に続く「精神」の形成を導いた。他方で，フォーディズム（高度成長期の社会経済レジーム）における生活保障等の安全性や分配の平等性は，後者の社会的批判に応えたものであったとされる。こうした批判的表現や政治的喚起力のための豊かな土壌となるのが都市である（ハーヴェイ 2013）。

今日の資本主義は，個人を様々なしがらみから解き放ち，自由と裁量，そして他に代替できないような個性，そして自発的な結合による自律的統治などの欲求に応えるように組織されている。しかし，他方で，労働者組織の弱体化に伴いかつての社会的批判が後退したことで，フォーディズム期のような資本と労働の妥協（団体交渉制度と生産性インデックス賃金）を通じた分配の公平性は失われ，企業／産業の「フレキシビリティ」と引き換えに雇用は不安定化し（次の雇用先を見つけるためのエンプロイヤビリティが鍵となる），経済／地域間格差や社会的排除の問題が深刻さを増している。1980年代以降のフランスを特徴づけるのは，経済と社会の両立をめぐるこうした困難な状況であり，これが「もう一つの経済」としてESSが生み出され，広がりをみせる背景ともなっている。

2）ただし，資本主義を支える諸装置が変容する上で，批判と正当化を経由しないような，よりローカルでミクロな実践「移動 déplacement」もまた重要な役割を果たす。

2 社会連帯経済：公共空間における共通善《ビヤン・コマン》に基づく経済

現代資本主義における富の形成にフォーカスすると，労働への自発的参加に加えて，利潤は，レントの性格を帯びる（山本編 2016）[3]。レントとは，もともと土地を独占的に所有することで得られる地代の意味であり，ある特定の資産に対する私的所有者の独占にもとづいている（ハーヴェイ 2013: 157）。現代においては共通の知識基盤，ポピュラー文化，場所の個性など資本の外部で形成され本来は万人に開かれた共通の資源（コモン）から，アイデアやイメージを引き出し，あるいはコモンそのものを知的財産権などを通じて私的に所有することで利潤を得ることが増大している。

こうした観点に従えば，現代資本主義は，個人の自由・自律を強調しながら，他方で，不平等の拡大や「やりがい搾取」，コモンの私的領有など社会基盤を突き崩す特徴を併せ持つ。社会連帯経済論をリードしてきたジャン=ルイ・ラヴィル（J.-L. Laville）の言葉を借りれば，1960 年代の実存的要求を内部化した「新たな精神」に基づく個人の自己実現／自己表現の要求が快楽主義とエゴイズムを賛美する市場の勝利をもたらし，共通善《ビヤン・コマン》 bien commun が忘却されてしまったことが問題である（Laville 2016）。コモンの私的領有と商品化が進むことによって，気候変動をはじめとする地球規模での危機をうみだしている（斎藤 2020）。

これに対して，ESS は，現代資本主義と同様に個人の自由・自律・特異性を重視しながらも，互酬的連帯や公正といった価値を忘却することなく，コモンの維持・拡大に寄与する経済を目指している。結局，「資本主義の新たな精神は，『連帯の新たな精神』を排除することはなかった」（Laville 2016: 237）のであり，ESS は，自由や自律を求める芸術家的批判だけではなく安全性や公正など社会的批判にも応える経済として，実践を通じて構想され，構築されてきたのである[4]。持続可能な社

3）こうした観点は主に認知資本主義論に負っている。

4）1968 年に端を発する「芸術家的批判」は，「社会的批判」と完全には切り離されてはいなかった。ラヴィルによると，ボルタンスキーとシャペロの議論は企業を対象としたものであって，それ以外での展開には注視していない。たとえばアンテルミタン（不定期労働者）の運動は，「芸術家的批判」と「社会的批判」をまさに接合したものであった。また，アートと芸術分野では，創造性と連帯が「もう一つの経済」の要求へと結びついている。これを踏まえれば，ラヴィルがいう社会連帯経済を支える民主的連帯，あるいは新たなアソシアシオン主義とは，こうした二つの批判の接合の上に成り立つものであると解することもできよう。

会に向けて「脱成長」をキーワードに社会変革を展望する立場（ラトゥーシュ 2020; 斎藤 2020）に比べて，ESS は社会のハイブリッドな編成と現実的なローカルでの実践に重きを置いている。

第２章でも触れることになるが，ESS の文脈においては，当初，社会的効用（有用性）という言葉で活動の特徴づけがなされてきた。社会的効用は法的に定義され，ESS の中でフォーマルな位置づけを得ている。しかし，近年では，むしろコモン（ズ）やビヤン・コマンという概念がフォーカスされ[5]，公共空間 espace public における自由で自律した個人の参加と討議を通じて価値（共通善）を共有し，コモンないしは共通財《ビヤン・コマン》であるところのものを特定し，それを生産・維持する経済として ESS を表現するようになっている。ここでいうコモンやビヤン・コマンといったものは，伝統社会に根付いた自然環境などの物的資源だけではなく，クリエイティブ・コモンズと呼ばれるような知識基盤，さらにはコモンにアクセスする権利（労働・文化・平等といった一般的権利）までも広く含むものである。

フランスの ESS の文脈においてコモンとビヤン・コマンはあまり区別されることなく使用されているようにみえるが，本書では，ビヤン・コマン（共通財／善）という表記をあえて用いることにする。それは概念上の混乱を避ける意図に加えて，ビヤン・コマンが ESS の特徴を端的に示すのに非常に適した概念であると考えるからである。ビヤン・コマンは共通善という通常政治の領域において追求される価値を意味すると同時に[6]，共通財という経済の領域に関わる対象をも含意する言葉である。ESS において生産される財は，共同で生産・維持され皆にとってアクセス可能な共通財でなくてはならないとともに，皆にとって善いこと，すなわち共通善に寄与しなくてはならない。そこでは政治と経済という二つの領域が不可分に結合

5）ラテンアメリカの連帯経済の展開を明らかにした幡谷編（2019）のサブタイトル「コモン・グッドの再生をめざして」が端的に示すように，フランス以外でもコモンもしくはビヤン・コマンが鍵概念となっている。なお，ビヤン・コマンに対応する英語表記がコモン・グッドである。

6）Thévenot（2015）によると，政治と経済は通常明確に区別され，それぞれ異なるタイプの価値形成の場と価値形成様式をもつとみなされる。前者においては，公共空間における熟議を通じて共通善に寄与する政治的価値が目指される。これに対し後者は，市場が価値形成の場であり，公共空間も熟議も存在しない。そこでは，消費者によってなされる個人的な購買選択をもとに，価格によって測定されるところの市場的価値が形成される。この点を踏まえると，社会連帯経済は，政治と経済を結合させ，公共空間において共通善に向けた価値が形成される経済であるということもできるだろう。

し――その区分を不要化するようにみえる――，共通善へと向かう経済が構想・実践されているのである。ラヴィルもまた，コモンとESSを関連づけるものとして，ビヤン・コマン概念への準拠を重視している（Laville 2016）。

なお，本書では，ESSで重要な鍵概念となる「公共空間」という用語について，政治と経済という二つの領域を横断し，様々な立場の人々が議論し価値を形成する空間という意味で用いる。これは，ESSに関する主要な文献での用い方に準拠している。「公共空間」は様々な人々が利用できる物理的空間（議論や運動の拠点ともなる）や公的組織に管理・運営される物理的空間という意味で用いられる場合もあり，注意が必要である（第8章注7も参照のこと）。

ビヤン・コマン（共通財／善）への関心は高まりつつあり，フランスの経済学者でノーベル経済学賞受賞者であるジャン・ティロールは『良き社会のための経済学（原題：ビヤン・コマンの経済学 *Économie du bien commun*）』を著し，個々の利益と全体の利益とが一致するとは限らないことを意識し，世界をよりよくすることをめざす経済学のあるべき方向性を提起している（ティロール 2018）。アメリカ合衆国ではマーク・ルッツが社会経済学の視点からコモン・グッド common good の経済学を論じ，人間性を重視したアプローチの重要性を説いている（ルッツ 2017）。これらは市場を通した個々の利益追求のみによって社会を運営する危うさを明らかにする重要な仕事である。しかし，展開されている議論は個々のアクターと国や世界のスケールでの社会全体という経済学の古くからの枠組みに止まっており，アクター間での関係性や近接性の重要性にアプローチできていない。ビヤン・コマン（共通財／善）は，本書で明らかにするようにローカルなスケールにおいてもつ意義が大きく，それとともにローカルスケールだけでなく国や世界のスケールにおける共通善との整合性も問われるものなのである。

3 構想の経緯と本書のねらい：リールへの着目

フランスは欧州のなかでも「脱工業化」がいち早く進んだ国の一つであり，とりわけリール地域は，「黄金の30年」と呼ばれる戦後の高度成長期から早くも，工場の移転・閉鎖に伴う深刻な社会・経済的な課題と向き合ってきた。先進諸国の斜陽工業地域 Old Industrial Areas の代表的な地域の一つであり，『反乱する都市』の著者であるデヴィッド・ハーヴェイもリールをボルチモア（アメリカ合衆国），グラスゴー（イギリス），エッセン（ドイツ）などと並べて斜陽化した工業都市の代表例として例示している（ハーヴェイ 2013）。苦境に抗い続けたこの地域における粘り強い挑戦は，今日，ESS を軸に「もう一つの経済」の仕組みへと結実しつつあるようにみえる。本書では，未だ日本ではあまり知られていないフランスにおける ESS の諸議論ならびに諸制度の中身を明らかにすると同時に，リール地域が抱えてきた課題や独自の産業基盤を踏まえながら，ESS の地域レベルでの実像と「もう一つの経済」の具体像を描き出す。

ところで，本書を執筆するにあたっては，2011 年から 2018 年にリール地域において実施してきた，ESS に関するフィールド調査の成果をもとにしている。執筆者たちが，この地域を初めて訪れたのは 2010 年のことだった。同地域はフランス政府によって認定された 5 つの産業クラスター（「競争力の極 pôle de compétitivité」）を有していたことから，クラスター政策の内実に触れることが，私たちの当初の関心だった。しかし，現地を実際に訪問して目の当たりにしたのは，第二次世界大戦後に始まる劇的な脱工業化に伴う深刻な社会・経済的状況であり，ESS を発展させることによって，困難を乗り越えオルタナティブな社会・経済を創造しようと格闘を続ける，リール地域の姿であった。その頃，日本においても今後，産業構造の転換によって新しい都市・地域経済のあり方を本格的に検討せざるを得なくなると考えていたメンバーたちにとって，リール地域は非常に新鮮で魅力を放つ存在となったのである [7)]。

こうして，翌年からリール地域を対象とした ESS の調査が始まった。リール地域を訪れて ESS の実態に触れることでイメージを育みながら，並行して，リピエッツ（2011）『サードセクター』やラヴィル編（2012）『連帯経済』を執筆メンバーで輪読し，ESS あるいは連帯経済の中身を徐々に理解していった。特に 2013 年 5 月，ラヴィルの訳者で日本における連帯経済の研究をリードされてきた立教大学の北島健一先生にお願いし，大阪市立大学創造都市研究科のワークショップで講義してい

7）筆者らが専門とする経済地理学や地域経済学において，同様に，オルタナティブな経済を模索する研究が近年生み出されつつある。ここでは，「地域の価値」の観点からポスト資本主義へのヒントを探る除本・佐無田（2020），「多様な経済」を模索する山本（2017）や中澤（2020），田園回帰現象にオルタナティブな経済の芽を見出す筒井編（2021）を挙げるにとどめたい。本書と同じく欧州の脱工業化都市を対象にした研究として脱工業化都市研究会編（2017）がある。「縮小都市」の観点からイタリア・トリノにおける都市再生の経験を検討しているが，上記の研究につながる関心を読み取ることができる。

ただく機会に恵まれことが大きい。ここで，もろもろの質問にお答えいただけたことで，連帯経済の理解を深めることができた。北島先生には，2016 年 6 月に実施した同研究科のシンポジウムにも登壇していただいた。

2014 年から 2016 年までは，幸運にも日本学術振興会の海外学術調査（基盤研究 B：課題番号 26300033「フランスの斜陽工業地域における社会連帯経済」研究代表者：立見淳哉）に採用されたこともあって，通算 8 年間にわたる継続的な調査が可能となった。そしてこの間にも，リール地域あるいはフランス全体における ESS をめぐる状況は大きく変化することになったのだが，そうした変化をも肌身をもって知ることができたのである。なかでも 2014 年に社会連帯経済関連法が成立したことで，制度的枠組みが整備され，ESS の推進は勢いを増すこととなった。ESS はこれまで「経済活動を通じた参入」をはじめ非営利の社会包摂的活動が中心であったが，これによって，私的企業がアクターとして登場すると共に市場経済との接点が強調されるようになっている。

もっとも，ESS そのものは，互酬性を推進力としながらも，市場経済，互酬性の経済，公共経済（再分配）といった異なる「経済」領域から資源を調達し，それらを組み合わせることで成り立つ，いわばハイブリッドな経済である。そして，互酬性の原理を市場経済へと制度的に接続させることは連帯経済に固有の特徴であり強みといえるが，実際には，資本主義的あるいは営利企業中心の市場経済との摩擦もまた浮き彫りになりつつある。

本書は，ESS の学術的な概念と可能性を提示することに加えて，フィールド調査の過程で明らかとなってきたような，ESS を枠組みづける諸制度が実際にどのように機能しているか，といった実態部分をできる限り丁寧に描き出そうとしている。そして執筆にあたっては，とりわけ以下の諸点に目配りをした。

第一に，ESS では経済的次元だけではなく，公共空間を通じて各人が討議に参加する政治的次元が重要である。ESS はビヤン・コマンの生産に向けられた経済であるとして，何がビヤン・コマンであるのかは自明ではない。それを特定し評価するモノサシ自体が公共空間における討議によって構築されなくてはならない。それでは，公共空間を支え，経済と政治を媒介する諸制度は具体的にどのようなものであるのか。

第二に，ESS のもつハイブリッド性である。上記の ESS の枠組みにおいて，どのように市場経済，公共経済，互酬性の経済を組み合わせることができるのか，具体的にどのような方法があり得るのか。

第三に，本書ではさらに，都市・地域経済全体において，ESSに含まれる諸活動だけではなく，通常の意味での市場経済との関係性にもできるだけ配慮している。というのも，当然，リール地域においてもESSのみで都市・地域全体の経済が支えられているわけでは決してなく，その他の「経済」との関係の中でESSの展開を位置づけることが必要である。本書では，少なくとも当面，資本主義的市場経済とは切り離されてESSが成立するとは考えておらず，むしろさまざまな論理から成り立つ経済の混在性を前提にしながら，それでも最終的には，ESSの原理に優先性が与えられるような政策としてリールの実験を捉えている。これは，第2章で検討するDufalvard（2017）のいう「マクロ制度」の布置に関わる観点ともいえる。

最後に，ESSの空間性あるいは地理的スケールを意識することである。ESSでは様々な場面において「近接性」という言葉が重要な意味をもつ。たとえば，上述のラヴィル（2012）も指摘するように，連帯経済は何よりも「近隣サービスservice de proximité」の生産に関わり，公共空間もまたローカルな空間に根ざしている。こうした意味において連帯経済は，基本的にはローカルな経済なのである。しかしながら，それは，決してローカルに閉じられたものではない。公共空間における討議においても，ある特定の集団にとってのみ利益が享受されるようなビヤン・コマンは正当化されえない。追求されるビヤン・コマンは，よりグローバルな価値，あるいは一般的権利の拡大と両立する場合においてのみ正当化されうる。ESSの可能性を探ることは，ローカルとグローバルのありうるべき関係を考えることでもある。

社会的経済，サードセクター，連帯的関係性について概念的検討を行なったムーラートらが述べるように，こうした諸概念や関連する経済活動や社会的関係性は特定の社会，文化，歴史的，制度的背景に根づいており，「一つによってすべてを」定義できるものではない（Moulaert and Ailenei 2005: 2049–50），それゆえ一般的構造と特定の状況との相互関係にも焦点をあてる必要がある。リール地域の特定の状況に多方面からアプローチした本書は，こうした点でも価値をもつものであろう。

8）フランスでは地方制度改革によって，2015年に「州の再編・統合，州・県議会の選挙及び選挙期日の変更に関する法律」が公布され，2016年1月1日，フランス本土は22州から13州へと再編された。オー・ド・フランス州は，ノール=パ・ド・カレ州とピカルディ州が統合され誕生したものである。リール地域は，旧ノール=パ・ド・カレ州ノール県に位置する。

4 本書の構成

本書は，次のような章構成を取る。まず，第2章から第4章は連帯経済ないしは社会連帯経済（ESS）の諸概念ならびに制度的枠組みに関して検討している。第2章はフランスにおけるできるだけ直近の学術的議論を踏まえて概念的整理を行い，第3章では，フランス全体のESSの制度的布置と，リールが位置するオー・ド・フランス州[8)]の政策的展開を素描している。第4章では，民主的ガヴァナンスとビヤン・コマンの生産に適した制度として協同組合会社SCICにフォーカスし，資本主義的企業との比較の中でより詳細な特徴を描いている。第5章から第10章が，リール地域におけるESSの具体的検討となっている。そこでは，ESSの支援アクター「アペス」（第5章），互酬性の経済を促進する補完通貨（第6章），ESSの空間形成であるといえる参加型都市計画（第7章），ESSの公共空間を支える社会的基礎に関わるリール市の参加民主主義（第8章），といったトピックを扱っている。これらはいずれも，学術的議論で強調されたり，2014年法で位置づけられている，ESSにおける重要ポイントを抜き出したものである。第9章と第10章は，ESSを相対化して捉えるための考察となっている。第9章は，リールとその周辺地域がESSに取り組まざるを得なかった産業的背景を，脱工業化の実態を統計的に検討することで明らかにしている。第10章は，リールを含むオー・ド・フランス州と州商工会議所が推進している「第3次産業革命」を扱っている。コラムでの紹介を含めてフランスあるいは欧州レベルでの地域再編の中でリールの地理的ポジションがもつ意味が変化し，ESSとも連動しながらより大きな社会・経済・インフラの刷新に関わるリール地域の独自の実験が推進されていることを描く。

【文　献】

アルティ, A. 著，尾上修悟訳 2016.『「連帯金融」の世界―欧州における金融の社会化運動』ミネルヴァ書房. Artis, A. 2013. *Introduction à la finance solidaire*. Grenoble: Presses Universitaires de Grenoble.

池本幸生・松井範惇編 2015.『連帯経済とソーシャル・ビジネス―貧困削減，富の再分配のためのケイパビリティ・アプローチ』明石書店.

北島健一 2007. 連帯経済論の展開方向―就労支援組織からハイブリッド化経済へ. 西川潤・生活経済政策研究所編 2007.『連帯経済―グローバリゼーションへの対案』59–85. 明石書店.

北島健一 2016. 連帯経済と社会的経済─アプローチ上の差異に焦点をあてて.『政策科学』23 (3): 15–32.
工藤律子 2016.『雇用なしで生きる─スペイン発「もう一つの生き方」への挑戦』岩波書店.
斎藤幸平 2020.『人新世の「資本論」』集英社.
鈴木美和子 2017. ソーシャルデザイン─地域文化の回復. 小池洋一・田村梨花編『抵抗と創造の森アマゾン─持続的な開発と民衆の運動』現代企画室.
脱工業化都市研究会編著 2017.『トリノの奇跡─「縮小都市」の産業構造転換と再生』藤原書店.
立見淳哉・筒井一伸 2018. 田園回帰と連帯経済の接点をさぐる.『地理』63 (6): 55–61.
立見淳哉・長尾謙吉 2013. グローカル化, 格差, コミュニティ─コンヴァンシオン理論を通じた展望.『経済学雑誌』113 (4): 85–103.
津田直則 2017. 社会的連帯経済への道─資本主義のオルタナティブ.『変革のアソシエ』29: 23–30.
筒井一伸編 2021.『田園回帰がひらく新しい都市農山村関係─現場から理論まで』ナカニシヤ出版.
ティロール, J. 著, 村井章子訳. 2018.『良き社会のための経済学』日本経済新聞出版社. Tirole, J. 2016. *Économie du bien commun*, Paris: PUF.
中澤高志 2020. 地方都市の若手創業者にみる雇われない働き方・暮らし方の可能性─長野県・上田での調査から.『地理学評論』93 (3): 149–172.
西川 潤・生活経済政策研究所編 2007.『連帯経済─グローバリゼーションへの対案』明石書店.
ハーヴェイ, D. 著, 森田成也ほか訳 2013.『反乱する都市─資本のアーバナイゼーションと都市の再創造』作品社. Harvey, D. 2012. *Rebel cities: From the right to the city to the urban revolution*. London: Verso Books.
幡谷則子編 2019.『ラテンアメリカの連帯経済─コモン・グッドの再生をめざして』上智大学出版.
廣田裕之 2016.『社会的連帯経済入門─みんなが幸せに生活できる経済システムとは』集広舎.
福原宏幸 2013. 社会的排除／包摂と社会連帯経済─社会的承認論からのアプローチ.『福祉労働』137: 93–103.
ボルタンスキー, L.・シャペロ, E. 著, 三浦直希ほか訳 2013.『資本主義の新たな精神(上・下)』ナカニシヤ出版. Boltanski, L. et Chiapello, E. 1999. *Le nouvel esprit du capitalism*. Paris: Gallimard.
山本大策 2017. サービスはグローバル経済化の抵抗拠点になりうるか─「多様な経済」論との関連において.『経済地理学年報』63 (1): 60–76.
山本泰三編 2016.『認知資本主義─21 世紀のポリティカル・エコノミー』ナカニシヤ出版.
除本理史・佐無田 光 2020.『きみのまちに未来はあるか？─「根っこ」から地域をつくる』岩波書店.
ラヴィル, J.-L. 編, 北島健一ほか訳. 2012.『連帯経済─その国際的射程』生活書院. Laville, J-L. ed. 2007. *L'Économie solidaire: Une perspective internationale*. Hachette

Littératures.

ラトゥーシュ, S. 著, 中野佳裕訳. 2020.『脱成長（文庫クセジュ）』白水社. Latouche, S. 2019. *La décroissance*（Que sais-je?）. Paris: PUF.

リピエッツ, A., 井上泰夫訳. 2011.『サードセクター―新しい公共と新しい経済』藤原書店. Lipietz, A. 2001. *Pour le tiers secteur. L'économie sociale et solidaire: Pourquoi et comment*. Paris: La Découverte.

ルッツ, M. A. 著, 馬場真光訳. 2017.『共通善の経済学』晃洋書房. Lutz, M. A. 1999. *Economics for the common good: Two centuries of economic thought in the humanist tradition*. New York: Routledge.

Dufalvard, H. 2017. Des communs sociaux à la société du commun. *RECMA* 345: 42–56.

Lacroix, G. et Slitine, R. 2016. *L'économie sociale et soidaire*. Paris: PUF.

Laville, J.-L. 2016. *L'économie sociale et solidaire: Pratiques, théories, débats*（nouvelle édition）. Paris: Economie.

Moulaert, F. and Ailenei, O. 2005. Social economy, third sector and solidarity relations: A conceptual synthesis from history to present, *Urban Studies* 42（11）: 2037–2053.

Thévenot, L. 2015. Certifying the world. In *Re-imaging economic sociology*. ed. Aspers, P. and Dodd, N., 195–223. Oxford: Oxford University Press.

フランスにおける社会連帯経済とその諸概念

立見淳哉

02

この章では，フランスの社会連帯経済（ESS）の特徴を確認した上で，それがどのような仕組みをもつ経済であるのか，また現代資本主義においてどのような位置づけを得ようとしているのか，といったことについて，いくつかの最近の議論を手掛かりに検討していく。参加と民主的ガヴァナンスを特徴とする，ビヤン・コマン（共通財／善）の生産に向けられた経済としてESSの輪郭を描く。

まず，ESSの歴史を概観した後で，ラヴィルの議論を中心に，フランスの制度派経済学の知見も交えつつ，それがどのような仕組みをもつ経済でありうるのかを検討する。さらに，ESSが，現代資本主義の枠内においてどのような位置を占めているのか，すなわちそれが果たして「もう一つの経済」でありうるのか，について考えることにしたい。

1 社会連帯経済とは何か

1-1 社会連帯経済の基礎：社会的経済，連帯経済，社会的起業家

社会連帯経済（ESS）は，社会的経済，連帯経済，社会的起業家という出自の異なる複数の概念を包括する言葉として，2000年代以降，法的な承認を得てきたものである（表2-1）。まず，ESSの概説書であるLacroix et Slitine（2016）を軸に適宜文献を補いつつ，それぞれの概念の特徴とそれらがESSへと合流していく過程について確認することからはじめたい[1)]。

まず社会的経済であるが，その歴史は古く，18世紀にジュラとフランシュコンテにおけるチーズ製造業者の協同組合の実践にその萌芽を求めることができる。しかし，それが本格展開するのは，19世紀に入ってからのことである。この時期，産業革命によって，農業社会から石炭エネルギーと機械工業を主軸とする社会への移行が生じたことで，これまでの社会的基礎が揺らぎ，連帯が重要課題として急速に認

表 2-1　社会連帯経済をめぐる出来事

（出所：CNCRESS 2016. *Économie Social et Solidaire: Loi du 31 Juillet 2014*. CNCRESS を基に筆者作成）

	社会連帯経済関連の出来事
1981 年	「社会的経済」という表現が当時大臣だったミシェル・ロカールとピエール・ルッセルのイニシアティブで現れる。彼らは 2 年で社会的経済の高等評議会と，専門の省庁間委員会を創設。
2000 年	ギー・アスコエが連帯経済閣外大臣に就任し，法律の第一案を作成。
2001 年	社会的経済と連帯経済は，分断され，さらには対立させせられてきたが徐々に関連づけられ，この年専門委員会の創設によって社会連帯経済が出現。
2010 年 4 月	国民議会議員フランソワ・ヴェルカメが，社会連帯経済に関する初の報告書の一つを作成。
2011 年	当時の連帯・社会的結束大臣であるロゼインヌ・バシェロが，社会連帯経済のための法的枠組みの制定を提起。オランド大統領選後，ブノワ・アモンが社会連帯経済担当大臣に任命され，経済大臣に関連づけられる。社会連帯経済高等評議会（CSESS）と社会経済・環境評議会（CESE）が検討される。
2013 年 7 月 24 日	1 年間の関連アクターとの作業・協議を経て，2013 年 7 月 24 日に社会連帯経済関連法のプロジェクトが示される。
2013 年 11 月	同法プロジェクトが「議会間の往復」を開始。
2014 年 6 月	内閣改造を受けて，キャロル・デルガが，商業・手工業・消費・社会連帯経済の閣外大臣に任命される。
2014 年 7 月	7 月 21 日に法案が採択。これを受けて，同法案は社会連帯経済関連の 2014 年 7 月 31 日の法律 2014-856 となる。
2015 年 6 月 17 日	キャロル・デルガが辞職する。当時シャラントの国民議会議員だったマルティーヌ・パンヴィルが，その後任に任命。
2015 年 11 月	金融法における社会連帯経済向けの貸付が，「連帯」ミッションから「経済」ミッションへと転換。
2016 年 1 月 1 日	社会連帯経済の管理が，厚生省とその社会的結束総局（DGCS）を離れ，経済省となる。
2016 年 5 月 9 日	国民議会の経済問題委員会が，法律の施行に関する情報レポートを発行。

1）同書は，フランス大学出版会から発行されているク・セ・ジュ文庫の一冊である。まさに『社会連帯経済』というタイトルで，その歴史的・制度的な要点について手際よくまとめられている。なお，著者の一人，ジェラルディーヌ・ラクロワ（G. Lacroix）は実務家で，フランス預金供託公庫（Caisse des Dépots et Consignations）グループ「社会経済・結束」部署の責任者である。ロマン・スリティーヌ（R. Slitine）は科学コンサルタント兼，パリ政治学院・准教授である。著者の経歴からもわかるように，理論的というよりは ESS の政策や実態に即した内容となっている。

識されるようになる。従来，連帯を担ってきたのは教会のチャリティーに由来する，慈善的連帯であった。しかし，この時期，「不平等を縮小し，産業革命の負の効果を相殺し，より平等な経済関係を発明する意思」（Lacroix et Slitine 2016: 7）に基づいた，新しい連帯のあり方が出現する。

それは，運命を共有する人々の相互扶助と自己組織に基づく連帯で，その実践は次第に社会的経済として実体を得ていく。社会的経済の特徴として，それが，生存に関わる基本的ニーズを集団で負担する「相互扶助組織 sociétés de secours mutuel」であることが重要である。失業，障害，貧困の状態に置かれた労働者が一人では対処することができないような，食料，住居，退職年金，障害年金などの領域で，社会的経済は発展していく。

工場労働者の組織化を禁止するル・シャプリエ法とアラルド政令（1791年）によって，社会的経済は1884年まで法的に禁止されるが，それにもかかわらず，この間に多くの実践が生み出される[2]。共済組合に関しては，1871年，県別ユニオンがはじめてリヨンで創設されている。そして1898年には，共済憲章によってその一般利益への寄与が認められ，全国連盟の形成へと至る。他方で，1830年代から，工場労働者の運動によって，のちにSCOP《スコップ》（生産協同組合会社）の誕生へと至る，生産アソシアシオンが追求されていく。それによって彼らは，自分たちの唯一の富である道具と労働力を共有し，集合的資本 capital collectif と自律的な生産を実現しようとしたのである。そして，消費者協同組合，生産協同組合，信用協同組合も続いて結成される。農業信用金庫や人民銀行は，こうして，伝統的な銀行には拒否される人々に融資することで，彼らの活動をサポートした。

ところで，社会的経済は，労働運動，ユートピア社会主義（フーリエ，プルードン），社会的カトリシズム（ル・プレ）と交差し，様々な論理的根拠を付与されながら展開してきた[3]。たとえば，協同組合主義に関しては，シャルル・ジッドが，1886年から，連帯を基礎に社会的経済の概念を発展させた。ジッドは，「第三の道」として，マルクス主義とリベラリズムをともに退けながら，利益ではなく必

2）1901年にアソシアシオン法が成立したことで，市民が自由に非営利目的の団体（アソシアシオン）を創設することができるようになる。社会的経済もまた市民の自由を獲得する運動と結びつきつつ，促進される。なお，相互扶助の精神に基づく社会的経済はフランスを始めとするラテン・ヨーロッパに強く根付いたもので，イギリスのようなアングロサクソン諸国は，むしろ寄付の文化によって特徴づけられる。

3）フランスの連帯主義の伝統に関しては，重田（2010）に詳しい。

要によって，また資本だけでなく労働によって主導されるようなシステムを構想した。ジッドの考えは，1900 年の万国博覧会を中心とする数年間，広く支持されることになった。万国博覧会では，実に一つのパビリオン全体が社会的経済を扱うものとなった。

社会的経済は，共済組合においてはリスクからのメンバーの保護，協同組合においては組合員間の連帯の促進が重視されるなど，具体的な組織形態によって違いがあるにせよ，いずれもが民主的なガヴァナンスを共通の特徴とする。通常の株式会社においては，意思決定の権力は株式の保有割合に依存するが，社会的経済に属する企業においては，ガヴァナンスは「一人一票」の原則に従う。したがって，各人は総会において自らの「声」を聞いてもらうことができるのである。

しかしながら，20 世紀前半，社会的経済はフランスにおいて思想的にも政治的にも忘却されていく。フォーディズム（大量生産・大量消費を基調とした社会・経済システム）と福祉国家レジームの確立において，社会的経済は形骸化し，その構成要素である，共済組合，アソシアシオン，協同組合は互いに分離され，独自に展開していくこととなった。たとえば，消費者協同組合は，1960 年代末頃からの（商業者協同組合の形態をとる）大規模流通業の出現によって衰退を余儀なくされた。また，共済組合は，社会保障の不可欠な補完物として適応することになる。保険共済組合は，自動車産業の成長によって，ドライバーに保険加入の義務が生じたことで大規模化する。また，農業や銀行業において巨大化した協同組合は，その本来の目的と役割を著しく失っていった。そうした分裂が社会的経済の「通俗化」をもたらしてしまう（Laville 2015: 246）。

社会的経済の概念が，資本主義とも共産主義とも異なるモデルとして再度注目されるのは，1970 年代末以降のことである。1970 年には「CNLAMCA（協同組合・共済組合・アソシアシオン連絡委員会）」が創設され，『社会的経済通信』や『RECMA（社会的経済国際評論）』などの雑誌が発刊される。そして，1981 年には，社会的経済省庁連絡委員会が創設され，法律に加えられることになる。これ以降，社会的経済は，統計カテゴリーとしても，アソシアシオン，共済組合，協同組合，財団という 4 つの非営利組織の集合的セクターを意味することになる[4]。

4）ただし，Lacroix et Slitine（2016）によると，それは必ずしもその歴史的特徴の再現ではなく，社会党政権において社会的経済を法制化したミシェル・ロカールによる「再発明」であった。

こうした動向と並行して，1960年代から「もう一つの経済」を掲げ，新たに連帯経済の運動が徐々に形成されてくる（Laville 2001）。この背景にはフランス社会の根本的な変化があり，生活レベルの向上に代わって生活の「質」が重視されるようになったことや，環境保全，ジェンダーや世代間の関係，公共空間を通じた社会参加など，市民社会の基盤の変化がある。さらに1980年代の経済危機の文脈が，この傾向を促進する。

1980年代は，フランスにおいて，これまでのフォーディズムと労働世界の安全性を支えてきた様々な装置が弱体化し，失業と貧困など社会的排除の問題が深刻化した時期であった（ボルタンスキー・シャペロ 2013）。連帯経済は，社会的排除の状態に置かれた人々，すなわち労働，住居，文化など様々な権利にアクセスすることができない人々を支援する活動を通じて現れてきたといえる。そこには，のちに「経済活動を通じた参入」と呼ばれることになる，地区直轄事業体 régies，中間支援のアソシアシオン，社会包摂企業，社会包摂の現場など，多様な組織形態の活動が含まれる[5)]。

連帯経済の概念は，1990年代に入ると，フェアトレードや環境保全など，社会的紐帯を促進することを共通目的とする，あらゆる経済活動に拡大することになる。そして，2000年に緑の党のギイ・アスコエ（G. Hascoët）が連帯経済閣外大臣に任命されたことで，連帯経済は，制度的な承認を得るに至る。

連帯経済は，当該組織の構成メンバーのみが享受できるような特定集団に固有の利益ではなく，新しい解決法を生み出しながら，一般利益を追求することを目的としている。連帯経済のアクターは，そのために，社会的経済に属する組織分類に制限されることなく，自分たちが掲げる社会的目的を達成するのに最も適すると考えられる法的資格を採用する。連帯経済企業は，たとえばアソシアシオンや協同組合とは別に，株式会社（SA），単純型株式会社（SAS），有限責任会社（SARL）といった商業的な資格を採用することもできる。

2000年代に入ると，社会的経済と連帯経済に加えて，さらに，これまでフランスには存在しなかった，アングロサクソン社会に由来する新しい概念が広がってくる。社会的起業家ないしはソーシャルビジネスへの注目である。この概念は，1993年

5）この点は北島（2007）に詳しい。北島によると，地区直轄事業体とは，「地区住民の参加のもとに地域の生活環境の改善に取り組む，住民代表・自治体・社会住宅供給機関の三者のパートナーシップで組織されたアソシエーション」（63）のことである。その他の組織については，基本的に就労支援の活動を行う。

にアメリカのハーバード大学ビジネススクールの教育プログラムとして開始された「Social Enterprise Initiative」によって提起され，以降，世界規模で急速に発展してきた。社会的起業家という言葉は，アショカ財団のような社会的起業家を支援する組織の活動や，マイクロ・クレジットの発展に寄与した社会的起業家ムハマド・ユナスがノーベル賞を受賞したことなどを通じて広く浸透してきた。

ただし，社会的起業家の範疇は広範であり，フランスにおける広義の理解に従えば，それは，社会的課題に対して新奇性のある解決，すなわちイノベーションを生み出すような「一般利益に寄与する民間イニシアティブのすべて」を指す。社会的経済や連帯経済のアクターたちにとっては，社会的起業家の概念はあまりにも広く，社会的に有益な活動であるとみなされるならば，通常の営利企業でもこの範疇に含まれてしまうことへの懸念が存在する[6)]。とはいえ，社会的起業家という概念が，しばしば解決不能に思われる社会的問題をイノベーティブな方法で解決することを目指す点で，とりわけ連帯経済と目的を共有しており，相互の接近が進んできたといえる。

1-2　社会連帯経済関連法へ

社会的経済，連帯経済，社会的起業家という3つの異なる概念は，2000年代以降，互いの差異を超えて，社会連帯経済（ESS）という形で実践的にも概念的にも融合していく。その直接的な契機となったのは，フランスの制度経済学であるレギュラシオン理論の創始者の一人であり緑の党の政治家であるアラン・リピエッツ（A. Lipietz）の取り組みや，閣外大臣のアスコエによって組織された多元的経済に関する欧州会議の枠内で開始された州レベルでの議論や調査であった[7)]。加えて，学術的には，ラヴィルが，2001年の『RECMA（社会的経済国際レビュー）』掲載論文（「社会連帯経済に向けて？」）において（Laville 2001），統合的な概念としてESSに正当性を与えたことの意味も大きい。

2014年には，かくして，社会連帯経済関連法が成立し，ESSが法的な正当性を得ることになる。第3章で詳述するように，この法律によってESSは社会的経済に

6）たとえば，社会的起業家の概念は，基本的に「起業家」という人物像に依拠している。そしてそこでは，しばしば卓越した個人が想定されている。これに対し，社会的経済や連帯経済のアクターにとっては，むしろ集団として協働してイノベーションを生み出すことが重要である。2014年の社会連帯経済関連法以降に表面化しつつある，ESSと社会的起業家の間の緊張については，コラム2（「連帯経済と社会的起業家」）も参照のこと。

属する企業に加えて，条件を満たした商業企業（商事会社）société commerciale を正式に含むこととなり，社会的経済のような非市場領域と市場経済との接続が促進されるようになった[8]。具体的には，社会的効用[9]を追求し，ESS の諸原則を共有する企業は，社会連帯企業 entreprise de l'ESS を名乗ることができる。

以上みてきたように，制度としての ESS は複数の歴史的源泉が融合してできた領域であり，その内部に多様な動向と緊張を内包しているとみなすことができる。とはいえ，ESS は，第 2 節で詳述する連帯経済の諸原則に基づき，次のような特徴をもつ経済として今日一般に識別されているといってよい。Lacroix et Slitine（2016）の指摘に従えば，第一に，特殊な経済モデルを採用していること，第二に，参加型あるいは民主的ガヴァナンスに基づくこと，第三に，ESS 企業の活動が地域に根付いていることである[10]。

7）1999 年，社会党ジョスパン首相の複数与党政権が誕生する。その際，緑の党のリピエッツは，フランスのすべての州で大規模な研究集会を開催し，ESS に関する報告書を作成して政府に提出した。この過程で様々な立場の異なるアクターが合意し，社会経済連帯法の提案がなされたが，実際に採択されるには至らなかった。閣外大臣のアスコエは，新しい協同組合 SCIC に関する法律を成立させるにとどまった。この報告書は，リピエッツ（2011）『サードセクター――「新しい公共」と「新しい経済」』藤原書店として訳出されている。原題は，*Pour le tiers secteur. L'économie sociale et solidaire: Pourquoi et comment*（『サードセクターに向けて―社会連帯経済：なぜ，またいかにして』）。

8）同法の要点は，CNCRESS（社会連帯経済州会議所全国評議会）が発行する次の冊子に詳しい。CNCRESS（2016）*Économie sociale et solidaire: Loi du 31 juillet 2014*, CNCRESS.

9）ラヴィル 2012.『連帯経済―その国際的射程』生活書院では，utilité sociale は，社会的有用性と訳されている。本章では，この言葉（税法に由来する）が，経済的効用と同様に，社会的な有用性の定量化とそのための指標を開発する意図が含まれていることを考慮して，功利主義との断絶を意識しながらも，あえて効用という訳語をあてた。社会的効用に関しては，この概念の定式化に影響を及ぼした，ジャン・ガドレー Jean Gadrey（2004）の報告書に詳しい。

10）この三つのポイントは，たとえば，ESS が盛んなオー・ド・フランス州のリール地域（リール欧州メトロポール）における，社会連帯経済の発展に向けた基本計画の 5 原則の中にも確認することができる。すなわち，①プロジェクトの中心に人間を置くこと，制限された営利性，②社会的効用あるいは集合的効用，一般利益に役立つプロジェクト，③民主主義的な経営，共有されたガヴァナンス，④（民間，公的，ボランティアなど）金融資源の多様さ，⑤地域への定着，「毛管」，近接性，である（『Plan Métropolitain de Développement de l'Economie Sociale et Solidaire（PMDESS）2015-2020』）。

表 2-2 経済行動の多元性

（出所：Gardin（2013: 119）の表より）

経済行動／弁別基準	市場	再分配	互酬性
特徴的な制度	資本主義的企業	国家 行政組織体 準公的組織	社会連帯経済 アソシアシオン
提供のタイプ	財・サービスの購入	補助金 協約	贈与 ボランティア
アクターと交換対象との関係	財の間での等価性の対称的関係	集権的権威をもつ階層的関係	人々と対称的集団の関係
支配的原理	個人的利益—利得	一般利益—義務	贈与と対抗贈与
時間	交換の直接性	持続的関係	社会関係ネットワークの持続的緊密化

まず「特殊な経済モデル」については，ESS が互酬性の原理に基づく非営利（ただし non profit ではなく，non for profit であり，利益を出すこと自体は否定されない）の活動を目的とすることに加えて[11]，市場と再分配といった異なる経済領域と接続されたハイブリッドな経済となっていることである。3 つの経済は本来的に表 2-2 のような固有の機能様式をもつが，ESS は互酬性の原理に基づきながら，市場と再分配の経済からも資源を動員する。

次に，参加型／民主的ガヴァナンスは，ESS にとって，組織の意思決定をめぐる権力の分散を進める上で重要な問題である。社会的経済に属する企業は「一人一票の原則」を採用しており，自ずとこの条件を満たす。また，2014 年の法律によって連帯経済のアクターとして承認されるようになった商業企業（商法によって法的資格が与えられる）については，自社が生み出す社会的効用を定義し，社会的目的を保証する「防御柵」を策定せねばならない。また，企業内の報酬格差に上限を設け，「一人一票の原則」を遵守している。社会的経済の企業が，商業企業の形態で子会社を設立することも多い。最後に，地域との持続的なつながりだが，通常の営利企業がほとんどの場合，顧客を満足させることにとどまるのに対して，社会連帯企業は

11）社会連帯企業は利益追求を目的としないが，利益を生み出すことはできる。すなわち，それが，経営の安定と長期での経済的持続性を担保するための手段であって，目的ではないことが重要である。

地域のニーズや雇用創出を重視するのである。

歴史的な経緯や制度的な枠組みの観点から，ESS について概観してきた。続く節では，ESS が理論的にどのような仕組みをもつ経済であるといえるのか，連帯経済に関するラヴィルの議論を軸に検討を進めていく。

2　社会連帯経済の概念的枠組み

2-1　供給と需要の結合構築

社会連帯経済（ESS）は，広範なステークホルダーの開かれた討議を通じて熟議民主主義的に経済を統治し，社会の一般利益あるいは，後述の議論を踏まえればビヤン・コマン（共通財／善）を拡大することを目的とする。そこでは，経済だけではなく政治の領域が重要な意味をもつ。

図 2-1 は，ラヴィルによる連帯経済の説明図式であるが，政治的次元と経済的次元が交わる場所に，連帯経済が位置づけられている。連帯経済にとって，熟議を重んじる参加型の民主主義によって各人が「声」を上げることによって [12]，経済を統治する仕組みが重要である。図中において，この過程は政治的次元によって支えられており，「声」を上げることを可能にするのが公共空間 espace public の存在である。他方でそれは，同時に経済的次元とも連動する。そこでは，通常の市場機構とは異なる調整様式《コーディネーション》が前提されている。

主流派経済学の前提として，市場において買い手は購入しないこと，すなわち「退出」によって意見表明する。市場参加者は互いに分離され，したがってコミュニケーションをとることはなく，それぞれが自らの取引に関して独立した計算に基づき意思決定を下す。とりわけ完全競争市場など自己調整的市場においては，売り手と買い手の相互の意図を仲介し，（相互期待の）調整のための目印となるのは価格である。

ラヴィル（Laville 2016）の説明に従えば，そこでは，集団的な熟慮の産物であるあらゆる共通善《ビヤン・コマン》の探求から免除された独立領域が仮定されている [13]。しかし実際の経済は，ポランニーや経済社会学，あるいは広く制度経済学が示してきたように，社会的なものから独立した領域でありえず，人間間，そして人間と自然間での相互

12）「声」（発言）と「退出」（離脱）は，政治経済学者アルバート・ハーシュマン（2005）の用語である。

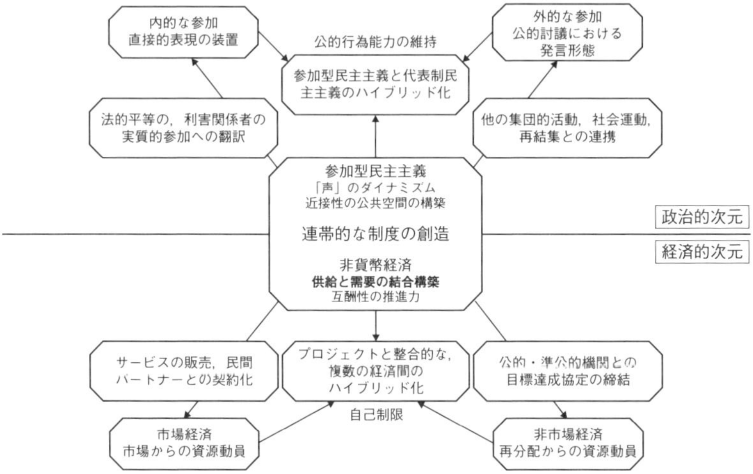

図 2-1　連帯経済の図式

（出所：Laville（2016）図 4 をもとに筆者作成）

作用の中で成り立つ。そして，何よりもそれは，ゲームの規則となる制度的枠組みが構築されて初めて成立するものである。自己調整的市場が独立した領域としてもし機能するとすれば，それは制度的な埋め込みによって，すなわち政治的観点から練り上げられた規則の総体に支えられて初めて可能になるものである。実際の市場の多くは，需要と供給の形成と突き合わせを可能にし管理する諸規則からなる，具体的な市場なのである。さらに経済は，そもそも市場のみに還元されるものではなく，互酬性と再分配の原理もまた存在する。互酬性は過去のものではなく，今日でも，再生産に関わる家庭の領域はこの原理によって支えられ，「一階の経済」として，その他上層階の経済の基礎を提供している。

自己調整的市場における価格調整に対して，連帯経済ではどのような調整様式が想定されるのだろうか。連帯経済においては，互いに分離された原子状の個人は否定され，互酬的連帯あるいはアソシアシオン主義が前提される。経済活動は，民主

13）経済学は，功利主義的仮定に基づき，個人行動の集計による演繹的手法によって人間社会の法則性を明証する「自然」科学となっている。そこでは，経済は市場に等しく，さらに市場はポランニー（2009）が呼ぶところの自己調整的市場と同一視される。自己調整的市場は，需要と供給を一致させるメカニズムであり，私的利益の追求を目指す資本主義企業と利害を共有している。

的な連帯を促進・実現するための手段であり，したがって，財とサービスの生産・交換は自己調整的市場とは異なる論理に従うことになる。すなわち，互酬性を規範的価値として，私的利益の最大化ではなく，一般利益，より厳密には社会的効用やビヤン・コマン（共通財／善）といったものの維持・発展を目指すのである。具体的には，地域の歴史遺産の維持，環境保全，児童保育，困窮者の就労支援，フェアトレード，連帯金融などの活動が挙げられる。

とはいえ，連帯経済が生産する対象は，あらかじめ存在するのではなく，多様なアクターの参加と出会いの中で，集団的な討議を通じて形を表し識別されていくものである。多様なステークホルダーが結集し議論する中で，これまでは潜在的であったか漠然としか認識されていなかった対象が共通善《ビヤン・コマン》として特定され，供給と需要が「構築」されていく。ラヴィルはこれを，互酬性の推進力に基づく，「供給と需要の結合構築 construction conjointe de l'offre et la demande」と呼ぶ[14]。こうした「互酬性を推進力として，社会サービスを立案するという新しいやり方」（ラヴィル編 2012: 108）は，近隣サービス service de proximité と呼ばれる。proximité は近接性を指す言葉だが，それは時間・空間的な意味以外に，個人の主観的な関係性の近しさの感覚を含む[15]。

それは，第一に，時間的にサービスの大半が特定の域内で実行され，ユーザーの需要への即座の対応を可能にすることから，コミュニティサービスとしての性格をもつ（北島 2007）。このことから，連帯経済における地理的単位としての地域の重要性が浮き彫りになる。ただし，他方で，それは単に近隣向けのサービスと混同されてはならない。なぜなら，「近接性は，アクターによって感じ取られ，経験され，内面化されるという事実によって定義される。近接性はかくして，サービス構築の支えでもあるのである」(Laville 2016: 170)。すなわち，この主観的な近しさの感覚が，討議への参加と上記のような需要と供給の調整過程を可能にするのである。ラ

14）さしあたり，宇仁（2003）がいうアソシエーション的調整が，「供給と需要の結合構築」のための補完的な理解を与えてくれるように思われる。「市場的調整と比べると，やり取りされる情報の量は非常に多くなる。価格という単一の数値に還元可能な生産コスト情報だけでなく，数量に還元できない質的情報が数多くあるからである。したがって，アソシエーション的調整の発展はこの多種の情報のやり取りを可能にするコミュニケーション技術の発展にも，ある程度依存する」(174)。そのためには，おそらく地理的距離の克服が重要である。ICT 技術の活用に加えて，連帯経済において重視される公共空間の構築が，この点でも役割を果たすようにみえる。

15）近隣サービスの説明は，北島（2007; 2016）に詳しい。

ヴィルは明示していないが，地理的近接性は，関係的あるいは認知的な近接性と無縁ではない（水野・立見 2008)。地理的近接性が認知的近接性を高める効果をもちうる。ただし，連帯経済は特定の組織や地域内部で完結するのではなく，特定集団の利益を超えた共通善《ビヤン・コマン》の追求とグローバルな連帯（ネットワーク）によって特徴づけられる。その場合，地理的近接性が，地域内で認知的距離を隔てた諸アクター間の価値への合意を促進する物的基盤となることも想定される。

連帯経済にとって，経済は，価格決定のプロセスを通じて需要と供給を単にマッチングするものではなく，市場ならびに非市場領域の様々な資源をハイブリッドに結合しながら，サービスの質そのものを公共空間における民主的な討議を通じて構築するための制度的仕組みによって成り立つ[16]。したがって，図 2-1 で示されているとおり，そのための「連帯的な制度」の創造が必要である。たとえば，政治的次元と経済的次元を媒介し，参加型の民主主義を機能させる公共空間の構築や，互酬性の原理に基づきながら市場経済と非市場経済の両方から資源を動員するための制度が考えられる。

第 3 章以降で詳述する SCIC《シック》（集合的利益のための協同組合会社）は，イタリアの社会的協同組合を参考に 2002 年に創設された新しい形態の協同組合である。それは，社会的効用をもった財あるいはビヤン・コマン（共通財／善）を生産するだけではなく，被雇用者をはじめ，様々なステークホルダー（顧客，ユーザー，サプライヤー）や第三者的なアクター（地方自治体，ボランティア，金融機関，等々）によって資本保有される。そして，一人一票の原則による討議を通じてガヴァナンスされることで，企業自体が公共空間としての性格を帯びる。

2-2　ビヤン・コマン（共通財／善）の生産と「質の規定」

上述したように，これまで，社会連帯経済（ESS）を法的に定義する上で，社会的効用の生産が強調されてきた。社会的効用の概念は，社会連帯経済関連法において法的に定義されているものである。しかし序論で述べたように，近年になって，コモンあるいはビヤン・コマン（共通財／善）の拡大という点からも，学術的・実践的に特徴づけがなされるようになっている。図 2-2 は，ESS の実際のアクターにも

---

16) ラヴィルは，連帯経済の制度的構築に関して，グラノベッター以降の新経済社会学や ANT のミシェル・カロンらの「市場のフレーミング＝氾濫」に関する議論に言及している。「フレーミング＝氾濫」は，カロン（2016）を参照のこと。

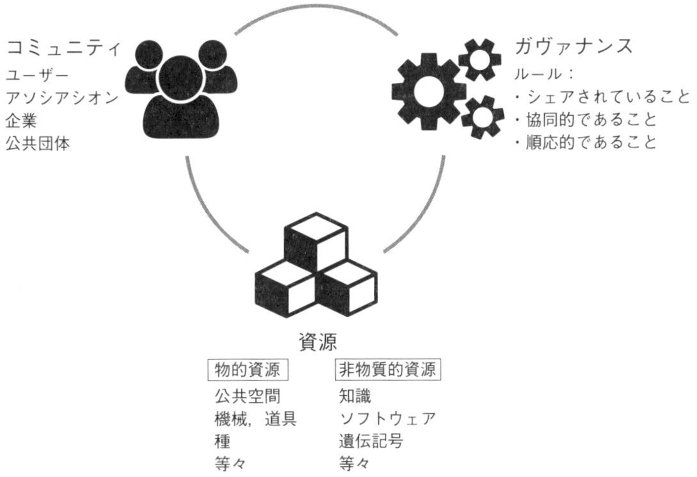

図 2-2　ビヤン・コマンの概念図

（出所：La chambre des communs の HP 図より筆者作成）
http://chambredescommuns.org（最終閲覧日：2020 年 6 月 6 日）

参照されている，ビヤン・コマン（共通財／善）の概念図である。ここには，知識，公共空間，自然資源，健康と良き生，などが広く含まれている。上述の議論に戻れば，これらのビヤン・コマン（共通財／善）を私的に領有ないしはつき崩すのが現代資本主義の特徴であるとするならば，ESS はその逆に，これらをビヤン・コマン（共通財／善）として認識し維持しようとするのである。

ところで，コモンとビヤン・コモン（共通財／善）という言葉は，フランスの ESS をめぐる文脈では，さほど明確な区別なく使用されているが[17]，ビヤン・コマン（共通財／善）に関しては，「共通財」だけではなく「共通善」というもう一つの意味を有していることが重要である。民主的な参加と討議による共通財の特定・維持・拡大の過程に関して，この共通善の概念が重要な意味をもってくる。この点に関して

17）論者によってコモン commun，複数形でコモンズ communs，あるいはビヤン・コマン bien commun と名称は様々である。このうち最も広く知られているのは，オストロムのコモンズ概念（フランス語ではこれも bien commun と訳される）である。これは，特に伝統的社会における自然資源にかかわる。これに対し，レギュラシオン理論のコリア（Coriat ed. 2015）は，フリー・ソフトウェアやフリーの百科辞典など，「知識のコモン」を強調する。

は，フランスにおいて，GDPに代わる新しい豊かさ指標づくりの代表的論者として知られるジャン・ガドレーの議論が参考になる[18]。ガドレーは，社会的効用の定義に貢献した研究者だが，近年，ビヤン・コマン概念が社会的効用概念を補強すると考えるようになった。

まず，Gadrey (2013) は，共通善《ビヤン・コマン》は，集合的な資源／遺産（自然という共通財，ポピュラー文化，知識…）や，さらには，社会生活上のもの societal と普遍的権利（男女の平等，労働者の安全性，健康など）の「質」を指すとする。これらはいずれも，人々の価値判断に委ねられ，共同で管理されるべき集合的資源である。かくして，ビヤン・コマン（共通財／善）をめぐって争点となるのが，「質の規定 qualification」の作業である。共通財は，決して自然なものではなく，集団での「質の規定」あるいは性質決定を経て，しばしば利害対立や緊張を伴いつつ，はじめて財として特定されるものである。ビヤン・コマン（共通財／善）は，社会的構築物で，その質は集団によって承認され価値付けられたものである。ビヤン・コマン（共通財／善）の制度化に際しては，その過程は，所有権，占有，責任のレジームの問題に関わり，社会的コンフリクトを強く含むことになる。

ひるがえって，共通財は，開かれた参加と討議を通じて，共通善というある特定の規範的価値を共有する過程を通じてはじめて，特定され，質を付与されることになる。したがって，上述の連帯経済の図式に立ち戻るならば，政治的次元における価値をめぐる討議と合意の過程が重要な意味をもつのである。

この点に関して，Laville (2016: 394) もまた，ビヤン・コマン（共通財／善）をESSの展開にとって重要な意味をもつと考えている。ラヴィルによると，共通善《ビヤン・コマン》への準拠が，コモン（ズ）とESSを接合し，オルタナティブな道筋を開くことを可能にする。近年の「コモンへの回帰」(Coriat ed. 2015) は，市場と国家の二元論の不十分さを明るみに出し，フランスにおいて長い歴史をもつアソシアシオン主義の再現となっているとする[19]。

ところで，この「質の規定」をめぐる過程に関しては，フランスの制度経済学であるコンヴァンシオン経済学や，アクターネットワーク理論のミシェル・カロンが，理論的に掘り下げてきたものでもある。とりわけコンヴァンシオン経済学において

---

18) ガドレーは，ビヤン・コマン（共通財／善）をめぐる経済は，もはや「生産」を行う伝統的な経済ではなく，「ケアをする」経済であるとする。それは，人のケア，社会的絆のケア，モノのケア，自然のケア，民主主義のケアにかかわる。

は共通善が重視されており，共通善へと向かう討議と正当化を通じて財・サービス，さらには諸アクターの質（価値）が規定されない限り，判断と相互行為を可能にする共通の計算空間は成立せず，市場での交換は成立しない。

たとえばデュファルバール（Dufalvard 2016: 97）は，コンヴァンシオン経済学の観点から，ESSを考察している。そこでは，公共空間を通じた「供給と需要の結合構築」は，質の規定をめぐる権力の共有を可能にしビヤン・コマン（共通財／善）を自己構成auto-constitutionalisationする，「ミクロ的装置micro dispositif」として理解される。デュファルヴァールは，SCICをそうしたミクロ的装置の例としてあげる。そこでは，質（価値）を規定し共通の計算空間を構築する権力が分散されており，関連アクターの開かれた討議によって自己構成的に「質の規定」の作業がなされる。あるいは，社会連帯経済関連法によって制度化された，PTCE《ペーテーセーウー》（経済協力の領域拠点：産業クラスターのESS版）もまた，そうしたミクロ的装置として捉えられるものである。これも同様に，地域の多様なステークホルダーが討議する公共空間としての役割を果たす。

3　社会連帯経済は「もう一つの経済」なのか？

3-1　社会連帯経済をめぐる諸議論

第1節で触れたように，現代資本主義の布置において，社会連帯経済（ESS）はどのような位置づけを占めるのだろうか。それは，今日主流の経済に対して「もう一つの経済」でありうるのか，あるいは，単に補完的な存在にとどまるのだろうか。ESSの理解をめぐって，今日，様々な立場が存在し議論がなされている。

Dacheux et Goujon（2015）によると，議論には大きく三つの立場が存在する。第一に，ラディカルな批判的観点から，連帯経済を資本主義的支配の一環として捉え

19）ラヴィルによると，アソシアシオン主義において集団的行為は共通善《ビヤン・コマン》，皆にとって善いものを重視するのだが，社会的経済の通俗化は，共通善《ビヤン・コマン》がメンバー相互の利益あるいは一般利益と混同されてしまったことに起因するという。すなわち，共通善《ビヤン・コマン》がそれらの利益へと縮減されたことで，社会的経済の公営化がもたらされたとする（福祉国家においては，一般利益は国によって定義されてきたことを想起したい）。これに対し，ラヴィルが呼ぶところの連帯の新たな精神は，共通善《ビヤン・コマン》を再評価するのである。さらに，コラボレーション経済は，一方での新たな資本主義による搾取と，他方での「ビヤン・コマンと公衆の権力pouvoir publicの連続体」（395）の創造との間で揺らいでいるが，ESSは，この後者の実現に寄与しうるとしている。

る立場である。日本でも知られている脱成長論のセルジュ・ラトゥーシュも，大きくは，この立場に含まれる。この観点においては，連帯経済は，国家の連帯を外部化し不安定化し，経済主義的 économiciste な虚像を強化する役割を果たすとみなされうる。そして，自由主義的なトロイの木馬，資本主義の自動誘導弾頭として，規制緩和や起業家主義（あらゆる個人を起業家へと変える）の拡大への連帯経済の寄与を問題視する。社会的イノベーションは，民主的でオルタナティブな概念が存在するとしても，シュンペーター主義的ないしは道具主義的観念を助長する。それは，連帯経済を社会的起業家やソーシャル・ビジネスと混同する商業系のグランドゼコール（企業幹部を養成する大学校）によって広められてきた。

第二に，連帯経済を「倫理的な」資本主義，あるいは認知資本主義への移行として捉える立場がある。企業の社会的責任，倫理的な金融，ソーシャル・ビジネスといった取り組みが，資本主義を改良する。たとえば，ソーシャル・ビジネスは，「（貧困者を消費社会に参入させることによって）持続的な成長と，（最も恵まれない人々が基礎的製品にアクセスできるようにすることで）効率的な連帯の創造を同時に目指す」のである（Dacheux et Goujon 2015: 223）。連帯経済を後ろ盾として，連帯金融はもちろん，社会的起業家の一部は，こうして資本主義を改良する目的を有する。また，認知資本主義やコラボレーション経済をめぐる議論が示すように，今日，フリーソフト，オープンデータ，クリエイティブ・コモンズ・ライセンス，Wiki 経済など，これまでの所有権に基づく競争の原理とは断絶し，協働に基づく経済が広がっている。リピエッツのような研究者は，フリーへの運動と連帯経済は，互酬性によって調整される régulé ビヤン・コマン（共通財／善）の創造という同一目的を有しているとする。

最後に，連帯経済をポスト資本主義への移行として捉える立場がある。それは，非資本主義的な市場の経済など，経済的実践を刷新することによる社会変化の過程として連帯経済を理解する。ここまでの検討で依拠してきたラヴィル，そして同じく連帯経済論を牽引してきたベルナール・エム（B. Eme）やアラン・カイエ（A. Caillé）などはここに含まれる。

こうした異なる立場の存在からも，ESS が実際には，おそらくはその出自の異質性や経済原理のハイブリッド性に起因するような緊張を宿し，様々な諸力の間で揺れ動いていることがわかる。これには，2014 年の法律以降，ESS と市場経済の関係が強まったことも実際的には少なからず影響しているであろう。ESS は，結局，第一の観点が危惧するように，今日の資本主義的市場経済の中に解消されてしまうのだろうか，あるいは，そうなることなく，ビヤン・コマン（共通財／善）の維持・拡大に寄与し，旺盛なイノベーションを通じて様々な社会問題の解決をもたらす存在となるのであろうか。この問題を考える上で，ESS の組織形態やミクロな実践を取り囲む，より大きな社会・経済的な文脈，とりわけ諸制度のあり方に目を向けることが有用である。ESS の個別具体的な実践の意味は，そうした制度的文脈の違いによって，変わってくると考えられるからである。

3-2　ミクロ制度からマクロ制度の布置へ

この点に関して，Dufalvard（2017）は，「ミクロ制度」と「マクロ制度」という二つの異なるパースペクティブの区別から，興味深い議論を展開している。少し長くなるが，その骨子をなぞっておこう。まず，「ミクロ制度」的パースペクティブは，ESS の実践が，「社会的コモン」と一致することを可能にするローカルな仕組みに着目するものである。社会的コモンとは，デュファルヴァールが提起する概念で，ガヴァナンスを備えた図 2-2 と同様，コモンが普遍的権利等の社会的目標と関連し，かつコモンの維持管理やコモンへのアクセスがローカルな民主主義によって支えられることを強調するものである[20]。本書におけるビヤン・コマンに相当するものと理解しておきたい。これに対し，「マクロ制度」的パースペクティブは，新自由主義社会に代わるオルタナティブの位置を検討するものである。ESS をめぐる諸概念は，基本的に前者のミクロ的アプローチに含まれるといってよい。

しかし，ESS を「もう一つの経済」として捉えるとき，グローバルな文脈あるいはより広範な制度的布置のあり方を考える必要がある。社会的コモンもまた，今日主流の経済的ブロックの中で役割を付与されることもありえる。デュファルヴァールは，図 2-3 のように，マクロ制度の布置において，連帯経済を位置づけるための見取り図を理念型として提示する。この図は，フランスにおいて現代資本主義の周辺部に社会的コモンが位置づけられ，ESS の領域が今日分断されていることを表している。なお，縦軸は生産形態であり，横軸は経済的な調整《レギュラシオン》様式を示す[21]。

フランスにおける今日の資本主義は，資本主義的企業による市場競争的調整（要

20）デュファルヴァールは，アマルティア・セン（2018）のケイパビリティ論を参照しながら，自然資源と知識に続く，コモンの第三のカテゴリーとして，社会的コモン communs sociaux を提起する（Dufalvard 2017）。コモンが単に存在するだけではなく，人々がそこに実際にアクセスできる権利を備えていることと，そうした共有しうる資源について討議し，選択することができる個人の自由を含めてコモンを理解する。

図 2-3　現代資本主義の布置とコモンの位置づけ（出所：Dufalvard（2017）表 2 をもとに筆者作成）

注）デュファルヴァールは社会的コモンとしているが，ここではより広く，コモンと表記した。

素 1），さらには，資本への税の軽減や公的機能の民営化を通じて新自由主義的傾向を強める国家（要素 2 と 5）を中心に展開されている。そして，このシステムにおいては，社会的コモンの生産にかかわる活動は，縦軸の「社会的集団による協同的な調整様式」における要素 6，9，12 から構成され，あくまでも周辺的な位置づけを占めるに過ぎない。それらを担うのは，ESS を構成する非営利的組織，地方公共団体と ESS 関連組織とのパートナーシップ，地域に根付いた中小／零細企業による諸活動である。

それらは，同じ ESS に含まれる組織であっても，協同組合銀行や共済組合銀行などの金融化した組織（要素 7）とは断絶している。後者の組織は，第 2 節でもみたように，混合経済の時期には地域的なガヴァナンスに根ざしていたが，その後，徐々に金融資本主義に統合されていった[22)]。それらは，社会事業や社会医療事業領域におけるアソシアシオン（要素 8）とも区別する必要がある。これらのアソシアシオ

21）ここでいう調整は，これまで用いてきたアクター間の相互期待の調整 coordination ではなく，レギュラシオン理論がいう意味での集団間の利害の対立に関わるような調整である。前者はミクロ制度的，後者はマクロ制度的なパースペクティブに対応すると考えられる。

22）たとえば，クレディ・アグリコルは，金融グループ化し，「パナマ文書」のスキャンダルにも関与していたという。

ンは，新自由化した国家の庇護のもとで，連帯を費用節約のために使用することを強いられている。そして，社会的コモンの生産は，Uber 化したプラットフォーム経済（要素 10）とも混同されてはならない。後者は，今日主流の経済論理が切望するいわゆるコラボレーション経済に含まれると考えられるためである。

上記のような資本主義ならびに ESS の現状に対して，社会的コモンの生産に向けられた領域が主軸となるような，社会・経済への道筋はありうるのだろうか。デュファルヴァールは，そうした移行には，労働と企業ガヴァナンスに関わるような制度変化が必要であるとする。そして，具体的に，従業員による企業の使用に関する権利（法）を提起する[23]。資本は常に，労働法に基づく労働者の保護に対抗するために，従業員を個人起業家 auto-entrepreneur へと変えようとしてきた。「Uber 化した経済」の普及は，こうした観点からも理解されうる。これに対し，企業の使用権は，日常業務における企業の使用の統率者であるところの従業員の集団を主体とした，民主的ガヴァナンスの促進にかかわる。

二つの制度が考えられ，一つは，企業委員会を改正し，その法的な自律を取得することである。使用権の争点は，企業委員会によって労働の管理をコモンにすることである。もう一つは，従業員による事業所の使用権をめぐる地域的なガヴァナンスの制度である。それは，雇用者の代表，従業員，銀行，地域住民から構成される。このガヴァナンスの争点は，株主価値に基礎を置く現行の企業ガヴァナンスに代替することである。新しいガヴァナンスは地域経済における付加価値の増大を重視する。こうした二つの新しい制度は，新自由主義からコモンの重視への，国家のスタンスの移行を前提とする。

図 2-4 は，ありうるべき，社会的コモンを中心とした新たな支配的ブロックを示している。ここでは新自由主義的な特徴が後退し，代わって，コモンの論理が経済システムの全般に影響力をもつことが企図されている。そこでは，要素 7 の金融化した ESS は地域に根ざした市場的 ESS へと変化し（図中の矢印は連帯経済への接近を示す），要素 8 の非市場的 ESS もまた，現在のような国家への依存をやめることを求められる。

23）企業の使用権（法）は，会社法を否定するものでも，労働法を否定するものでもなく，それらを再構成するものである。なお，会社法は，株の所有者であるところの株主を主体とするものだが，企業や資産は法律上，誰に所有されるものでもない（Favereau et Robé 2012）。また，労働法は，株主によって任命される経営陣の配下であるところの従業員を主体とし，資本からの従業員の保護を目的とする。

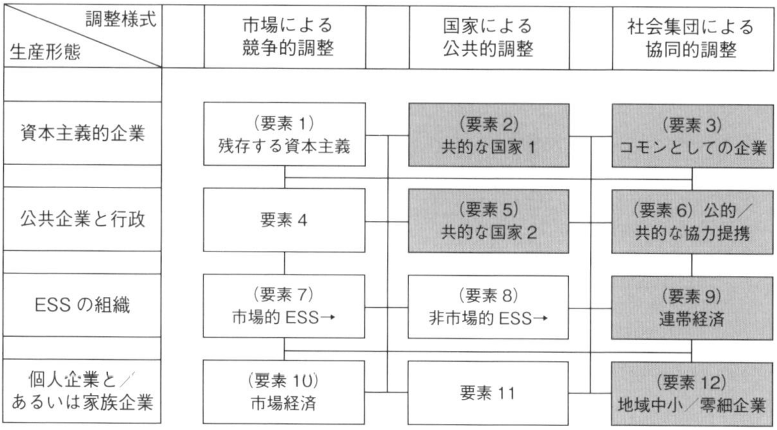

図 2-4　コモンを重視する資本主義の理念型（出所：Dufalvard（2017）表 3 をもとに筆者作成）

以上，ESS の現代資本主義における位置づけについて確認した。ESS がその固有の役割を果たすためには，よりマクロな制度的布置にも目を向ける必要がある。ESS は，近接性（時間・空間的／認知的）を重要な要素とし，グローバルネットワークに開かれた新たな地域社会・経済という顔をもつ。しかし，一定規模以上の都市・地域に関しては，狭義の ESS 領域のみで域内の経済全体を支えることは困難である。域内において，ESS の論理が影響力を維持しつつ，たとえば先端産業など，競争的な市場経済の領域と並存していく手段を探る上でも，それを可能にするような制度的布置を都市・地域の水準でもあわせて考えていく必要があろう。

4　おわりにかえて

この章では，社会連帯経済（ESS）の歴史を確認した後で，法制度的な枠組みと概念的な理解について検討してきた。ESS の取り組みは，実践的にも理論的にも近年急速に蓄積が進んでいる。とりわけ近年では，コモンないしはビヤン・コマン（共通財／善）の概念を導入することによって，いわば，近接性の公共空間における開かれた討議を通じたビヤン・コマン（共通財／善）の構築として，ESS を特徴付けるようにもなってきている。

ESS では近接性が重視され，近隣サービスは基本的に地域社会に根付く。この

「もう一つの経済」の試みは，産業構造の転換の中で将来展望を不確定にしている多くの都市・地域経済にとって重要な示唆をあたえてくれる。

しかし，その反面，2014年のESS関連法以降，市場経済との接合が一層重視されるようになり，その中で，主流の経済あるいは現代資本主義との緊張が増しているようにもみえる。特に，コラボレーション経済，あるいは日本でも一般化している言葉であるシェアリング・エコノミーの普及など，資本主義経済自体の変化がESS領域を拡大すると同時にその境界確定を難しくしている部分がある（コラム4「ポストコロナと二つのシェアリング・エコノミー」も参照）。

その意味で，ESSは，「もう一つの経済」の可能性を宿しつつも，第3節第1項でみたように，主流の資本主義的経済へと引っ張られ，その中へと解消されてしまう危惧も否定できない。その分かれ目は，おそらく，今後の実践の中に求められるべきであろう。地域経済におけるESSの可能性を考えるとき，ESSのミクロ的装置を地域レベルで多層的に拡充していくとともに，よりマクロな制度的環境におけるポジションを常に考えることが必要になるであろう。

【文　献】

宇仁宏幸 2003. 現代資本主義におけるアソシエーション的調整. 田端 稔ほか編『アソシエーション革命へ―理論・構想・実践』169-196. 社会評論社.

重田園江 2010.『連帯の哲学Ⅰ―フランス社会連帯主義』勁草書房.

カロン, M. 著, 横田宏樹・須田文明訳 2016. 社会学は外部性の経済分析を豊富化できるか?「フレーミング＝氾濫」概念についてのエッセー.『旭川大学経済学部紀要』75: 117-146. Callon, M. 1999. La sociologie peut-elle enrichir l'analyse économique des externalités? Essai sur la notion de cadrage-débordement. In D. Foray et J. Mairesse *Innovation et performance*, 399-431. Paris: EHESS.

北島健一 2007. 連帯経済論の展開方向―就労支援組織からハイブリッド化経済へ. 西川潤・生活経済政策研究所編『連帯経済―グローバリゼーションへの対案』59-85. 明石書店.

北島健一 2016. 連帯経済と社会的経済―アプローチ上の差異に焦点をあてて.『政策科学』23 (3): 15-32.

セン, A. 著, 池本幸生ほか訳 2018.『不平等の再検討―潜在能力と自由』岩波書店. Sen, A. 1992. *Inequality reexamined*. Oxford: Oxford University Press.

ハーシュマン, A. O. 著, 矢野修一訳 2005.『離脱・発言・忠誠―企業・組織・国家における衰退への対応』ミネルヴァ書房. Hirschman, A. O. 1970. *Exit, voice, and loyalty: Responses to decline in firms, organization, and states*. Cambridge, Massachuisetts:

Harvard University Press.

ポランニー, K. 著, 野口建彦・栖原 学訳 2009.『「新訳」大転換―市場社会の形成と崩壊』東洋経済新報社. Polanyi, K. 2001. *The great transformation: The political and economic origins of our time*. Boston: Beacon Press.

ボルタンスキー, L. ・シャペロ, E. 著, 三浦直希ほか訳 2013.『資本主義の新たな精神(上・下)』ナカニシヤ出版. Boltanski, L. et Chiapello, E. 1999. *Le nouvel esprit du capitalism*. Paris: Gallimard.

水野真彦・立見淳哉 2008. 認知的近接性, イノベーション, 産業集積の多様性.『季刊経済研究』30 (3): 1-14.

ラヴィル, J-L. 編, 北島健一ほか訳 2012.『連帯経済―その国際的射程』生活書院. Laville, J.-L. ed. 2007. *L'économie solidaire: Une perspective internationale*. Paris: Hachette Littératures.

リピエッツ, A. 著, 井上泰夫訳 2011.『サードセクター―「新しい公共」と「新しい経済」』藤原書店. Lipietz, A. 2001. *Pour le tiers secteur. L'économie sociale et solidaire: Pourquoi et comment*. Paris: La Découverte.

Coriat, B. ed. 2015. *Le retour des communs*. Les Liens Qui Libèrent.

Dacheux, É. et Goujon, D. 2015. L'économie solidaire: Une transition vers une société post-capitaliste?. In *Entreprise solidaires: L'économie sociale et solidaire en question(s)*. eds. P. Glémain et E. Bioteau, 217-232. Pennes: Presses Universitaires de Rennes.

Dufalvard, H. 2016. Économie sociale et solidaire: ESS et conventions. In *Dictionnaire des conventions: Autour des traveaux d'Olivier Favereau*. eds. P. Batifoulier et al., 95-98. Villeneuve d'Ascq: Press Universitaire Septentrion.

Dufalvard, H. 2017. Des communs sociaux à la société du commun. *RECMA* 345: 42-56.

Faverau, O. et Robé, J.-P. 2012. RSE et propriété de la firme. In *Encyclopédie des ressources humaines*. ed. J. Allouche, 1277-85. Paris: Vuibert.

Gadrey, J. 2004. *L'utilité sociale des organisations de l'économie sociale et solidaire: Une mise en perspective sur la base de travaux récents*. Rapport de synthèse pour la DIES et la MIRE.

Gadrey, J. 2013. Les biens communs: Une notion au service des projets de l'ESS? In *Blogs. Alternatives-Economiques*. 〈https://blogs.alternatives-economiques.fr/gadrey/2013/11/24/les-biens-communs-une-notion-au-service-des-projets-de-l-ess (最終閲覧日；2018年4月13日)〉

Gardin, L. 2013. L'approche socio-économique des associations. In *La gouvernance des associations: Économie, sociologie, gestion*. eds. C. Hoarau et J-L. Laville, 115-135. Toulouse: érès.

Lacroix, G. et Slitine, R. 2016. *L'économie sociale et solidaire*. Paris: PUF.

Laville, J.-L. 2001. Vers une économie sociale et solidaire? *RECMA* 281: 39-53.

Laville, J.-L. 2015. Conclusiton: L'économie sociale et solidaire en recherche(s). In *Entreprises solidaires: L'économie sociale et solidaire en question(s)*. eds. P. Glémain et E. Bioteau, 245-259. Pennes: Presses Universitaires de Rennes.

Laville, J.-L. 2016. *L'économie sociale et solidaire: Pratiques, théories, débats* (nouvelle édition). Paris: Economie.

コラム1　連帯金融 La Nef

「私は以前，伝統的な銀行で働いていました。でも仕事に意義を感じられませんでした。ここで働くようになって，今では世界で一番よい仕事をしていると感じます」。こう誇らしげに語るのは，ラ・ネフ La Nef（以下，Nef）の巡回銀行員アリス・ロンゲペ Alice Longuépé さんだ[1]。Nef は連帯金融の協同組合銀行で，倫理・透明性・連帯の 3 つを活動原則にする倫理銀行の性格をもつ。名称の「Nef」は Nouvelle économie fraternelle（新相互扶助経済）の略語だが，単語としての nef には「中世の大帆船」や「教会の信徒席」の意味があるので，協同して大船の信頼感を創るイメージが湧く。

アリスさんはオー・ド・フランス州を一人で担当している。APES（第 5 章参照）と同じ社会連帯経済の家にオフィスをもっているが，彼女はハイブリッド車に乗って地域を駆け巡る。店舗を構えて接客するスタイルをとらないのは，経費節減だけでなく，地域の協同組合員（sociétaire）と一緒に仕事を進めるからだ。ここリールであれば，協同組合員は「ノール=パ・ド・カレ地域グループ」を編成し，アリスさんと相談しながら融資案件のプロジェクトをボランティアで世話したり，環境と連帯などのイベントを開催して Nef の活動を紹介したりする。

Nef は 1979 年にアソシアシオンとして発足した。その後 1987 年に協同組合となり，翌年，金融協同組合の認可をえた。資金の集め方は出資と長期預金[2]が柱になる。ただし出し入れ自由の普通預金口座と貯蓄預金口座は，法人資格上提供できない。そこで協同組合銀行であるクレディ・コーペラティフが Nef の顧客用口座を提供する方法で，インターネットバンキングも可能にした。その後 2014 年には欧州の銀行法規が変更されたことで公的資金の受け入れが可能となり，2015 年からは協同組合員に対して通帳の発行に加え法人向けの普通預金 compte à voir も扱えるようになった。しかし Nef 単独では，引き続きブルーカード[3]も小切手帳も提供できない。なお 2018 年時点で，協同組合としての固有資本は 4200 万ユーロ，預金総額は 4 億ユーロになっている。

1）ここでの記述は，2018 年 9 月に行なったインタビュー（巻末付録 No.46）に基づいている。
2）引出不可期間が 25 ヶ月で，預入期間は最長 10 年。
3）キャッシュカードとクレジットカードが一体化したもの。フランスは現金を最小限しかもたないので，「必需品」のようになっている。

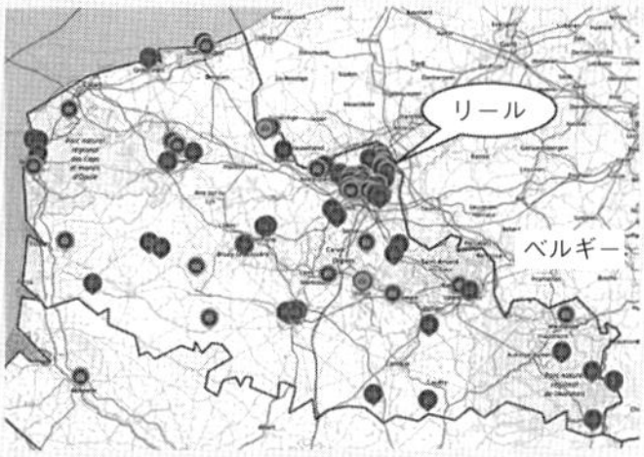

図1　ノール=パ・ド・カレ州でのプロジェクト
（出所：Nef の HP から筆者作成）

アリスさんは Nef の役割について，「個人の預金を共通の容器に集めて，プロジェクトをもっている人に貸し付ける」と表現する。「投資が目的なのではありません。紐帯を生みだすのが目的なのです」とも。だから靴の商店に融資するとしても，地元からの仕入れであるか，フェアトレードを重視しているか，といったことが審査基準になる。また従業員の労働条件や福祉の改善も融資対象になるという。

では Nef の融資活動はどれくらいの規模と内容をもっているのだろう。まず Nef が融資するテーマは，①エコロジー（再生可能エネルギー，バイオ農業など），②社会的包摂（就労，起業，健康，社会的および多様性支援など），③文化関連（多様性の文化，教育・訓練など）に分けられる。これをインターネット上で 2016 年の全国実績としてみると[4]，融資総額 3344 万 2346 ユーロの内，エコロジーが全体の 76%を占め，社会的包摂が 18%，文化関連が 6%であった。融資件数では総数 351 件の内，エコロジーが 66%，社会的包摂が 25%，文化関連が 9%である。つまり，現在の地域アクターたちの関心がそれだけエコロジーに向いているということだろう。

こうしたことが誰にでも直ぐ把握できるのは，Nef が透明性を活動原則にしているからである。欧州の倫理銀行に共通することではあるが，フランスでは Nef のみだ。アリスさんによると「預金され，出て行くお金の 100%を公表する」そうで，「人々にあなたのお金で何ができるのか訴える」ためだという。図 1 はそうして公表されている，ノール=パ・ド・カレ州での融資プロジェクトである。画面上のマークをクリックすると，当該プロジェクトの名称，内容，融資額，実施年などが表示される仕組みになっている。

試みに画面のマークを一つクリックしてみると，アルマンティエール Armentières 市で女性たちのワークショップが，障害者の社会統合を支援するためにレストランを開設するプロジェクトが出てきた。2016 年に 4 万ユーロを 78 ヶ月のローンで借りている。こうした事例がたくさん並んでいるわけだから，アリスさんの子どもたちが，よその人からお母さんの仕事について聞かれた時，「世界を変えるためにお金を貸している」と答えるというのも，本心からうなずけた。

（三浦純一）

---

4) Nef の HP から。https://www.lanef.com/la-nef/projets-finances/（最終閲覧日：2019 年 12 月 10 日）。

社会連帯経済の制度的基礎

立見淳哉

03

この章では，社会連帯経済（ESS）を支える制度的基礎について，社会連帯経済関連法の枠組みを中心に詳述していくことにしたい。

フランスにおいてESSは，雇用の12.7%，GDPの10%を占め，2000年以降24%の雇用増加を経験するなど，フランス「経済」にとっても重みのある存在となっている[1)]。ESSの中心を占めるのは社会的経済と呼ばれる部門であり，それは協同組合，共済組合，アソシアシオン，財団といった組織から構成される。このうち，なかでもアソシアシオンが大きな割合を占める。表3-1は社会的経済における被雇用者数を組織形態ならびに産業部門別に見たものであるが，社会的経済における雇用のおよそ78%をアソシアシオンが占める。次いで，協同組合が13%と続く。活動領域に関してみると，「公共機関，教育，保険衛生，社会的活動」に全体の63%が集中し，さらに「社会的活動」がこのうちの41%を占めるなどESSの中心的な活動領域になっている。社会的活動の内容としては，障がい児の受け入れ，青少年の受け入れ，労働による支援などの活動が含まれる。これらの領域におけるほとんどの事業所はESSに含まれる[2)]。

こうした特徴は，フランスにおける今日のESS運動が，1980年代以降に顕在化した社会的包摂を軸に展開してきたことを反映したものである。ただし，2000年代以降の展開において，ESSは，こうした「経済活動を通じた参入」など社会的包摂の役割を超えて，その活動領域を拡大させてきた。

フランスの社会連帯経済関連法は，国際的にみると，スペイン，エクアドル，メキシコ，ベルギー，ポルトガル等に続いて，制定されたものである[3)]。欧州に限ると，

1）この数字は，2016年，フランス政府の発表による。https://www.economie.gouv.fr/entreprises/chiffres-cles-less（最終閲覧日：2019年6月12日）

2）CNCRESS（2017: 137）によると，障がい児の受け入れでは95.9%，青少年の受け入れでは90.7%の事業所がESSに属する。

表 3-1　産業部門・組織形態別に見た社会的経済における被雇用者数（2015 年）

（出所：INSEE（2015））

産業部門	社会的経済の関連主体						
	協同組合	共済組合	アソシアシオン	財団	社会的経済合計	社会的経済以外	合計
農林漁業	6,868	0	4,757	18	11,643	248,027	259,670
工業＋建設業	45,607	x	x	x	50,497	4,476,818	4,527,315
うち，食品・飲料・タバコ製造業	x	0	x	0	24,100	541,673	565,773
商業，交通，宿泊，外食産業	60,334	4,636	26,019	671	91,660	5,324,808	5,416,468
うち，商業	53,463	4,527	1,297	0	59,287	3,037,946	3,097,233
金融・保険業	166,772	87,606	x	x	255,852	600,988	856,840
情報通信，不動産，企業支援	21,870	1,541	125,563	6,826	155,800	3,339,205	3,495,005
公共機関，教育，保健衛生，社会的活動 action sociale	x	x	1,384,293	75,636	1,508,951	5,877,546	7,386,497
うち，教育	x	x	340,689	9,366	352,854	1,538,277	1,891,131
うち，保健衛生	x	x	132,628	27,184	181,832	1,372,727	1,554,559
うち，社会的活動	1,821	22,382	910,976	39,086	974,265	638,445	1,612,710
その他サービス	x	x	305,381	2,592	310,398	496,507	806,905
うち，アート，スペクタクル，レクリエーション活動	x	0	123,783	x	125,647	171,568	297,215
合計	308,532	138,415	1,852,083	85,771	2,384,801	20,363,899	22,748,700

注）表中の x は秘匿データを示す。

3）次の諸国は独自の法律を有する。スペイン（社会的経済に関する法律 Loi n°5 du 29.3.2011），ポルトガル（社会的経済に関する基本法 Loi fondamentale n°30 du 8.5.2013），フランス（社会連帯経済関連法 Loi n°856 du 31.7.2014），ルーマニア（社会的経済に関する法律 Loi n°219 du 23.7.2015），ギリシャ社会連帯経済ならびにその構成組織の発展に関する法律（Loi n°4430 du 31.10.2016）。さらに，次のような地域には，社会連帯経済関連の法規がある。ベルギーのワロン（2008 年 11 月 20 日のデクレ），フランドル（2012 年 2 月 17 日のデクレ），ブリュッセル（2012 年 4 月 26 日のオルドナンス），スペインのガリシア（2016 年 5 月 4 日の 6/2016 法）である。

スペインやポルトガルの法律が具体的な政策内容に重点を置いていないのに対して，フランスの法律は，政府関連の支援機関の設立をはじめ，地域通貨の発行等に関しても法的枠組みに加えるなどの特色を有している（廣田 2016）。すなわち，フランスの社会連帯経済関連法は，国と州の ESS 関連組織を定義し，公共政策との連携を促進し，新たな資金調達の方法を可能にするなど，ESS の発展に向けた一つの制度的枠組みを構成しているといえる。

以下では，同法の内容に即して，ESS の法的定義とその発展に向けた制度内容について見ていくことにしよう。その際，重要な支援組織等については，インタビュー調査の内容を用いて，できるだけ具体的な活動内容を描くことにしたい。

1 社会連帯企業とガヴァナンス

1-1 社会連帯企業とは？

まず，社会連帯経済関連法第 1 条の定義によると，社会連帯経済（ESS）とは，特定の産業部門ではなく，資本よりも人間を優先するような「人間活動のあらゆる領域に適用されるところの，企てならびに経済発展の方法」である。そして ESS を支える社会連帯企業（entreprise de l'ESS。以下，ESS 企業）は次の諸条件を満たさなくてはいけないとされる。

①利益の単なる配分以外の目的を追求すること。
②民主的なガヴァナンス。それは，定款 statut によって定義され組織され，出資者（会員）associés，従業員，企業成果に関わるステークホルダーへの情報提供と彼らの参加を定めていること。その表現は，単に，資本の分担金や資金面での分担金の総額と結びつけられてはならない。
③経営が次の原則と一致していること。
a）利益の大半が，企業活動の維持ないしは発展の目的に充当されること。
b）分割不能な，法定 constituées の支払準備金 réserves obligatoires が分配不能であること。

ESS は，こうした利益配分以外の目的，民主的ガヴァナンス，責任ある経営という三条件を満たした企業から構成され，そしてその活動は，財やサービスの生産，流通，消費といった広く経済を構成する諸過程を含むものである。そしてこれらの条件を満たし，ESS 企業として承認されることで，投資公共銀行 la BPI の ESS 資金や商業銀行の ESS 向け資金，さらには公共需要へのアクセスといった恩恵を享受することができる。

ところで，2014 年法の枠組みでは，アソシアシオンや協同組合といった社会的経済を構成する組織に加えて，「商業企業（あるいは商事会社）société commerciale」と呼ばれる通常の市場経済を構成する企業が ESS のアクターとして位置づけられた。ここに同法の特色の一つを見て取ることができる。ただし，商業企業が ESS 企業として認められるためには，ESS 関連法第 1 条に定められた上述の条件を満たすことのほか，社会的効用（有用性）を追求し，次のような経営原則を適用しなくてはならない。

・会計年度の利益の少なくとも 20%に相当する，ESS 担当省のアレテ（省や自治体が制定する行政命令）に定められた割合を天引きし prélèvement，定款に定める支払準備金の形成，いわゆる「発展基金」に充当すること。
・会計年度の利益の少なくとも 50%に相当する，ESS 担当省のアレテに定められた割合を天引きし，支払準備金と同様に，利益剰余金 report bénéficiaire に充当すること。
・損失を理由とすることなく，会社が資本を償却し，減資を行うことを禁止する。ただし，この操作が企業活動の継続性を保障する場合を除く。

そして，商業企業が ESS として承認されるためには，CFE（企業手続センター）を介して，登記手続きを行わなくてはならない。2015 年 10 月 1 日のデクレ（大統領または首相が制定する行政命令）（Nº2015-1219）によって，商業企業は，RCS：Registre du Commerce et des Sociétés（商業・会社登記簿）に，さらに私的権利を有する法人の場合には，統計を所管する INSEE（国立統計経済研究所）の SIRENE 目録にも登録しなくてはならないとされる。

ESS 企業の条件の一つである社会的効用の概念に関しては，もともとは税制上の概念であった。それが，2000 年代以降に ESS の特徴を説明する上で用いられるようになり，さらに社会連帯経済関連法第 2 条において法的な定義を与えられるに至る[4]。そこでは，社会的効用は次の三つの目的に貢献するものであるとされる。

①何らかの脆弱な状況にある個人の支援を行うこと。それは，経済的，社会的，ないしは健康面や社会的／社会医療的支援の必要性など個人的な理由であってもよ

い。従業者，顧客，ESS 企業のメンバーなど立場を問わない。

②社会的・経済的・文化的な排除／保健衛生的な不平等との闘い，市民権の教育，社会的紐帯の保持と発展，あるいは領域的結束の維持・強化に貢献すること。

③経済・社会・環境・参加の持続的な発展に向けて協力すること。さらに，エネルギーの移行や国際的な連帯の発展も同様である。

ESS 企業は，こうした目的と関連する課題の解決に向けて，社会的イノベーションを生み出しながら社会的効用の生産に貢献しなくてはならないといえる。

このように，ESS 企業には今日様々なタイプの組織形態が含まれるのだが，ESS の特徴をいわば体現するという意味において，特に協同組合会社の存在が重要であるといえる。繰り返しになるが，ESS では，一人一票の原則を尊重した民主的ガヴァナンスに加えて，異なる経済原理（市場・再分配・互酬性）に由来する諸資源をハイブリッドに組み合わせることが重視される。この点に関して，協同組合会社は，協同組合の一形態[5]として協同組合の原理で参加型ガヴァナンスが行われると同時に，商法が定める法人形態（SA：株式会社，SARL：有限責任会社，SAS：単純型株式会社）をとることで市場経済からの資源動員を促進するのである。

1-2　協同組合会社：SCOP《スコップ》／SCIC《シック》[6]

協同組合会社には，SCOP《スコップ》（協同・参加会社 Société COopérative et Participative）と SCIC《シック》（集合的利益のための協同組合会社 Société Coopérative d'Intérêt Collectif）という二つのタイプが存在する。SCOP は，従業員が大半の資本を保有することでガヴァナンスの権力を共有することを重視するのに対して，SCIC は，従業員のほか生産者，顧客・ユーザー・サプライヤーなどの受益者，さらに地方自治体，ボランティ

4）ただし，前章で触れたように，近年，社会的効用に代えて，コモンやビヤン・コマンといった概念を通じて ESS の特徴づけがなされるようになってきている。これらの概念をめぐる学術研究が増加しており，たとえば 2017 年には『RECMA（社会的経済国際レビュー）』345 巻で，ESS とコモンの関係をめぐる特集が組まれている。

5）協同組合には次のようなタイプがある。すなわち，農業協同組合，協同組合銀行，商業協同組合，消費者協同組合，職人協同組合，HLM ならびに住民協同組合，学業・海運業等々の協同組合，そして SCOP と SCIC である。フランスの協同組合は全体で 22,517 企業あり，120 万人の雇用と 2600 万人の会員を抱え，売上額は 3070 億ユーロに及ぶ。2015 年には，フランスの企業数全体で 4%の増加であったのに対し，SCOP の企業数は 6%増加するなど協同組合会社が定着しつつある CNCRESS（2017）。

6）ここでの記述は，2018 年 9 月 11 日に実施した CGSCOP 研究ディレクター Catherine Friedrich 氏へのインタビュー（巻末付録 No.41）による。

ア，アソシアシオンなどの第三者といった，複数のステークホルダーによってガヴァナンスされる。

協同組合会社の代表組織であるCGSCOPによると，SCOPとSCIC等を合計した協同組合会社の総数は，2017年時点で3,177社で，57,700人の雇用を抱える。このうち，SCOPが最も多く2,366社，SCICが741社，その他が70社という内訳となっている。協同組合会社は，企業数としては3,000社程度に過ぎないが，市場経済におけるオルタナティブな経営の可能性を象徴しているという点でインパクトは小さくなく，量的にも，SCICが対前年比（2017／2016）で15.6%の増加を示すなど急速に拡大しつつある。

協同組合会社の事業分野としては，建築業，製造業，サービス業が，三大活動セクターとなっている。協同組合会社の運動は，建築業と製造業を中心に歴史的に展開されてきたこともあり，現在でもこの二分野における売上が最も大きい。協同組合会社全体では，総売上額50億ユーロ，5年間の企業生存率は通常の企業で全国平均が60%であるのに対して67%である。CGSCOPでは，協同組合会社の民主的経営が，企業の持続可能性に結びついていると捉える。

なお，協同組合会社の設立に関しては，当初から協同組合会社として創業する企業だけではなく，他の組織形態からの移行も少なくない。35%の企業が他の組織形態からの移行であり，健全経営の企業からの移行が14%，経営難の企業からの移行が10%，商業的事業を展開するアソシアシオンないしは協同組合からの移行が10%となっている。商業企業からの移行については，いずれもSCOPの形態をとることが多い。以下では，SCOPとSCICについて，さらに詳しく見ていこう。

a) SCOP

SCOPは，労働者全員が等しく投票権をもち，株式の過半数を保持するとともに，知識，情報，利益を共有することを目的としている。事実，CGSCOPの資料では，SCOPの平均像（中央値）として従業員が株主の75%を占める。

SCOPにおいては，法律上，生み出された利益は，支払準備金，労働者，出資者（会員）の3つに分配されなくてはならない[7]。そして，利益の最低16%が支払準備金に，25%が労働者に分配されなくてはならず，出資者に対しては上限が設けら

7）労働者への分配は法律用語で通常「part travail」と呼ばれるが，SCOPの定款statutでは，「参加participation」という言葉で表現されている。利益の半分を占める支払準備金は会計報告で使われる用語である。

れ利益の33%までしか分配してはならないと定められている。さらに実態をみると，支払準備金と労働者への分配がほとんどを占める。具体的には，利益の45%が支払準備金に割り当てられ，43%が労働者に分配されている。株式会社における株主への配当金に相当する，出資者への分配率は，12%にとどまる。労働者への分配については，フランスの大企業では一般に2～3%程度に過ぎないことを考えれば，極めて大きな割合を占めることがわかる。SCOPでは，さらに，支払準備金を譲渡不可能とすることで，企業の永続性を担保している。もし企業が解散する場合でも，支払準備金の分割は認められておらず，それは分割されることなく他のSCOP等に移譲されることになる。

フランスにおける代表的なSCOPとしては，次のような企業を挙げることができる。「Up」は1964年に創設された協同組合が前身で，昼食券を通じて企業の従業員の日常的な食事改善に取り組んできた企業である。1990年代から現在の名称に変更するとともに事業内容を多角化させ，欧州・北アフリカ・南米等で世界展開をしている。「ACOM」は，1932年創業の欧州規模で展開する光ファイバーの製造企業で，製造部門ではフランス最大級の協同組合である。「Moulin Roty」はフランスでは身近な玩具メーカーで[8)]，1975年に創業し，1981年にSCOPに組織変更した企業である。そのほか，煉瓦製造ではフランス最大の企業である「bouyer leroux」，通学者や障がい者向けに移動手段を提供する「Les Titis」，テレコム関係のインフラ事業を行う「SCOPELEC」，有機産品のフェアトレードを発展させる「ETHIQUABLE」，ソフトフェア開発企業の「alma」，建設業の「utb」などがある。

CGSCOPでは，2010年以降，健全経営の企業をSCOPに移行するための様々なキャンペーンを実施してきた。欧州規模での展開を考えてホームページには英語版を準備し，企業経営者向けアピールを行なっている。そして2014年の法制定以降は，SCOPの新規創業支援が州レベルで展開されるようになり，これに伴いCGSCOPは広報，支援，人材養成に力を入れるようになっている。とりわけ，ESS関連法27条と28条に従って定められた，「スタートアップ・スコップSCOP d'amorçage」という新たな規定statutによって，従業員による企業の取得とSCOPへの移行が政

8）ボーネルンドのHPでは次のように紹介されている。「フランス西部の町「ナント」の郊外にあるムーラン・ロティ村で，日本で学生運動が盛んだった1960年代末に，20人ほどの仲間が集まって夢の実現のために立ち上げたブランド。それから50年，今ではフランスでもっとも信頼されているベビー向けブランドです」。https://ec.bornelund.co.jp/shop/pages/campaign_moulinroty.aspx（最終閲覧日：2019年9月12日）

策的に後押しされている。これは，7年間をかけて従業員が企業の資本の大半を取得し，段階的に企業がSCOPに変わることができる仕組みである。企業が子会社を保有する場合，子会社をSCOPに変更することもできる。

なお，SCOPへの移行支援（従業員による企業取得）の背景には中小企業の事業承継問題がある。経営者にとっては労働者への企業の売却による利益が見込まれるものの，実際には普及していない。CGSCOPによれば，特に，学校教育において資本主義経済しか教育してこなかったために，多くの人は「もう一つの経済」や「もう一つの企業」を想像することができないことがネックになっている[9)]。

b）SCIC

SCICはSCOPに比べると新しい形態だが，2001年に法的に定義されて以降（2001年7月17日の法律第2001-624号），急速に発展してきた。SCICの最大の特徴は，従業者，製造業者，サービス受給者，第三者など多様なタイプの人（自然人あるいは法人）を共通の経済プロジェクトに関与させることができる仕組みにある。ある特定の地域内において多様なステークホルダー，たとえば原料の供給者と流通業者等を共通の経済プロジェクトへと参加させるようなガヴァナンスが特徴である。各ステークホルダーの出資比率に関しては，特定の利益集団が単体で過半数を占めて強い発言力をもつことができないように上限が定められている。地域発展にとって地方自治体の事業参加は重要な要件で，事実，全国の34%のSCICにおいて，一つないしは複数の地方公共団体が資本参加している。ただし，地方公共団体にも上限が定められており，SCICの資本を50%までしか保有することはできない。

代表的なSCICとしては次のようなものがある。「Urban Coop」は不動産開発業者で住民参加型で入手しやすい不動産の開発を手がける企業である。「AlterEos」は紙文書の電子アーカイブ化等を行う事業を展開する。リール市に隣接したトゥ

9）インタビューNo.41によると，CGSCOPとパートナーシップ関係にあるアソシアシオン「Apec（pour emploie cadre）」が好例である。これは管理職cadreとして働いてきた人たちにとって職業安定所に相当するアソシアシオンである。ここでは民間企業がSCOPに転換したケースや，協同組合会社で働く可能性もあることを伝えるが，多くは資本主義的な仕組みしか想像することができない。管理職だけではなく中小企業で働いてきた人も同様である。若い世代の間には「コラボレーション経済」や「シェアリング・エコノミー」の考えが広がっているが，それは協同組合の原理とは異なるものである。「シェアリング・エコノミー」において利益の共有はない。CGSCOPにとっては，富，情報などの共有が経済の仕組みとして組み込まれなくてはならない。

ールコワン市に拠点を置き，従業者数330名のうち85%を障がい者が占めているが，従業者の95%が正規雇用である。そのほか，カーシェアリング事業を展開する「citiz」，文化事業（顔料の原料オークルと色彩の教育）の「ôkhra」，創造的な農村農業の振興と移住を促進する「ciap」，個人住宅のリノベーションを通じてグリーンエネルギーの普及を目指す「Savécom」などを挙げることができる。

2 社会連帯経済の制度的布置

2-1 社会連帯経済の法的枠組み

以上述べてきたような社会連帯経済（ESS）の法的枠組みを改めて図式的に示したものが，図3-1である。まず想定されるアクターとして，社会的経済を構成する組織と商業企業との区別がある。いずれも上述したESS企業の三条件を満たさなくてはならないが，前者は，その定義上，当初から条件を満たしESSに帰属しているとみなされる。社会連帯経済関連法ではさらに，第11条において，特定の社会的

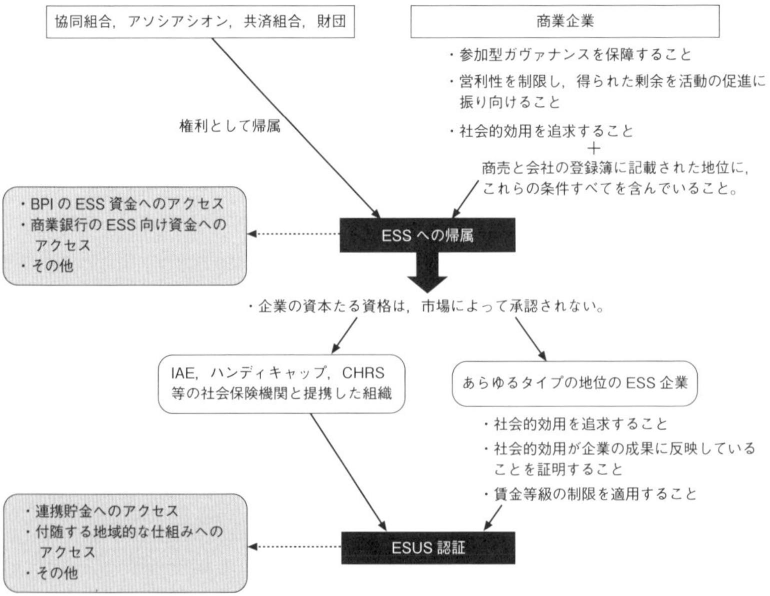

図3-1　社会連帯経済関連法の図式

（出所：Lacroix et Slitine（2016）の図を基に筆者作成）

課題に取り組む，とりわけ強い社会的効用を生み出す企業に対して，「社会的効用をもつ連帯企業 Entreprise Solidaire d'Utilité Sociale」認証を付与する仕組みを設けている。これが，その頭文字を取って「ESUS《エジュス》」認証と呼ばれる制度である。ただし，この認証を取得するためには，国と社会保険提携をしている企業（経済活動を通じた参入企業，住居・社会的再参入センター，等々）を除き，次のような追加条件を満たすことが必要である。

すなわち，第一に，社会的効用を主たる目的として追求しなくてはならない。第二に，社会的効用の点から導出される責務が，収支の会計，あるいは企業の金銭的収益性に対して大きな影響力をもたなくてはいけない。第三に，企業内の報酬格差に上限が設けられていなくてはならない（①上位５名の従業員もしくは経営陣の平均賃金が最低賃金もしくは従業者への平均支給額の７倍を超えてはならない，②前者の報酬は，最低水準にある年間報酬の10倍という上限を超えてはならない）。第四に，企業の資本証券 titre du capital を金融市場において取引 négociation してはならない。最後に，上記の第一から第三の項目が企業の定款に明記されていなくてはならない，ということである。

ESS 企業は，ESUS 認証を取得することによって，いくつかの恩恵を得ることが可能になる。たとえば，それによって，「連帯貯蓄 épargne solidaire」から資金調達を行うことができるようになる。連帯貯蓄とは，銀行や保険会社等の金融機関あるいは連帯企業が，自身のお金に社会的意味を付与したいと考える従業員や個人から集める貯蓄のことを指す。連帯貯金には３つの方法があり，第一に，社会連帯経済の活動に対して自身の貯金から直接投資すること，第二に，銀行や保険関連の商品を通じて，企業ないしはアソシアシオンに寄付をすること，第三に自身の従業者貯蓄 épargne salariale の一部を連帯の目的に振り向けること，である。したがって，「連帯貯蓄は，連帯的な投資家，連帯的な寄付者，あるいは連帯的な従業者」（Larpin 2011: 21）によって支えられているものである[10]。

加えて，社会連帯経済関連法第13条では，公的機関は社会的観点を重視して購

10）連帯貯蓄は，連帯金融とも呼ばれる。アルティ（2016）『「連帯金融」の世界』ミネルヴァ書房の訳者である尾上修悟は，訳者序文において，連帯金融を次のように簡潔に特徴づけている。「連帯金融は，とりわけ失業などによって周縁に追いやられ社会的に排除された人々に向けて，共同参加する集団により貯蓄を収集し，それによる信用供与を行う一方で，資本－リスクの解消や借り手のフォロー・サポートを行う取引全体を表している」（xiii）。

入すべきことが明記されており，この認証を取得することでESS企業は公的市場にアクセスすることが可能となる。国家と地方自治体による財ならびにサービスの購買額は年間でGDPの15%に相当する2000億ユーロに達するが，このうち，社会的理由に基づくものは，現状では公的市場の6.1%にすぎない。倫理的な観点から公的発注を行うことでESSを促進することが企図されている。ESUS認証は，「多くの領域におけるとりわけ困難な経済モデルに融資すること」(Lacroix et Slitine 2016: 21）が企図された制度である。

ところで，社会連帯経済関連法では，このようにESS企業の範囲を定義しているだけではなく，CSESS（社会連帯経済高等評議会 Conseil Supérieur de l'ESS)，CFESS（社会連帯経済フランス会議所 Chambre Française de l'ESS)，CRESS《クレス》（社会連帯経済州会議所 Chambre Régionale de l'ESS）といった，様々な支援機関や制度的措置についても定めている。

まず，CSESSは首相府に設置された国の機関であり，ESSのアクターと国および欧州レベルの公的機関との対話を促進する役割を担う。そして，ESSの推進に関する国家計画の策定に関わる。次に，CFESSであるが，これは国の計画において，ESSを代表し促進することを目的とするアソシアシオンである。国はCFESSと認証の協約を締結する。最後にCRESSは，地域計画において，ESSの促進と発展を目指す組織である。これは，その管轄区域内に拠点を置くESS企業あるいは事業所と，それらの州の職業別組織から構成される。国家（プレフェ：地方自治行政を監督する中央政府の出先機関）ならびに州議会と認証協約を締結している。その全国組織がCNCRESSであり，各州のCRESSのネットワークを活性化し調整する役割を果たす。また，ESS関連のデータを収集し補強している。CRESSは，連帯経済のアクターと公的機関の橋渡しとなり，様々な支援策を行う，重要な組織である。公的機関としてESSの利益を代表し，企業の創業，維持，発展を支援する。

ところで，ESSの政策展開において金融支援は重要な課題である。これまでESS企業とりわけ社会的包摂に寄与する企業にとっては，国，地方公共団体，ヨーロッパ基金などの公的補助金が大きな役割を果たしてきた。なかでも，社会的排除への対処については県が果たす役割が大きかった。しかしながら，Lacroix et Slitine (2016）によると，2010年以降，ESS企業の資金調達をめぐる状況は大きく変化することとなった。この背景には2008年の経済危機の影響があり，それによって公的な資金援助が縮小したことで，ESS領域での補助金が削減されることとなった。そして，補助金が継続的に削減されるなかで，ESS企業には融資を通じて資金調達することが求められるようになってきたのである。これについて，政策的にESS企業への融資機関として重要な位置づけにあるのが，CDC《セーデーセー》（預金供託公庫 Caisse des Dêpots et Consignations）である。CDCは，スピンアウト essaimage と企業規模の拡大を重視しつつ経営支援と融資を展開している。CDC自体はもともと国の政策の実施機関であり，エネルジー・トランジション，エコロジック・ソリデールの省庁とも緊密な関係にある。

2-2　預金供託公庫（CDC《セーデーセー》）グループ「地域バンク」[11]

2010年代以降に普及してきたESSにおける新しい資金調達手段として，「ソーシャルインパクト l'impact social」に基づく投資がある（Studer 2018）。CDCもまた，金銭的な収益性に加えて，社会問題の解決に寄与する社会的インパクトを判断材料とする[12]。

CDCの新しい展開として，2018年5月30日に州レベルでの活動を重視して，新たに設立したのが「地域バンク banque des territoires」である。以前はCDCが融資をする場合，決定権は本部にあったが，今後は，決定権が基本的に州レベルへと移譲される[13]。これによって，地域のアクターに密着することで融資決定を迅速化し，地方公共団体，社会公団住宅，企業へのサービスを充実させることを目指している。地域バンクでは，限度額を設定した上で，大規模投資は本部が決定権をもつが，小規模投資は州レベルが担当することになる。

地域バンクでは，ESS企業を発展させるために，融資以外にも様々な伴走支援を行なう。たとえば2017年には，「連帯経済ハブ」という新商品を作っている。これは，企業が自己診断をするために利用できるもので，すべてのESSアクターを対象としたプラットフォームとなっている。また，人材育成，資金繰りなどを担うコンサルタント企業への融資も行う。

ところで，CDCがESS企業に融資を実行する際，基本的には二つ方法がある。

11）ここでの記述は，2018年9月10日インタビューNo.40，地域バンクのGeraldine Welter氏へのインタビューに基づく。

12）ただし，インタビューによると，社会的経済のアクターに関しては社会的経済に属する法人格をもつことが投資の条件であり，ソーシャルインパクトや社会的効用は問題としていないという。

13）インタビュー時点では，地域バンクは設立間もないことから実績をもたず，作業部会が作られて今後の具体的な実践内容が討議されている段階にある。

すなわち，一つは投資会社に投資をする間接的な方法であり，もう一つがESS企業に投資する直接的な方法である。ESS企業の多くは小規模・零細企業であるため，CDCがそうした企業に直接投資を行うことは不可能である。したがってその場合には，ESS企業とCDCを媒介する企業（intermédiaire de fond）に資金提供することになる。CDCが資金提供する投資機関のうち，「ノベス NovESS」のみがCDCが立ち上げた機関である[14)]。

これに対し，CDCが直接企業に資金提供を行う場合には，企業の自己資本に対して投資することになる。業種は問わないが，資本の30%を超える投資は行わない。CDCが直接投資することで他の銀行の融資を受けられるような「テコの効果」を狙っているためである。金融分野においてCDCの専門知はフランスで非常に尊重されており，CDCが当該企業のプロジェクトを支援することで民間投資家の信用が得られる。ESS企業が複数の投資家から資金調達することで，プロジェクトのリスクをシェアすることが重要である。

CDCが投資決定を行う際の判断基準としては，当該プロジェクトが補助金に依存する必要のない「経済モデル」を構築できているか否かが最重視される[15)]。現段階において，CDCは十分な融資資金をもち，実績としても毎年2000万ユーロから5000万ユーロを投資してはいるが，安定した「経済モデル」をもつ「よい投資プロジェクト」が少ないために投資先が容易に見つからない状況にある。ESS企業の多くを占めるアソシアシオンの運営においては，これまで補助金への依存が大きかったが[16)]，国の資金と補助金は削減の一途を辿っている。ESS企業が金融機関から資

14）現状の投資額は6000万ユーロであるが，1億ユーロの投資規模を目指している。ノベスでは，3つの目的を軸に投資を行なっている。①企業設立後，3年以上経っている企業の成長の加速である。投資額は1企業あたり10万から50万ユーロである。発展のための投資は6年以上経っているESS企業を対象に行い，100万から500万ユーロを投資する。②エクスパート企業が親となって若い企業を支援する。③ソーシャルインパクトをもつ企業である。このためにソーシャルインパクトを測定する手段を開発した。そこには，総計で，400指標が含まれている。それが各事業分野に分かれている。NovESSは，社会連帯経済関連法第1条に記載されたESSの範疇に入るすべての企業に融資する。

15）投資判断の決定後には，7年から10年，あるいは10年以上の長期投資を行うことになる。

16）なお，CNCRESS（2017）によると，2014年，従業員を抱えるアソシアシオンの予算構成に占める補助金の割合は18%である。

金調達せざるを得なくなるなか，CDC は基本方針として，アソシアシオン等の組織が優れた「経済モデル」を生み出していくことを求めている。

なお，投資決定に際してはこのほか，「経済モデル」が，特殊ではなく他地域にも適用可能なものかどうか，正規雇用の創出に寄与する事業かどうかといったことが考慮される。投資にあたっては，「経済モデル」の頑強性を重視しているが，収益性のみを考慮するわけではなく，CDC の精神を分かち合う株主の構成にも配慮している。CDC は，「経済モデル」をもたない企業には融資をしないが，収益性のみを追求するプロジェクトにも融資をしないのである。

投資先企業のタイプとしては，アソシアシオンや協同組合など，社会的経済を構成する組織が多いが，近年の傾向として，商業企業の割合がますます高まっているのが特徴である。この背景には，次のような二つの要因がある。第一に，収益性のみではなく社会性と人間に配慮するような企業あるいは起業家が増加してきたことである。第二に，アソシアシオンに比べて商業企業の方が，銀行からの融資を受けやすいことである。ただし，新しい形態の協同組合会社である SCIC は例外的である。ここには地方自治体が投資することができるほか，市民，受益者，従業員，金融機関など様々なアクターを参加させることができるため，地域的コンセンサスの共同構築に優れ，地域発展の促進が期待できる。もっとも，こうした民主的ガヴァナンスにおいては，多種のステークホルダーが発言するために，経済モデルの堅固さという点では弱みも存在する。今後，商業企業への投資はますます増加していくことが予想されるが，CDC としては「経済モデル」がやや脆弱であったとしても，協同組合会社 SCIC への融資を優先するべきであると考えている。

3　社会連帯経済関連政策と地域

3-1　社会連帯経済の州レベルでの展開

社会連帯経済（ESS）の制度的枠組みの全体像について見てきた。以下では，本書が対象とするオー・ド・フランス州を中心に，ESS を支える地域的な仕組みについて検討していく。ESS は何よりも近接性に基づき，地域に根ざした経済であることを特色とする。ESS は，「もう一つの経済」を生み出そうとする運動であるが，地理的観点を加味すればそれは，「もう一つの地域経済」の構築を目指す試みでもある。そして地域政策もまた，2014 年の法律制定以降，体系的に ESS を取り込むようになっている[17)]。

Lacroix et Slitine（2016）によると，この背景には，マイケル・ポーターのクラスター論やベルナール・ペクールBernard Pecqueurらの「近接性の経済」など経済地理学的研究の影響がある。それらは，ローカルに形成されるアクター間のネットワーク（クラスター）や近接性が，イノベーションや雇用創出を促進すると考えるものである。次のような「地域カンファレンスconférence territoriale」（社会連帯経済関連法第7条，後述のNOTRe法第2条）は，域内の関連諸アクターの連携を目的に，かくして制定されたものである。

まず，政策的には，CRESSが州別の組織であるように，基本的な単位としては州が重要である。社会連帯経済関連法第7条で定められているように，州は，CRESS，社会連帯経済のアクター，支援組織と協力して，ESSの州戦略を策定することになる。また州レベルにおいては，国の代表者（プレフェ）と州議会議長は，ESS関連の地域政策の成果，手段，方向性に関して，少なくとも2年ごとに地域カンファレンスを組織する必要がある（第8条）。上述のESUS認証交付の評価もまたここでの議論の対象となる。さらに，そうした議論の結果は，とりわけ，「SRDEII（経済発展・イノベーション・国際化に関する州計画）」を中心に，具体的な政策提言へと結びつけられることになる。SRDEIIとは，2015年に施行されたNOTRe（共和国の新しい領域的組織Nouvelle Organisation Territoriale de la République）法（第2条）によって定められた，州の発展計画の中核をなすものである。そして，その中で，ESS発展の方向性もまた定められる。

地域レベルでのESSの振興に関して，社会連帯経済関連法第9条で定められたPTCE《ペーテーセーウー》（経済協力の領域拠点Pôles Territoriaux de Coopération Économique）は，とりわけ興味深い試みである。フランス版産業クラスターである「競争力の極pôles de compétitibité」が特定の地理的範囲に立地する企業や諸機関を結びつけることで，イノベーションの促進と経済成長の達成を目指すのに対して，PTCEは，ESS企業を中心に，中小企業，自治体，研究機関，教育機関など域内の多様なアクターが，社会的・技術的にイノベーティブなプロジェクトに寄与するべく，日常的に協働し，相互扶助を促進する枠組みとして構想されたものである。

PTCEは，2013年に国によって募集が開始され，第一回目で23件が採択され3年間の補助金が交付された。PTCEは地域のアクターが結集し協働するためのあ

17）社会連帯経済を推進する手段として，地域的補完通貨もまた2014年法によって明文化されている。

くまで枠組みであり，実際の活動領域や目的は多様である。たとえば，農業，文化，ツーリズム，リサイクル，失業対策，社会的包摂，地域活性化，競争力の強化，遺産や環境の保全など，様々である。なお，PTCE は多様なタイプの公共団体によって支援されうるが，資金面では州が果たす役割が大きい。

なお，ESS に向けた自治体の取り組みとしては，SCIC（集合的利益のための協同組合会社）や PTCE への参加に加えて，RTES（連帯経済のための地方公共団体間ネットワーク）の果たす役割もある。「社会連帯経済の発展に向けた憲章」を尊重する公共団体（州，県，コミューン，自治体連合）が集まり，情報交換や意思決定の調整等を行なっている。2016 年現在で，およそ 130 の地方公共団体がこのネットワークに加盟している。

以上が，社会連帯経済関連法においてとりわけ地域レベルでの展開に関わる内容である。これを踏まえて，最後に，ESS の実践において鍵となる CRESS と PTCE について，インタビュー調査を基に，本書が対象とするオー・ド・フランス州における活動内容について詳細を見ておくことにしたい。なお，以下の記述は，2018 年 9 月にそれぞれの組織に対して実施したインタビュー結果に基づいている。

3-2　オー・ド・フランス州「社会連帯経済州会議所（CRESS《クレス》）」[18]

すでに述べたように CRESS は，社会連帯経済関連法に基づいて，各州の ESS アクターの活動に対して，その保護，促進，価値付け，支援を実施している。いわば，ESS における商工会議所に相当する機関である。オー・ド・フランス州 CRESS（以下，CRESS）でもまた，経済発展と雇用に関する州のプログラムに基づき，諸プロジェクトに関与するアクターの資金調達など様々な支援を実施している。また，議員のロビー活動に対して ESS を保護するという政治的ミッションを併せ持つ。ESS を促進する上で，アクターへのサービスに加えて，政治家に ESS とは何かを説明する役割を果たしている。

CRESS では ESS の動向を観察・分析する作業がとりわけ重要であり，観察機関を設置して毎年展望を行なっている。加えて，ESS の測定と分析を行う EU のプログラムを活用し，社会的インパクトの測定を試みている。これは，オー・ド・フランス州の ESS 事業にとっても非常に重要な作業である。ESS の推進において，州議

18）ここでの記述は，2018 年 9 月 12 日に実施した，CRESS オー・ド・フランスのディレクター Hager Khezami 氏へのインタビュー（No.42）による。

会議員や国会議員といった政治家たちがESSの効用を正確に理解していないことが大きな困難となっている。フランスではソーシャルイノベーションへの関心は一般に高まっているが，ESSへの関心は依然として低いのが実態である。その意味でも，ESSの社会的効用を明確に示すとともに広報を充実させることが必要である[19)]。こうした観点から，2018年以降，ESSが補助金にもっぱら依存した分野であるという固定観念を払拭するための活動を展開している。

政府の政策では新規創業が強く推奨されているが，ESSに関してはアソシアシオンの占める割合が高く，必ずしも公的政策の方向性と一致しない面もある。ESSの実態としては，地域への密着性と市民参加という点において，地域の市民にとっては企業よりもアソシアシオンを設立する方がはるかに容易である。アソシアシオンは，グローバル化した企業のように閉鎖や移転によって雇用を失うリスクがなく，地域に根付いた事業の永続性という点からもESSに適している。

ESS企業の多くは小規模・零細組織であるにも関わらず，2008年の金融危機を乗り切ってきた。しかし現在では，それによって資金が枯渇し脆弱な財務状況にある。こうした実情に対し，CRESSでは，CDCのように企業が単体で規模拡大し経営の安定を目指すのではなく，諸企業のネットワークとしてヴァリューチェーンを構築することを重視している。たとえば，ある廃棄物関連の事業では，教会で使われた蝋燭を社会包摂の対象となる労働者に回収させ，蝋燭の生産と販売のネットワークを築いている。ただし，これは小規模事業であり，資金調達において課題をもち，公的補助金に頼らざるを得ない。フランスではアソシアシオンが立ち上げるプロジェクトに対して，ますます資金支出しなくなってきている。ESSに対するヨーロッパの支援プログラムがあるが，申請手続きが非常に複雑で，組織内の財務に余裕がないと実際には利用することは難しい。こうしたESS企業の実態から，CRESSでは，国の政策において頻繁に使用される「経済モデル」や「経済パフォーマンス」といった用語を使用せず，代わりに「効力 efficacité」という言葉を用いるようにしている[20)]。

さらにKhezami氏によると，商業企業をESS企業として認定するESUS認証に

---

19) 今日，フランスにおいて，学生の多くは自分の人生に意味を与える職に就きたいと考えている。CRESSは，県の教育担当・中学校・高校と緊密なパートナーシップを結び，中・高の生徒たちにESSの認知を高める活動を行なっている。また，APEC（アソシアシオン），大学，職業安定所 pôle d'emploi と協力して，転職希望者に対する支援を実施している。

関しては，よいアイデアではあるが，目下，うまく機能しているとはいえない。加えて，最近，商業会社を優遇する（「ポジティブな差別」）「PACTE」法が成立した[21]。これは「ミッション企業 entreprise à mission」（英語では「Benefit corporation」と呼ばれるものに相当）と認定された商業企業が，たとえ大企業であっても社会的効用を生み出しているとみなされれば，税制優遇を受けられるというものである。たとえばネスレ，ダノン，コカコーラなどの大企業がリサイクルをすれば，社会的効用を生み出していると認められてしまうため，CRESS としてはこれには反対の立場を取る[22]。

ところで，オー・ド・フランス州における ESS の展開には，地域ごとの特徴がある。たとえば，ダンケルク都市圏《アグロメラシオン》は環境を重視して，2018 年から公共輸送をすべて無料にした初の地域である。ベルクはハンディキャップをもつ人々のケアに特徴がある。あるいは，ヴァレンシエンヌでは，大学の修士課程で ESS の教育を行なっていることで有名である。州のおよそ 25％の人口が集中するリール市では，（社会的）起業家の集積が特徴であり，そのためのインキュベーターが多く立地している。アラスは，プロジェクト保持者への支援が手厚い。旧ピカルディー州は，ノール＝パ・ド・カレ州と統合されてオー・ド・フランス州となったが，農業地域を多く抱え，PTCE の結成を通じてアクター間の協働が進んでいることで知られる。特にソワソンには最大規模の PTCE がある。

ESS は社会的課題に対して解決を提供する経済だが，オー・ド・フランス州の場合，脱工業化が及ぼした社会的影響への対処が鍵となる。同州の中でも，とりわけ

20）Khezami 氏にとって，CDC は，「伝統的な経済」のメガネを通して ESS を見ている。CDC は，従来の「経済モデル」とは異なる経済ならびにイノベーションを理解しているとはいえない。ESS のアクターは，新しいタイプのイノベーションに向けて，間違いをおかすことを恐れず試行錯誤しながら進んでいくことを強く望んでいる。したがって，CRESS が推奨する「経済モデル」には，新奇性の高いイノベーションとそのための長期ヴィジョンが必要となる。そこでは，利益を上げることを否定しないが，それよりも社会的な意味を重視している。他方で，通常の企業であってもそのほとんどが中小零細企業であることを考えれば，規模の拡大にあまりこだわるべきではない。むしろ重要なのは，CDC が考慮外に置くような，数値で測定しえないものがあるということである。たとえば，労働の「質」を厳密に測定することは難しい。

21）2019 年 5 月 22 日に成立した法律。正式名称は，「企業の成長と変化に関する法律」である。

22）現政権は ESS に理解がなく，大プロジェクトの募集を展開するが，お金をかけずに認証（ラベル）を与えることに終始しているようにみえる，という。

炭鉱地域の貧困は深刻で，政府によって特殊支援が講じられてきた経緯がある。炭鉱地域では失業率が高く，ガン等の疾病が多く，移動手段（鉄道・バス）に欠けるなど多くの問題が存在する[23)]。これに対し，国は2017年から特別支援計画を実行し，炭鉱地域とリール等豊かな地域との格差是正を図ろうとしている。それは「炭鉱地域再生のための契約 Engagement pour le Renouvau du Bassin Minier（ERBM）」という10年間のプログラムで，首相の管轄で定められた法律に基づく。国と，州，ノール県／パ・ド・カレ県，ベチューンからヴァレンシエンヌに至る8つの自治体連合 intercommunalités が共同で実施する事業である。各行政単位に作業部会を設定し，ERBM を特殊任務とするプレフェを任命している。炭鉱地域では，ユネスコの世界遺産認定やルーブル美術館ランス分館の開館を中心にイメージの転換を図りつつ，ESS を発展させることで地域再生がなされることが期待されている。

炭鉱地域における ESS の展開として，ソーシャル・イノベーションの研究に強みをもつゴーダン研究所 institut Godin が，同地域での PTCE の設置可能性について調査を行なった（Institut de Godin 2018）。CRESS はその報告を受けて，上述の ERBM に対して PTCE を設立するように提案をしている。ツーリズム，福祉 bien-être，保健衛生をテーマとした PTCE である[24)]。

また，今日フランスでは，プラットフォーム・ビジネスの拡大に伴い，「ウーバー化 Uberisation」が社会問題となってきた。たとえば Uber Eats の配達員は労働者ではなくフリーランスとして働いており，Uber が社会保障面で彼らの面倒をみることはない。これに対し，CRESS では配達員に SCOP を形成してはどうかと提案を行なった。配達員が SCOP に所属すれば，収益の一部を天引きして社会保障に充てるための交渉を行うことができるようになる。フランス全国では，紅茶の製造業が SCOP に変わった例など SCOP の結成は増えている。農村地域では，農産地の独占に対抗するために農家が SCOP を形成する例も普及している。

23）政治的には極右の票が集まる地域で，フランスの極右政党「国民戦線」の党首マリーヌ・ルペンは，ランス付近に地盤を置く政治家である。

24）CRESS は，モブージュという繊維産業の衰退地域でも支援計画を構想している。すべての公的アクターならびに ESS アクターを結集するようなプロジェクトを策定するよう国からの要請を受けたものである。CRESS がこのプロジェクトのネットワークの中心を担う。他機関に電話をかけ，それぞれのアクターがまた誰かに電話をかけるという形でネットワークを広げている。

3-3　PTCE《ペーテーセーウー》[25]

経済協力の領域拠点PTCEは，2003年頃から実践的取組みとして現れはじめ，2014年の法律において明示的に定義された。それは，ある特定の領域において，企業，アソシアシオン，大学・研究機関，市民団体諸アクターが協力し，地域資源に価値を付与するための仕組みである。諸アクターが協力することで，地域内のノウハウを結集し，地域の固有性を維持することを目指す。PTCEのコンセプトの根底には，社会的困難を抱える地区で開始されたような，経済の再活性化を通じて雇用を発展させる狙いがある。PTCEで取り組まれるテーマ，たとえば食料・持続的開発・移動性の確保を向上させるための活動の多くは社会連帯経済にマッチし，社会的包摂に貢献するものである。

PTCEはまた，本来利害を異にする諸アクターが地域発展のために協働することも目的にしている。PTCEは，アソシアシオン，社会的企業，資本主義的企業，大学，地方自治体から構成される。ただし，容易に推察されるように，個別利益を超えて集団の利益を追求するのは実際には容易ではない。ビヤン・コマン（共通財／善）は万人によって共有されるべき資源であるが，実際には一人一人その捉え方も異なる。この点において，SCICという仕組みは有効である。自治体を含めて多様なアクターを結集することで地域資源をビヤン・コマン（共通財／善）として位置づけ，共通の利益を追求することが容易になる。

たとえば，他州で実施された環境保全のプロジェクトの事例であれば，保全されるべき環境がビヤン・コマン（共通財／善）として識別された。そこでは経済活動による参入と同様，事業を通じて雇用を創出している。あるいは，フランシュ・コンテ州ジュラのクラスター（「Clus'Ter Jura」）は，ガラス瓶のリサイクルを行う事業である。この地域はワインの産地として有名で，ガラス瓶が多く廃棄されるという地域特殊な課題をもつ。ジュラでは，民主的なガヴァナンスにできるだけ多くの人が参加できる仕組みが構想された。市民がビヤン・コマン（共通財／善）を守るために非公式の会合を開き，協同組合が設立されるに至った。それは古典的な資本主義的企業と同じように各人が資金を提供するが，資本主義的企業とは目的を異にする。ESSは地域のニーズに応えるために，地域内に諸アクター間の組織網を構築

25）ここでの記述は，2018年9月14日に行なったCRESS Hauts-de-FranceでPTCEを担当するStéphane Coezyへのインタビュー内容（No.47）を基本としつつ，筆者が文献等で情報を補完したものである。なお，インタビューはAPESによって手配・準備されたものである。

し，様々な地域資源を活用する。諸アクターの能力を組み合わせてシナジー効果を生み出すのである。ジュラの事例では，高等教育・研究機関が課題解決のための知識や技術を提供した。工学的知識を駆使して技術的な解決方法を提供している。

フランスには，今日，100件程度のPTCEが存在する。食料品，石材関連の製造業，移動性の確保（シェア車庫），等々，事業分野は多岐にわたるが，いずれもPTCEを中心に様々な連鎖と協力の関係性を作り出している。PTCEにとって，とりわけ研究機関が知識の創造・共有とイノベーションの生起において極めて重要な位置づけを占める。創造される知識・技術は，もともとは特定地域の特殊課題に応えるために生み出されたものであったとしても，他地域にも応用されることで地域間格差の是正にも寄与しうる。

PTCEはもともと，2009年にESSのシンクタンク「社会連帯経済ラボ Labo de l'ESS」が中心となり，「CNCRESS」，「COORACE（社会連帯経済（特に経済活動を通じた参入）企業全国連盟）」，「MES（連帯経済のための運動）」，「RTES（連帯経済のための地方自治体ネットワーク）」といった複数の団体の共同作業を通じて概念化された。上述したように，それは，企業や研究機関等の諸アクターがネットワークを組み，知識や技術を共有することで活発なイノベーションを生み出すという，イタリアの産業地区や産業クラスターのアイデアを社会連帯経済に応用したものである。

この概念は公共政策に採用され，2013年に正式な募集が行われ，30件程度のPTCEが認証された。このとき落選したPTCE候補もあったが，PTCEのニーズがあることを考慮し，「社会連帯経済ラボ」からネットワーク形成のための支援が提供された。「RTES」は自治体が加入するアソシアシオンだが，PTCEへの期待は大きく，推進役を果たした。PTCEの普及においては「社会連帯経済ラボ」と「RTES」が大きな役割を果たしてきたといえる。その後，2014年の社会連帯経済関連法第9条で明記され，2017年時点でフランス全国のPTCEの数は160件以上に至る[26)]。

なお，「社会連帯経済ラボ」が実施した実態調査では（Labo de l'ESS 2017），調査対象組織115件に関しては，総売上高1億1100万ユーロ，フルタイム相当（ETP）の従業員数2,200人を抱える。組織形態としては，ESSと同様にアソシアシオンが57%と大半を占め，それに有限会社9%，SCIC 8%が続く。事業分野としてはエコロジー関係の活動が24%，雇用支援関係が24%，持続可能な食料・アグリカルチャーが20%となっている。

オー・ド・フランス州のCRESSでは，2017年からPTCEの設立支援を開始した[27]。PTCEは，私的企業とその他のアクターが協力し，各人が組織全体のガバナンスに関与しながら，ESSの本質でもある地域のニーズに即した経済開発を行うことができる唯一の空間である。

オー・ド・フランス州は，PTCEの立ち上げ時期にある。CRESSが2018年9月現在で把握しているのは8件だが，そのうち3件は2013年の募集段階で正式採択されたもので，すでに安定した基盤を築いている。残りの5件は，2016年以降に立ち上げられた新しい組織で，CRESSが実態としてPTCEとみなしているものである。2013年の際にはPTCEの認証ラベルが与えられたが，それ以降は国の認証を必要とはせず，必ずしもPTCEを名乗らなくてもよい。オー・ド・フランス州もまた経済協力を推進しており，PTCEの設立を推奨している。設立間もないPTCEにとっての重要課題は，どのようにして様々なアクターを関与させることができるのか，ということである。とりわけ，地方議員を説得し，PTCEの存在意義について理解を得ることが非常に重要となる。なぜなら，地域開発関連の事業では，自治体が関与しない限り成功は見込めないからである。したがって，自治体の積極的参加が得られるかどうかが今後の鍵となる。

組織形態的には，PTCEは，当初は非公式な団体から出発することが多いが，徐々にガヴァナンスの問題が課題として浮上してくる。結局，PTCEに最も適した組織形態は，諸アクター間の平等な関係に基づくガヴァナンスを可能にする，SCICである。上記の8件のうち，先進事例の3件のみがSCICで，残りはアソシアシオンの形態をとりながらSCICへの移行を目指している。アソシアシオンは非常に柔軟性が高く，今後の展開に応じてどのような方向性も取りうるという点で，組織の

26）社会連帯経済ラボのホームページより〈http://www.lelabo-ess.org/enquete-d-analyse-des-ptce.html（最終閲覧日：2019年9月19日）〉。PTCEの設立経緯を含めた詳細は，同ラボによって2014年に公開された *Les pôles territoriaux de coopération économique* に詳しい。社会経済学者ローラン・フレッス Laurent Fraisse を中心に複数の研究グループの責任者を集結させた「分析と知識 Analyses et connaissances」ワーキンググループによる研究成果である。社会連帯経済ラボは，2017年にPTCEの実態調査の結果を *Enquête d’analyse des PTCE* として公開している。

27）PTCEには諸アクター間のネットワーク化を促進し経済活動を支援するための専門のアニマトゥール animateur（ファシリテーター）が必要である。たとえばCRESSではそのために社会包摂やプロジェクト支援の知識提供を含めてアニマトゥールのための研修を実施している。

立ち上げ時には適している。

4 社会連帯経済をめぐる新たな争点？：むすびにかえて

以上，社会連帯経済（ESS）の展開を支える制度的枠組みと，それによって促進される活動の方向性について描いてきた。2014年の社会連帯経済関連法は，社会的効用の生産を主たる目的とする「もう一つの経済」を可視化／正統化し，制度的仕組みを制定し，関連の諸活動を調整し活性化させる上で重要な意味をもつものとして理解できる。社会的効用の生産においては，社会的起業家の発想と社会的イノベーションの創造が重視されている。

他方で，こうした法的展開とは別に，ESSの発展に向けた実践は，第2章でも触れたように，近年になって，社会的効用の概念よりもむしろビヤン・コマン（共通財／善）の民主的な維持・生産を強調することで（Gardin et Robert 2018），理論的にも精緻化され，今日主流の経済との違いを明確化しつつある。民主的で開かれたガヴァナンスに基づくビヤン・コマン（共通財／善）の生産・維持と社会的イノベーションの創造を実現する上で，SCICやPTCEのような仕組みが制度化されたことの意味は大きい。PTCE（＋ SCIC）は，イノベーションの創造環境としての産業クラスターから着想されたもので，地域の様々なステークホルダーを地域発展（あるいはビヤン・コマン（共通財／善）の生産）に向けて結集すること可能にし，地域レベルでESSを推進する上で大きな効果が期待されるものである。

しかしながら，こうした政策的支援が進む反面，実際には，通常の意味での市場経済との境界が不鮮明となるとともに，新たな争点もまた生じているようにみえる。たとえば，第2節で見たように「経済モデル」の評価に基づく融資が整備・拡充される一方で，ソーシャル・インパクトの量的評価が重視されるとともに，従来ESSに向けられてきた公的資金はますます削減されている（Blanc, Lanciano et Sauze eds 2018）。これに対し，第3節で詳述したCRESSオー・ド・フランスや，オー・ド・フランス州における連帯経済アクターの主たる代表組織であるAPES（アペス）は批判的な立場をとっている。CRESSが強調するように，数量化の難しい「ソーシャル・インパクト」は存在しうるし，安定した収益性とは結びつきづらい事業領域も存在する。CRESSではむしろ，小規模事業であってもそれがビヤン・コマン（共通財／善）の生産に向けたヴァリューチェーンの中に位置づけられるかどうかを重視していた。またコラム2で紹介するように，APESによると，連帯経済と社会的起業家という二つの重複しつつある，しかし異なる概念をめぐる緊張も顕在化しつつある。

結局，ESS をめぐる今日的状況として，法的正統性を獲得したことによってダイナミックな推進力を得たと同時に，ESS が異なる資源（市場，再分配，互酬性）のハイブリッドな利用に依拠するゆえに生じる，諸矛盾や力の駆け引きをどのように調停していくのかが問われはじめている。実践の中でそれらの解決に向けた努力が重ねられながら，また概念と実践の往還の中で，「もう一つの経済」を構築する挑戦が続けられているのである。

【文　献】

アルティ, A. 著，尾上修悟訳 2016.『「連帯金融」の世界—欧州における金融の社会化運動』ミネルヴァ書房. Artis, A. 2013. *Introduction à la finance solidaire*, Grenoble: Presses Universitaires de Grenoble.

廣田裕之 2016.『社会的連帯経済入門—みんなが幸せに生活できる経済システムとは』集広舎.

Blanc, J., Lanciano, E. et Sauze, D. eds. 2018. *Tensions sur les ressources. L'économie sociale en recomposition. XXXVIIIes Journées de l'Association d'économie sociale, Louvain-la-Neuve* (*Belgique*) *CIRTES*, Hors-série n° 8.

CNCRESS. 2017. *Observatoire national de l'ESS: Atlas commenté de l'économie sociale et solidaire*. Saint-Just-la-Pendue: Juris éditions.

Gardin, L., Robert, P., 2018, Origine, diffusion et métamorphose de l'hybridation des ressources. In Blanc et al., *op.cit.*, 27–44.

Institut de Godin. 2018. *Les cahiers de l'axe 5 du SIILAB. ACTE 1: Les dynamiques émergentes de coopération économique: Le cas du Bassin Minier*. Institut de Godin.

Labo de l'ESS. 2017. *Enquête d'analyse des PTCE*. Labo de l'ESS.

Lacroix, G. et Slitine, R. 2016. *L'économie sociale et solidaire*. Paris: PUF.

Larpin, L. 2011. *L'Epargne solidaire poche pour les Nuls*. Paris: First.

Studer, M. 2018. À la recherche de la «mesure» de l'impact social, quelles représentations des acteurs de terrain ? In Blanc et al., *op.cit.*, 209–225.

コラム 2　連帯経済と社会的起業家

「10 年から 15 年後には，社会連帯経済（ESS）の中心は社会的起業家 entrepreneurs sociaux になってしまうかも知れません」。APES のジョアキム・ルブラン Joackim Lebrun さんは，こう言って心配そうな顔をする[1]。政府の緊縮財政路線の下では，社会的経済や連帯経済よりも補助金が少なくて済む英米型の社会的起業家の方が重宝されるからだ。彼は社会的経済と連帯経済を「狭義の ESS」と呼び，社会的起業家を「広義の ESS」と呼ぶ。その上で話を続けた。「社会連帯経済関連法（以下，2014 年法）の下で ESS の範囲が拡張されて，広義の ESS 企業は増えましたが，市民の参画と民主的なガヴァナンスは希薄になってきました。このまま進んでしまうのかどうか，今が分岐点だと思います」。

フランスの ESS 運動は，2000 年に社会的経済と連帯経済が「結婚」（第 5 章の 2 参照）して「社会連帯経済」を形成したが，2014 年法はその輪へ英米型のソーシャル・ビジネスに由来する社会的起業家も加えた。ところがラヴィル（2012）も指摘するように，ソーシャル・ビジネスは貧困と格差の原因に正面から挑まず，結果の微調整にとどまろうとする。それに対して狭義の ESS とりわけ連帯経済は，貧困と格差を解決するために，市民と多様なステークホルダー（利用者，労働者，ボランティア）の参画を構造化して推進力にしようとする（表 1 参照）。この違いが ESS の民主的なガヴァナンスに対して，形式的な対応の余地を残すのか，それとも自身の生命線として重視するのかの温度差を生む。

ジョアキムさんはそうなった経過を次のように説明する。「国は 1970 年代に，社会包摂企業[2]は真の企業でなくてはいけないという見解をだしました。その結果，いわゆる商業企業の経験をもつ人たちが社会包摂企業のディレクターとしておさまることになりました」。これが 1990 年代にかけた社会的起業家の養成を後押しした。そして 2010 年には，ムーヴ Mouves（社会的起業家運動）というネットワークが結成され，2014 年法に向けた活発なロビー活動も展開

1）ここでの記述は 2018 年 9 月のインタビュー№44 による。応対者は APES のサブディレクターであるジョアキム・ルブラン氏と，ギヨーム・ドゥルヴァク Guillaume Delevaque 氏である。

2）社会的排除の状態におかれた人びとを経済活動を通じて包摂しようとする企業のこと。

表1　フランスの社会連帯経済を構成する要素（出所：ラヴィル（2012: 3–5）を基に筆者作成）

要素	由来	活動の特徴
社会的経済	フランスにおける19C以来の協同組合・共済組合・アソシアシオン等の運動	・社会的・文化的な不平等や環境破壊とたたかう ・一人一票の形式的平等に満足することなく，市民とステークホルダーの参画を構造化して推進力にする ・市場，再分配，互酬性に依拠
連帯経済		
社会的起業家（社会的企業）	英米型ソーシャル・ビジネス	・公的責任の民間移管 ・大企業とのジョイント・ベンチャー ・市場と民間企業のモデルに準拠 ・ニュー・パブリック・マネジメントの手法 ・貧困の原因除去よりも，結果への対処

されることになる。「現時点で2014年の法律を読むと，社会的起業家運動の影響が非常に大きかったことが分かります。彼らは成立以前に主題を完全にキャッチしていました」。

こうして，従来からの営利企業がESUS（社会的効用をもつ連帯企業）の認証を受ければ，ESS企業を名乗れることになった。「法律が発布された時は少なかったのですが，2018年現在，申請数は爆発的に増えています。美しい企業イメージと資金優遇，税の優遇，企業拡大のよいチャンスが与えられるからでしょう」。もちろん認証を受けるためには，第3章が述べているような条件をクリアしなければならない。ただし民主的なガヴァナンスについては，リーダーの姿勢によって左右される余地を残した。また別の問題もある。社会的起業家がマネージメントするのは市場経済モデルだ。社会的経済と連帯経済が，互酬性・市場経済・再分配という異なる経済領域に由来する資源を組み合わせたハイブリッドな経済モデルを追求することと，大きな開きがある。

にもかかわらず国は民主的ガヴァナンスを軽く扱い，財政効率を重視する。「社会的起業家は補助金がなくてもやっているのに，なぜ社会的経済や連帯経済には補助金を出さなければならないのか」という理屈で，補助金も削減した。そのため，狭義のESSも市場に資金を求めざるをえなくなっている。あおりを受けるのは，手間と時間と費用がかかる民主的ガヴァナンスと，ハイブリッドな経済モデルである。

それでもまだ，規模が大きな企業は市場と関係がつくることができる。しかし小規模な企業にそれは困難だ。こうして，ESSを構成するアクター間に補助金がなくても運営していける企業と，そうでない企業との間に対立が生まれかねない状況がつくられている。そう説明したジョアキムさんは，最後に「多様な形態と規模の組織が存在しているのですから，同じESSのアクターとして全体が協働できればよいのですが」と言って，私たちに微笑んだ。　（三浦純一）

【文　　献】

ラヴィル, J.-L. 編，北島健一ほか訳 2012.『連帯経済―その国際的射程』生活書院. Laville, J.-L. ed. 2007. *L'Économie solidaire: Une perspective internationale.* Paris: Hachette Littératures.

「社会連帯企業」の事業活動・企業形態・ガヴァナンス

大田康博・立見淳哉

04

1 はじめに

社会連帯経済（ESS）は，不平等の拡大と権力の集中を解消しようとする社会運動であり（ラヴィル 2012: 3–5），そこでは企業も重要な経済主体の1つである。本章では，ESSの理念に基づき経済活動を行う企業を「社会連帯（ESS）企業」と呼び，その事業活動，企業形態，そしてガヴァナンスの特徴を明らかにする。

Lindsay and Hems（2004），ラヴィル（2012），Laville, Young and Eynaud（2015），北島（2016）など，フランスのESSに関する従来の研究は，その理論や制度に焦点を当てるものが多く，事例研究を行う場合でも，福祉などの領域に関心を集中させてきた。そのため，営利企業が主に担ってきた分野でのESS企業の台頭の検討が不十分であった。本章は，新たな領域で活躍するESS企業の事業活動，企業形態，ガヴァナンスを明らかにし，ESS企業の研究領域を拡張しようとするものである。

フランスでは，幾度かの制度改正を経て，ESS企業が上場株式会社とも欧米で主流の社会的企業とも異なる企業形態やガヴァナンス・ルールを採用するに至った。その特徴として特に重要なのは，同国のESS企業がESSの実践を担保するための制度的枠組みを備えており，しかも，上場株式会社のガヴァナンス・ルールを一部採用し，効率的な活動も可能にしていることである。したがって，ESS企業の特徴と実態を理解するには，上場株式会社と欧米の社会的企業の特徴を確認した上で，近年のフランスにおけるESS関連の企業法の展開を検討する必要がある。

以下，第2節では，上場株式会社や欧米の社会的企業の制度的枠組みを確認し，ESS企業の位置づけを明確にする。次に，フランスの社会的経済および連帯経済の展開と2014年に成立した社会連帯経済関連法の意義を検討する。さらに，第3節では，オー・ド・フランス州におけるESS企業の事例を，事業活動，企業形態，そしてガヴァナンスに注目して分析する。最後に，結論および残された課題について述べる。

2 フランス社会連帯企業の特徴

2-1 社会的企業に関する議論

社会連帯経済（ESS）は，多様な利害関係者による参加を通じて，労働や生活における社会的・経済的格差をなくそうとする社会運動である[1)]。社会連帯（ESS）企業の活動は，活動する国の企業法に定められた企業形態やガヴァナンス・ルールに基づいて行われる。したがって，企業法およびその根底にある社会的企業観によってESSの展開は大きく異なる。ESSの拡大が注目されるフランスでは，ESS企業の形態やガヴァナンスについてどのような制度的枠組みが整備されているのだろうか。

a）上場株式会社の制度的枠組み

社会的企業は，私企業による営利活動などがもたらす社会問題の解決に取り組もうとするものだが，フランスのESS企業は，上場株式会社のガヴァナンス・ルールなど，営利企業の仕組みを一部採用している。ここでは，上場株式会社の制度的特徴を確認するとともに，社会問題の解決における上場株式会社の限界を確認しておこう。

上場株式会社は，大規模な営利事業に適した会社形態として発展した。株式会社の制度的特徴は，全ての社員（株主）が会社債務の返済責任を出資額の範囲でしか負担しないことにある（有限責任）。有限責任を前提に出資を広く募れば，多くの資金を集めることができる。

上場会社の場合，株式を購入しさえすれば誰もが株主になることができる。つまり，経営者は，出資者の構成を基本的にコントロールできない。株式を購入した株主は，自益権（剰余配当請求権など）と共益権（株主総会での議決権）を獲得する。

株式会社の最高意思決定機関は株主総会であり，原則として，一株一票の多数決による決議が行われる。この資本多数決の原則下では，意思決定において行使できる各社員の議決権の数は所有株式数に応じて異なり，最も多くの株式を有する者が最多の議決権を手にすることになる。

1）社会連帯経済関連法では，ESSは，民主的なガヴァナンスを備え，社会的効用（有用性）utilité sociale を追求する経済であるとされる。ただし，ESSに関する研究や実践の場面では，社会的効用に加えて，ビヤン・コマン（bien commun フランス語：共通財／善）を追求する経済として特徴づけがなされるようになっている（立見 2018）。

株主のうち，取締役の選任などの意思決定で大きな影響力を行使できるのは，所有株式数の多い者，すなわち経済力のある株主である。そして，株主の地位は，株式の売買を通じて他者に移転できる。一般的に，株主は経済的利益（高い株価や配当率）を求めており，株主からの期待に応えることができない経営者は，解任されたり，株価下落に直面したりする。そのため，上場株式会社の経営者は，良好な事業成果をあげ，株主を満足させなければならない。

以上のように，上場株式会社は，経済的利益を重視する社員（株主）が主たる構成員であり，経済力の強い株主によって意思決定が支配されているため，会社経営は，利益を最大化するよう方向づけられている。したがって，一般的に，株式会社では，利益の拡大に直接寄与しない投資や雇用は回避される。そして，業績不振に陥れば，工場閉鎖や大量解雇が実施される。このような企業行動は，立地地域の景気を悪化させたり，失業などの社会問題を発生させたりする一因となる。

b）社会的企業と社会連帯経済

こうした社会問題に対応しようとする事業体が，社会的企業である。社会的企業の事業活動・企業形態・ガヴァナンスに関する考え方としては，以下の２つの代表的立場がある。

第一の立場は，社会的活動との関連の有無に注目して企業の社会性を評価するものである。このような立場をとる場合，ある企業が社会的活動と関連する事業を行なっていれば，営利を追求する株式会社でも社会的企業とみなす。営利追求を認めるのは，利益が社会的活動のための重要な資源と考えているからである。こうした社会的企業観は，たとえばアメリカにおいて支配的であった（OECD 2010: 14–15）。

アメリカ的な社会的企業観を採用する場合，ESS 企業以外の様々なものが社会的企業に含まれることとなる。そうした社会的企業の中には，たとえば，従業員，地域住民など多様な利害関係者による参加を認めず，ESS の構成員と連携しないものもあろう（廣田 2016）。

第二の立場は，私企業とは異なる特定の企業形態（協同組合など）をとり，その目的に相応しいガヴァナンス・ルール（例：一人一票の多数決の原則）をそなえた企業に社会性を認めるものである。この立場をとるヨーロッパでは，「社会的企業家精神」や「社会的企業」が，①財・サービス生産活動の継続性，②自治能力，③経済的リスク，④地域社会に有益なものをもたらす明確な目的，⑤資本所有にもとづかない意思決定権限，そして，⑥利益の分配の限定性，などの観点から定義されてきた（OECD 2010: 14-15；ラヴィル 2012: 3–5)。その結果，ヨーロッパの社会的企業は，メンバーシップを限定している（Lindsay and Hems 2004: 268)。後述するフランスの社会的経済も，同様の立場をとっていた。こうした社会的企業は，福祉・医療などの領域で主に活動してきた。

ESS 企業は，ESS の理念を共有し，その実践を確実なものとするためのガヴァナンス・ルールを備えた社会的企業である。たとえば，ESS 企業は，利益追求のために従業員に劣悪な条件下で働かせるようなことはすべきではない。また，仕入先の存続・発展や自立を促したり，利害関係者を財・サービスの開発・生産・販売に参加させ事業活動を「社会化」したり，立地地域の持続的発展に貢献したりすべきだと考えられている（ラヴィル 2012; 廣田 2016)。このような目的をもつ ESS 企業には，多様な利害関係者が対等な関係で事業活動に参加でき，活動の成果（利益）の多くを企業内部に留保し，活動を継続することが求められている。

ESS は，その実践が担保されるならば，会社形態での参入を必ずしも排除しない。フランスでは，2014 年の法令によって，一定の条件を満たせば，あらゆる形態の企業が ESS として認められることとなった。そして，本章の事例が示すように，オー・ド・フランス州でも株式会社形態をとる ESS 企業が現れている。そのような ESS 企業では，メンバーが限定されないだけでなく，一定の効率性を確保するためのガヴァナンス・ルールを採用している。この新たな法令により，ESS 企業はより競争的な分野でも存立できるようになったといえよう。

欧米の社会的企業およびフランスの ESS 企業の特徴を整理すると，表 4-1 のようになる。フランスでは，ESS の実践を担保するよう社会的企業に求めており，事業活動の限定方法がアメリカや他のヨーロッパの社会的企業とは異なっている。さら

表 4-1　アメリカ的・ヨーロッパ的な社会的企業とフランスの社会連帯企業

（出所：筆者作成）

	アメリカ的社会的企業	ヨーロッパ的社会的企業（フランスの社会的経済）	フランスの社会連帯企業
事業活動	弱い限定（社会的活動との関連性）	強い限定（提供する財・サービスの社会性）	強い限定（ESS の実現）
企業形態	限定せず	限定（例：協同組合）	ESS を実現できる限り，多様なものが選択可能
ガヴァナンス	限定せず	限定（例：一人一票の多数決）	ESS を実現できる限り，多様なものが選択可能（様々な利害関係者への情報提供と参加を重視）

に，フランス政府は，社会的企業に様々な企業形態とガヴァナンス・ルールの採用を認め，ヨーロッパ的な社会的企業よりも広範な領域で有効かつ効率的な活動ができるようにしている。

以上のようなESS企業は，第2章で触れたようにフランスにおける社会的経済の衰退と連帯経済の台頭，さらには両者の融合に伴う，社会的企業関連諸法の度重なる改正の産物であった。次項では，その過程を改めて確認し，現行法の内容を検討しよう。

2-2　フランスにおける社会連帯経済と企業法：SCICを中心に

a) 社会的経済と連帯経済

ESSは，社会的経済，連帯経済，社会的起業家という出自の異なる複数の概念を包括する言葉である。なかでも社会的経済の歴史は古く，19世紀以降，近代化と工業化が進む中で分断された人々が連帯し諸問題に対峙するために生み出された，協同組合・共済組合・アソシアシオンといった諸組織に起源をもつ。しかし，第二次世界大戦後のフォーディズム期（大量生産・大量消費を基調とした社会経済レジーム）を通じて社会的経済は本来の目的と役割を失い，衰退または「通俗化」するに至る[2)]（Laville 2015）。

社会的経済は，新しい社会経済レジームの模索が続く1970年代末頃から，再び積極的に評価されるようになった。他方で，1980年代以降には，連帯経済が，社会的経済では十分解決できなかった問題に取り組み，勢力を増していった（立見 2018）。連帯経済は，連帯の原則に則り，「経済活動を通じた参入（社会的包摂）」などによって，特に地域における権力の集中や富の不平等を解消しようとした（北島 2016）。

当初，社会的経済の関係者は連帯経済について批判的であったが，2000年頃から両者は「社会連帯経済」として並列的に扱われるようになり，特定の地域では両者が連携する事例が現れてくる（北島 2016）。そして，2001年には，その後ESSにとって重要な組織形態の一つとなるSCIC（集合的利益のための協同組合会社：

---

2) 消費者協同組合は大規模流通業の発展によって衰退した。また，その他の組織に関しては，たとえば共済組合は国の社会保障制度が整備されることでその補完物へと役割を低下させ，保険共済組合は自動車産業の成長によってドライバーに保険加入の義務が生じたことで大規模事業化するなど，社会的経済が本来有していたメンバー間の連帯的性格は失われていった。

Société Coopérative d'Intérêt Collectif）に関する法令が制定された。SCIC は，社会の一般利益に適う財・サービスの提供を目的とし，ESS を担う企業である。

SCIC 法下での協同組合は，多様な利害関係者を構成員とする一方で，より広い経済活動を展開できるようになり，資金的基盤の強化が可能になった（Lindsay and Hems 2004: 283）。出資者は，①提供する財・サービスの受益者，② SCIC の従業員，そして③ボランティア，政府機関，またはその他 SCIC の活動に関与する者により構成されなければならない。また，出資者が有する議決権は，出資額の多寡にかかわらず，1 人につき 1 票とされた。

SCIC では，事業活動の継続性を確保するため，利益配当が制限されている。準備金が資本金の金額に達している場合は，利益の 50％以上を定款の定めによる準備金として積み立てなければならない。準備金が資本金の金額に達していない SCIC は，各事業年度の終了時に，利益の 15％を準備金として積み立てる必要がある[3)]。

SCIC は，株式会社とは異なり，出資者から委任された者（エージェント）が経営を担うものではなかった（Lindsay and Hems 2004: 284）。しかし，2014 年に公布された法令では，SCIC を含む社会的経済の諸組織のみならず，一定の条件を満たせば，全ての企業が ESS を推進するものとして認められることとなった。この新制度は，営利企業のガヴァナンスを一部採用したものを ESS 企業と認定することで，従来の ESS の主な対象領域（福祉など）のみならず，より競争的な領域でも ESS を推進しようとしたものとみなすことができる。

b）社会連帯経済関連法と SCIC

2014 年 7 月 31 日に公布された法令（loi n° 2014-856 du 31 juillet 2014 relative à l'économie sociale et solidaire）は，地方自治体の ESS 企業への出資比率の上限を引き上げ，地方自治体が意思決定においてより大きな影響力を行使できるようにした[4)]。また，所定の条件を満たせば，営利企業も ESS の性格を有するものとして認めた。

同法令に基づく「社会的効用を追求する企業」は，以下の 3 つのうち少なくとも 1 つを主目的としていなければならない。第一に，経済的または社会的な状況，あるいは個人的な状況（特に健康状態）のために脆弱な状況にある人々への支援である。支援対象となりうるのは，その企業の従業員，ユーザー，顧客，メンバーまた

3）経済産業省（2015）による紹介も参照のこと。

4）地方自治体の出資割合の上限が，20％から 50％へと引き上げられた。

は受益者である。第二に，教育，社会的つながりの形成・保持，地域の結束の維持・強化による社会的排除や様々な不平等の克服である。第三に，上記２つの目的のいずれかに関連する，エネルギー転換または国際的連帯を通じた，経済・社会・環境・参加の次元での持続可能な発展への貢献である。

さらに，ガヴァナンスや利益配分に関する以下の要件も満たさなければ，ESSとは認められない。すなわち，①会社の目的が単なる利益分配以外であること，②民主的ガヴァナンスが存在すること（株主総会における議決権は，資本多数決のみによるものであってはならない）[5)]，そして，③会社が得た収益が，主に会社の再投資に用いられ，事業の継続および発展が図られること，である。

ESSとして認定された企業は，フランス公的投資銀行（la Banque Publique d' Investissement［BPI］France）などの金融機関による資金調達上の優遇策等の対象となる。たとえば，BPI France による基金（国と地方自治体が拠出した総額4,000万ユーロ）と一般銀行による ESS 向け融資が整備された。

このように，2014年の法令の下では，非営利部門である社会的経済は自動的にESSに属することになるほか，企業の目的，ガヴァナンス，利益配分がESSの理念に沿っていれば，資本会社（物的会社）société de capitaux，すなわち通常の営利企業の資格をもつものでもESS企業として認められる。なかでもSCICは，利害を異にする多様な利害関係者を結集させながら社会連帯経済の目的を達成する仕組みとして，ESSを特徴づける組織形態となっている。会社（株式会社［Société Anonyme: SA］，有限責任会社［Société Anonyme à Responsabilité Limitée: SARL］，単純型株式会社［Sociétés par Actions Simplifies: SAS］）がSCICとしての認定を受けるには，定款をふさわしいものへと変更する必要がある（経済産業省 2015: 40–48）。

では，資本会社の資格をもつ企業がSCICとして認定されると，どのような利点があるのだろうか。表4-2は，株式会社と有限責任会社・単純型株式会社に区分して，営利目的の資本会社と資本会社の資格をもつSCICを比較したものである。同表から，資本会社の資格をもつSCICは，会社設立や税負担の面で優遇されていることがわかる。たとえば，SCICが株式会社の形態をとる場合，最低資本金は営利目的の株式会社の半額であり，分割不可能な準備金は課税対象外とされている。

また，SCICには，資本流出を抑制するルールも準備されている。株式会社では内部留保（準備金）か配当かを問わず利益の配分は自由だが，SCIC株式会社では

5）具体的には各ESSの定款に委ねられている。

表 4-2　営利企業と SCIC の比較

（出所：CGSCOP の HP で閲覧可能なパンフレットの表より筆者作成）
http://www.les-scic.coop/sites/fr/les-scic/documentation/guides（最終閲覧日：2020 年 1 月 6 日）

	株式会社（SA）		有限責任会社（SARL）／単純型株式会社（SAS）	
	営利企業	SCIC	営利企業	SCIC
出資者の最低人数	7 人	7 人	2 人	3 人（最低 3 つの出資者分類があるため）
最低資本	37,000 €	18,500 €	特になし	特になし
固定資本制 / 可変資本制	固定資本	可変資本	固定資本もしくは可変資本	可変資本
出資者の議決権	保持する資本の比率	1 人＝1 票	保持する資本の比率	1 人＝1 票
持分の譲渡	出資者間もしくは第三者への株式の移譲	辞任時に返還	固定資本であれば，出資者間もしくは第三者への持分の移譲。可変資本であれば辞任時に返還	辞任時に返還
利益分配	法定準備金か配当かを問わず自由に分配可能	利益の多くが（最低 57.5% から最大 100% まで），分割不能な法定準備金に充当される。残金（成果の最大 42.5%）は，場合によってはあり得る公的支援の控除後に，組合持分 part social の報酬に充当されうる。報酬の割合は，最大でも民間会社債権の収益率（TMO）の平均的割合に等しい	法定準備金か配当かを問わず自由に分配可能	利益の多くが（最低 57.5% から最大 100% まで），分割不能な法定準備金に充当される。残金（成果の最大 42.5%）は，場合によってはあり得る公的支援の控除後に，組合員持分 part social の報酬に充当されうる。報酬の割合は，最大でも民間会社債権の収益率（TMO）の平均的割合に等しい
会社財産の評価 valorisation du patrimoine	株式の移譲，清算，法定準備金の配分に伴う剰余価値は，出資者に帰属する	投資資本の返還。インフレーションにスライドした再評価の可能性を含む	持分の移譲，清算，法定準備金の配分に伴う剰余価値は，出資者に帰属する	投資資本の返還。インフレーションにスライドした再評価の可能性を含む
支払準備金への利益の充当	利益の 5% を義務づける	利益の 15% を法定支払準備金に，かつ残金（42.5%）の半分を分割不能な支払準備金に当てること，つまり 57.5% から 100% を支払準備金に回すこと	成果の 5% を義務づける	利益の 15% を法定支払準備金に，かつ残金（42.5%）の半分を分割不能な支払準備金に当てること，つまり 57.5% から 100% を支払準備金に回すこと
法人税	あり 普通法の比率で課税	あり。普通法の比率で課税されるが，分割不能な支払準備金に充当される成果の部分は会社への課税の対象とならない。会社の持分に充当される可能性のある部分には，一般の法的比率が適用される	あり 普通法の比率で課税	あり。普通法の比率で課税されるが，分割不能な支払準備金に充当される成果の部分は会社への課税の対象とならない。会社の持分に充当される可能性のある部分には，一般の法的比率が適用される
協同組合の資格再審査	該当なし	5 年ごとに行われる	該当なし	5 年ごとに行われる
会計監査人	あり	あり	条件付きで，あり	条件付きで，あり

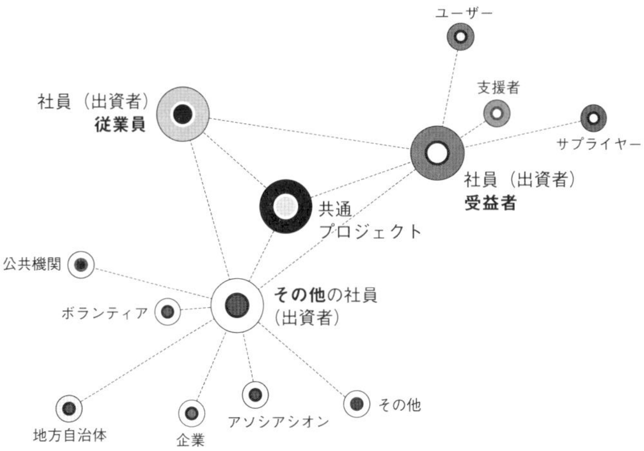

図 4-1 CGSCOP による SCIC の概念図

注）原図はカラーとなっており，アクターの多様性が強調されている。大きいシンボルは，SCIC の構成主体の主要分類を，小さいシンボルはそのサブカテゴリーにあたる主体を示す。

（出所：CGSCOP の HP 掲載の図より筆者作成）

http://www.les-scic.coop/sites/fr/les-scic/les-scic/qu-est-ce-qu-une-scic.html（最終閲覧日：2019 年 11 月 24 日）

分割不可能な準備金に最低でも 57.5%が配分されなくてはならない。また，準備金は課税の対象外となるため，配当の割合が少なく準備金の割合が高いほど，税制面での優遇は大きくなる。これは，内部留保へのインセンティブとなる。

さらに SCIC は，メンバーシップについて特徴的な方針をとっている。図 4-1 に示すように，協同組合会社の全国組織である CGSCOP（Confédération Générale des SCOP：SCOP 総連盟）は，従業員，事業の受益者，さらに地方自治体，企業，アソシアシオンといった地域社会・経済を構成する様々なタイプのアクターが，社会的効用に貢献する共通の事業（プロジェクト）のために協力することを想定している。このような理念が実践されるならば，SCIC は，本来利害を異にする様々なアクターが結集し，地域のビヤン・コマン（共通財／善）について考え，合意を形成し，共通の事業を実施する枠組みとして機能する，ESS の発展にとりわけ適した組織形態になるであろう。なお，ビヤン・コマンは，伝統社会に根付いた自然環境などの物的資源だけではなく，クリエイティブ・コモンズと呼ばれるような知識基盤，さらにはコモンにアクセスする権利（労働・文化・平等といった一般的権利）までも含むものである。社会連帯経済の近年の動向として，自由で自律した個人の参加と討議を通じてビヤン・コマン（共通財／善）を特定し，民主的ガヴァナンスを通じてそれを維持・生産する経済としてESSを表現するようになってきている（立見 2018）。

3 オー・ド・フランス州における社会連帯企業

フランスにおいて，個々の社会連帯（ESS）企業は，どのような企業形態やガヴァナンス・ルールを採用し，事業を展開しているのだろうか。ESS企業の具体的な形態や活動は実に多様であり，その全てを網羅的に提示することは容易ではない。そこで，本章では，オー・ド・フランス州のリール欧州メトロポール（Métropole Européenne de Lille: MEL）を対象に，ESS企業の統計的な概観を行なった上で，個別企業の企業形態，事業活動，ガヴァナンスについて明らかにする。

3-1 統計的概観

リール欧州メトロポールMELにおいて，ESS企業は，約5万2,000人（2012年）の就業機会を創出しており，これはMELの全雇用の11％に相当する（INSEE 2015）。このうち，5万1,200人が社会的経済に属する組織で雇用され，残りの約800人が資本会社の資格をもつESS企業71社によって雇用されている[6]。

2014年の法律以降，伝統的な社会的経済以外の組織が増加しているとはいえ，基本的には，アソシアシオン，協同組合，共済組合，財団がESS企業の多くを占める状況にある（図4-2)。なかでもアソシアシオンが，従業員数と事業所数のおよそ86％を占め，際立った存在である。協同組合と共済組合は，あわせて従業員数と事業所数の12％程度を占め，その活動の中心は金融業と保険業となっている。資本会社の資格をもつESS企業は，従業者数と事業所数で2％以下を占めるに過ぎないが，2014年以降に増加している。なお，活動分野としては企業支援関連業が多く，また製造業と建築業が多いのが特徴である。

地理的な傾向としては，図4-3が示すように，中心都市であるリール市での雇用が最も多い。失業等の深刻な社会的課題に直面するリール市北部の旧繊維工業地域において総雇用に占めるESSの割合が高いことは，ESSの活動が衰退地域で重要な役割を果たしていることを伺わせる。活動内容は，いずれの地域でも社会的包摂

6）ESSは概念上，社会的経済，連帯経済，社会的起業家から構成されると考えられるが，このうち社会的経済のみが統計分類として存在する。今日，社会的経済は，アソシアシオン，協同組合，共済組合，財団といった4つの組織形態を包含するカテゴリーとして定義される。

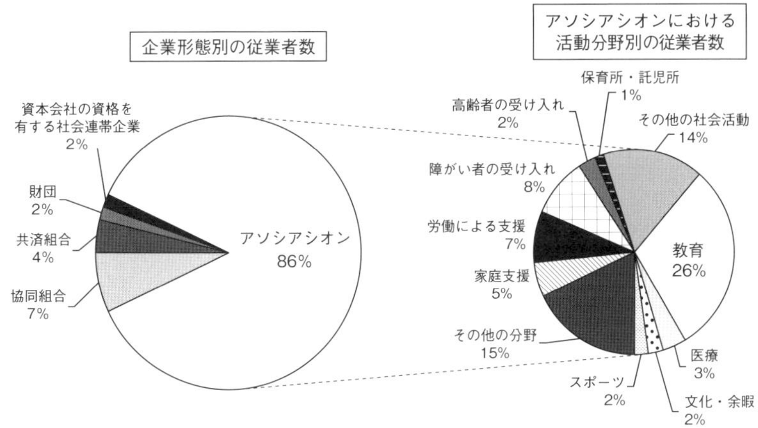

図 4-2　ESS 企業の組織形態と活動領域（2012 年）

（出所：INSEE のデータより筆者作成）
https://www.insee.fr/fr/statistiques/1285681（最終閲覧日：2020 年 3 月 13 日）

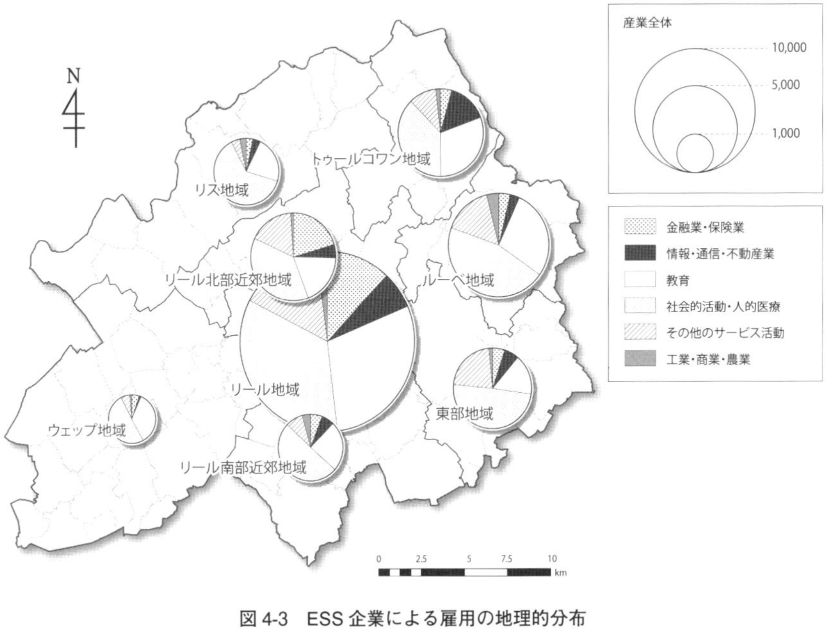

図 4-3　ESS 企業による雇用の地理的分布

（出所：INSEE（2015）の図をもとに筆者作成）

関連事業と教育が多い。なかでも，「リス地域」と「ウェップ地域」では，社会包摂関連の事業が高い割合を占め，リール市では中心都市の性格を反映して教育や金融・保険業の割合が高い傾向にある。

3-2　ESS企業の諸相

a）事例研究の手続き

以下では，個別のESS企業の事業活動，企業形態，そしてガヴァナンスを分析する。その中心的課題は，ESS企業が，①どのような事業をなぜ行なっているのか，②どのような企業形態やガヴァナンス・ルールを採用しており，それらが当該事業にどのような点でふさわしいのか，を検討することにある。

調査対象企業の選定にあたっては，ESSのアクターの代表機関の一つであるアペス（APES: Acteurs Pour une Economie Solidaire）の協力を得た。実際に調査した企業のうち，本章では，アーティスト支援，シェアオフィス，再生可能エネルギーを事業とするものを取り上げる。これらは，社会包摂や教育といった伝統的な社会的経済の活動というよりも，2014年以降に増加しつつある新しい活動であり，ESSの活動領域の拡張を端的に示す事例となっている。

さらに，これらの企業は，それぞれが異なる企業形態，すなわち，単純型株式会社（SAS），協同組合，アソシアシオンを採用しており，ガヴァナンス・ルールにも大きな違いがみられる。後述のように，企業形態とガヴァナンス・ルールの相違は，各企業の事業活動の特徴と関連している。

調査に際し，事前に簡単な質問票を協力者に送付し，半構造化インタビューと観察を行なった。インタビューでは，調査目的を説明した上で，応対者から活動の概要に関する説明を受け，質疑応答をした。音声と映像による記録をとり，音声記録は時系列的に文字起こしをし，その後，設立の経緯，事業活動，企業形態，ガヴァナンスに関する事項を抽出し，それらの関連性について考察した。

b）単純型株式会社（SAS）：Wezaart[7]

※事業活動

Wezaartは，単純型株式会社（SAS）の形態をとるESS企業である。創業は2013年だが，ESS企業とみなされるようになったのは2014年の社会連帯経済関連法の成立以降のことである。

同社は，オー・ド・フランス州の若手アーティスト，観衆，プロデューサー，メセナ，サプライヤーなど，様々なアクターのための情報プラットフォームとなるソーシャル・ネットワーク・サービス（Social Network Service: SNS）を提供しようとしている。他のSNSと同様に，アーティストが作品を発表したり，他の人や組織をフォローしてイベントなどの情報を得たりできる。会員は，Wezaartのページで動画，音，文章，イメージを使って表現できる。

2016年現在，創業者のGary Lomprez氏が財務，サービスの商業化，文化関係者との関係の管理を行なっており，最大の出資者である。彼の他に8名の出資者がおり，Lomprez氏に経営上の助言をしている。また，サービスの技術的問題の解決のために，2014年からは，大学・専門学校で勉強しながら企業で実践的な経験を積むことができる企業内研修の制度（学習・専門職契約Contrat d'apprentisage et professionel）を利用して，システム・エンジニアを受け入れている。

※事業機会（ESSとしての特徴）

Lomprez氏は，商業関係の学校を卒業し，35歳でEDHEC（École Des Hautes Études Commerciales du Nord）においてMBAを取得した。その後，ある会社の販売責任者として働いていたが，アートなどの文化的な活動に関わりたいと考えるようになり，10年間の勤務を経て，2012年にWezaartの創業準備に着手した。

2008年の経済危機以来，フランスでは，文化活動への助成金が削減されている。テレビ，音楽のストリーミング・プラットフォーム（例：Spotify）などでは，大手のプロデューサーがプロモーションをしているため，一部のアーティストによる一般受けするものばかりが流通し，他のアーティストの報酬は減少している状況にある。他方で，著名なアーティストの20%が総収入の80%を得ている。このような状況を改善する必要がある，とLomprez氏はいう。

Wezaartが事業において重視しているのは，全ての人々が文化に自由にアクセスできること，そして，アーティストにとって正当な報酬が得られることである。最初に開発したウェブサイト（バージョン1）をこの地域の関係者に発表したところ，文化活動に関わる人々が共通して抱える問題の解決にWezaartが貢献できることを確信することができた。そこで，ウェブサイトのバージョン2では，文化活動の

---

7) 応対者：Gary Lomprez氏（No.33），日時：2016年9月22日（約1時間30分のインタビュー）。本事例の記述にあたっては，一部，次のウェブサイト情報も利用した。http://fr.viadeo.com/fr/profile/gary.lomprez（最終閲覧日：2020年5月9日）。なお，以下，本章で用いるインタビューはいずれもNo.33に該当する。

商業化のプロセスや，アート作品を保存する機能を搭載し，Wezaart が収益を獲得できるようにしたい，と Lomprez 氏は考えている。

Wezaart は，アーティストのための新しい収入源の開発に取り組んだ結果，ESS の領域で活動することとなった。政府系の銀行，半官半民の金融機関（France Active）では，ESS を人道的，エコロジー的，社会的な貢献などを目的とする活動と考える傾向が強く，文化活動に焦点を当てる Wezaart は ESS 向けの助成を認められないことがあった。しかし，その後，政府から ESS の認証を受け，オー・ド・フランス州から 4 万ユーロの助成金を獲得することができた。

※収益構造

Lomprez 氏は，次のような事業モデルを考案した。第一に，Wezaart のウェブサイトに掲載される広告により，会員（アーティストなど）や Wezaart が収益を得る。たとえば，各会員のページには広告が掲載され，広告主が支払う広告代金の 70% を会員は得る。Lomprez 氏の個人ページやホームページでの広告から入る収益は，貯蓄され，アーティストのために利用される。

Wezaart では，各アーティストのページに掲載される広告内容として，そのアーティストに対してよりよいイメージを与えるものが選ばれるようにしている。たとえば，画家のページには，関連する美術館などの広告が掲載される。ミュージシャンのページならば，地元のコンサート会場のプログラムの広告や関連する何らかのブランドの広告が現れる。タグを利用して，作品，イベント，場所，入力された文章などが広告と一致するようなプログラムの開発を進めている。

第二に，各アーティストは，スポンサーから寄付を受けることができる。Lomprez 氏は，スポンサーのコミュニティを作り，このコミュニティ・メンバーに対し独占的に，アーティストが作品を発表できる，新しいストリーミングのモデルを作ろうとしている[8)]。個人同士の関係づくりを重視しているので，プロジェクト・ベースで関係づくりを行うクラウド・ファンディングとは異なる。

第三に，「参加型プロジェクト」である。このプロジェクトは，身体的な，物的な，芸術的な，または資金的な援助を受けることを可能にするような場を提供している。

8）Wezaart のウェブサイトは，アーティストが自分の作品をいつでも消去・修正できる。他の SNS と異なり，Wezaart は，ネットワークにアップロードされた作品の共同所有者にならないので，アップロードされた過去のデータ，画像などを Wezaart が使うことはない。Wezaart では，フランスおよびヨーロッパの著作権を守り，尊重している。

たとえば，コンサートの開催に10人の人員が必要な場合，あるいはアーティストの作品が必要な場合など様々なケースが考えられるが，このサービスの利用者はウェブサイト上で何らかの援助を求めることができるのである。

※企業形態とガヴァナンス

Lomprez氏は，会社形態として，定款の自由度が大きいSASを選択した。彼によれば，アソシアシオンや協同組合は，複数の人が決定権をもつので，意思決定に時間がかかり，活動が政治化してしまう。これは，Wezaartのようなスピードが重視されるプロジェクトにおいては損失をもたらす。また，一人が決定権をもつ方が民間の資金援助を受けやすい，とLomprez氏は考えている。

しかし，Wezaartでは，当然，ESSの原則である民主的な運営も重視されている。同社には，最大の出資者であるLomprez氏に加え，8人の共同経営者（出資者）がいる。彼らは創業以前から直接・間接の友人であり，この中には，演劇場の管理者，プロミュージシャン，造形アート展示場のディレクターといった文化産業関係者が含まれている。お互いにリール欧州メトロポールMEL内で出会い，自宅に招き，相互理解を深めた経緯がある[9)]。

c）アソシアシオン：Mutualab[10)]

※事業活動

Mutualabは，ESSのアソシアシオンが運営するシェアオフィスである。一般のシェアオフィスとは異なるMutualabの特徴は，アソシアシオンのメンバーや「コワーカー」が自主的な運営を行い，コワーカー同士の出会いや協働を促す仕組みをそなえている点にある。それは，多様な能力をもつ人々が集い，各コワーカーの問題を解決したり，1人では実現できないアイデアを発展させたりできる場たることをMutualabが重視しているからである。

このシェアオフィスは，Mutualabが入居する建物の1・2階にある。1階はチケット制[11)]の「ノマド」（特定の机を継続利用できない），2階は「レジデンス」（特定の机を継続利用できる）と呼ばれている。「レジデンス」には，ウェブ開発者をは

9）Lomprez氏によると，この地域には，「北部のホスピタリティ」といわれるような，お互いの家を行き来する慣習がある。

10）応対者：Claire-Marie Mériaux氏（POP）とLuc Belval氏（E2i），日時：2016年9月22日（1時間50分のインタビュー）。

じめ，建築家，漫画家，アソシアシオン（主にESS）など様々な業種の人々や組織が入居している[12]。

2016年9月時点で，コワーカーの「コミュニティ」は約300人の規模になり，毎日50人程度がMutualabを利用する。Mutualabは，活動内容にかかわらず，全ての利用希望者を受け入れる。ただし，自ら運営に参加する，他のコワーカーと交流・協働する，といったMutualabの精神が共有できるかどうかが，最も重要なことだという。

Mutualabは特定の者が所有・経営する企業ではないため，アソシアシオンのメンバーやコワーカーが運営に主体的に参加しなければ活気が失われてしまう，と考えられてきた。この認識に基づき，Mutualabでは，長らく従業員を雇用せず，ボランティアにより運営してきた。たとえば，かつて工場だった建物をオフィスに転用する際，内装やキッチンの整備をアソシアシオンのメンバーが手がけた。また，掃除や簡単な工事も，1年に2回，休日に皆で集まって行なってきた。日常的な活動に関しては，「ノマド」の受付をコワーカーがボランティアで兼務し，共同キッチンでは最初に来たコワーカーが皆の分までコーヒーを作ることになっている。飲食をする者は，それぞれが食器などを持参し，片付ける。

さらに，Mutualabでは，コワーカー間での出会いや交流を促進するための工夫をしている。たとえば，1階の壁には利用者の写真を貼り，黒板に様々な書き込みができるようにしたり，チャットができるアプリ「Slack」を使用したりして，情報共有や交流を図っている。また，コワーカーが集う共同キッチン，共同図書スペース（各自が本を持参し，他の人の本を借りることができる），多目的スペース（カンファレンス，パーティなどに使用される），そして，隣接するオーガニック・カフェ・レストラン（協同組合会社Société Coopérative）といった空間も重要である。毎週金曜日になると，共同キッチン，多目的スペース，カフェ・レストランなどで自発的なパーティが開かれる。

11）1回分の利用料金（チケットの購入単位により7～14ユーロの幅がある）を支払えば，オフィス，Wi-Fi，プリンタ，会議室の利用ができる。月払い（140ユーロ）をした利用者は，鍵付きのロッカーが利用できる。

12）同じ建物の3階には，「fablab」（アソシアシオン）があり，3Dプリンタ，大工道具などが準備されている。毎週木曜日夜に人々が集まり，問題を一緒に解決するための場となっている。たとえば，「小さな家」のプロジェクトでは，2名が，家の模型を作り，検討を重ね，実物大の家を試作した。元々fablabは，あるメーカーがボランティアで始めたものだという。

こうして，Mutualabは心地よい（sympa）雰囲気を作ることに成功したものの，ボランティアのみでは運営が難しいことがわかり，2016年現在，従業員を1人雇用している。しかし，従業員を雇った結果，コワーカーが使用した食器を従業員に洗わせるようになるなど，ボランティア精神が失われてしまってはならない。また，Mutualabはアイデアなどが循環する場であり続けなければならない。そこで，従業員の肩書を「チーフ・カオス・オフィサー」とした。彼女には，料理教室，ゴミの分別など様々な活動を組織してもらい，Mutualabのカオス的状況をさらに強めることが期待されている。本来の目的を果たすべく，Mutualabは「困難な道」をあえて選んだのだという。

❖「レジデンス」のコワーカーの事例

続いて，コワーカーの事例を紹介しよう。まず，Mutualabで働き，アイデアが生まれ，他のコワーカーとアイデアを発展させ，事業化し，事業が拡大すれば転出する，という一つのモデルを体現した例として，Jean Bouteilleプロジェクトがある。

このプロジェクトは，2011年にMutualabにやってきたGrard Bellet氏が着想した，オーガニックのオイル，ワイン，酢などの量り売り事業であり，彼と他のコワーカーが事業のコンセプトや計画を作った。事業化に向け，ロゴの作成，クラウドファンディングでの投資募集に必要な動画の撮影，そして，その動画への出演といった様々な形で，多くのコワーカーが彼に協力した。こうしてMutualabに大きな「コミュニティ」が誕生したが，彼の活動が広い場所を占めるようになったので，転

図4-4　Mutualabにある Jean Bouteilleの説明板

（出所：筆者撮影）

出してもらうことになった。Jean Bouteille は，いまやフランス各地のスーパーで採用されている。同様の事例は，他にもたくさんあるという。

次に，2016 年時点の入居者の事例として，POP がある。POP は，2015 年にリール市で創業した，デジタル・ソーシャル・イノベーションに関わる会社（単純型株式会社：SAS）である[13]。かつては，Mutualab で出会った 6 人が始めたボランティアであったが，その後，会社として以下の 5 つの活動に取り組むようになった。それは，(1) 学業で挫折した若者向けにウェブのコード作成の授業を行う「POP スクール」[14]，(2)「POP プレイス」(Mutualab のような場所を作り出す)，(3)「POP アップ」(企業や地方公共団体にデジタル化の助言をする)，(4) 一般利益を生み出すアクターのためのウェブ・ツールを展開する「POP テック」，(5) POP のオープン・イノベーションのための実験室である「POP lab」である。

こうした POP の活動の背景には，今日，地域・組織・制度が，経済的，社会的，環境的，政治的な急速かつ抜本的な変化に対峙することが求められており，新たな仕組みへの移行には，集団的知性，協働，活動への責任が不可欠であり，それを可能にするために人々の自発的な組織化が必要である，との認識がある。POP はこうした考えに基づき，デジタル化の面から，ソーシャル・イノベーションの促進をサポートするような活動を展開している。

❖収益構造

Mutualab が借りている建物は，敷地面積が 900㎡，賃料は月 6,000 ユーロであり，光熱費や掃除の費用なども含めると，毎月 8,000 ユーロの出費となる。決算は黒字にならないが，何とかやりくりできている。

Mutualab は，収支が合えば問題ない，という方針で運営されており，利益を出すことを重視していない。というのは，Mutualab は，お金に換算できない豊かさ（さ

13）POP のホームページも参照した。http://pop.eu.com/qui-est-pop/（最終閲覧日：2018 年 5 月 15 日）。POP の活動は，オー・ド・フランス州におけるデジタル・エコシステムを構成するアクター（Association ANIS, Roumics, réseau Catalyst, Meet-ups, Tiers-Lieux）や，国レベルでのプロジェクト（SCIC La MedNum, 27ème Région, Covoiturage-libre.fr）に属する出資者の参加によって強化されている。

14）フランスでは，若年者の失業率が高い一方で，ウェブ開発者が 1.5 万人足りないといわれる。POP スクールの授業は最短で 6 ヶ月と短いので，全てのコンピュータ言語を学ぶことはできない。しかし，Mutualab で他の開発者と一緒に働く経験ができる。

らに創造的になることができる，他のコワーカーと協働できる，など）を実現するための手段でしかないからである。

資金的な豊かさよりも自由を重視しているので，Mutualab は政府からの助成を求めてはいない。助成を受けるために，長々とした書類や報告書を作成したり，地方自治体の目標に活動を適合させたりすることは，受け入れがたい。

※企業形態とガヴァナンス

Mutualab は，アソシアシオンなので，メンバーの関係に階層性がない。したがって，意思決定が難しいという。また，新しい組織化の方法を採用しているため，従来の方法では問題を解決できないことも少なくない。このため，常にメンバーの間でコミュニケーションをとり，試行錯誤を続けている。

d）集合的利益のための協同組合会社（SCIC）：enercoop ノール=パ・ド・カレ=ピカルディ[15)]

※事業活動

enercoop は，再生可能エネルギーの生産・販売と省電力の啓蒙を行う SCIC である。パリに本部があり，州レベルで協同組合が 10 ある（2019 年現在）。組合員は，フランス全土で 2 万 2,000 人（個人，法人，地方公共団体など）おり，総額 1,500 万ユーロを同組合に出資している（2017 年 7 月時点のノール=パ・ド・カレ州=ピカルディ州：現オー・ド・フランス州の組合員は 680 人）。

enercoop の活動は，以下の 3 つの領域から構成される。第一に，電力の供給，すなわち 100％再生可能なエネルギーを電力生産者から直接買い取り，販売することである[16)]。これにより，同組合の顧客は，自分が購入する電力は全て再生可能エネルギーだと確信できる。

第二に，事業から得られた利益の 60％を準備金に充当し，それを原資に電力を自社生産することである。電力の自家生産には，2 つの目的がある。1 つは，供給する電力の料金をコントロールすることである。もう 1 つは，フランスでの再生可能エネルギーの普及を推進することである。電力源は，主に風力と太陽光である。

15）応対者：Guillaume Jourdain 氏（ディレクター），日時：2016 年 9 月 22 日（1 時間 30 分のインタビュー）。なお，現在の名称は，enercoop オー・ド・フランスである。

16）送電網の所有権は，地方自治体にある。

表 4-3　enercoop の沿革

（出所：enercoop の HP を基に筆者作成）

https://www.enercoop.fr/decouvrir-enercoop/notre-histoire（最終閲覧日：2020 年 1 月 5 日）

2004 年	当初ワーキンググループ：再生可能エネルギー，市民アソシアシオン，社会連帯経済に関連する 20 名程度のアクターからなるワーキンググループが作られ，新しいエネルギーモデルを発案。
2005 年	enercoop（SCIC）の誕生：enercoop が，Greenpeace，Biocoop，Hespul，le CLER，les Amis de la Terre，Nef によって創設される。法的には SCIC の形態。
2006 年	「連帯企業」認証：enercoop が「連帯企業」認証を受ける。Enercoop は，水力エネルギーの生産者を皮切りに調達を開始し，プロの業者と電力供給者の契約を結ぶ。
2007 年	個人向け市場の開設：最初の 1 ヶ月間で enercoop は 433 名の環境活動家と契約を結ぶ。彼らは，組合員として enercoop の資本に参加することを選択。
2009 年	地域別の協同組合の誕生，「enercoop アルデンヌ」：enercoop アルデンヌが創設され，本拠地はグランド・エスト州アルデンヌ県のアティニーに置かれる。enercoop アルデンヌは，その後シャンパーニュまで範囲を広げる。これが，Enercoop の活動を地方分散する計画の礎石となる。
2010 年	Le Chefresne がコミューン（基礎自治体）としては初の enercoop の顧客となる：人口 300 強のこのコミューンは，バス・ノルマンディ州マンシュ県にあり，enercoop のプロジェクトに加盟する初の公共団体となった。同年，enercppo ローヌ・アルプが設立。
2011 年	「enercoop ノール＝パ・ド・カレ」の創設：これは，2014 年には，enercoop ノール=パ・ド・カレ=ピカルディとなる。Enercoop は，これで 3 つの州別協同組合をもち，10,000 人の顧客の大台を超える。
2012 年	「enercoop ラングドック・ルシオン」の創設：ラングドック・ルシオン州が再生可能エネルギーの協同組合を有する。
2013 年	「enercoop ブルターニュ」と「enercoop プロヴァンス=アルプ=コートダジュール」の創設：これで州別協働組合が 6 つとなる。
2014 年	enercoop が 20,000 人の顧客を抱える：アキテーヌ州に協同組合が設立。
2015 年	10 年，10 の協同組合，100 の生産者：ミディ=ピレネ州とノルマンディ州が enercoop の協同組合リストに加わる。全体で 110GWh 以上の再生可能エネルギーが，25,000 人の消費者向けに生産。
2016 年	購買義務の開始：小さな革命だが，enercoop は，購買義務契約によって助成金を受ける再生可能エネルギー生産の設置から生じた，エネルギー購買のための認証を取得。それはこれらの契約管理に関する特定業者 opérateurs の独占を終焉させる。

第三の活動は，電力消費を減らすよう消費者を啓蒙することである。たとえば，講義，電話での助言，企業の節電に関する調査などの活動を行う。

※事業機会

フランスでは，第二次大戦後，フランス電力（Électricité De France: EDF）が電力の市場を独占してきた。EDF による電力供給システムは，料金が上昇し続けざるをえないし，自然環境への影響が大きいため，持続可能ではない。しかし，フランスの電力市場構造は中央に集中しており，市民の意向が反映されないシステムであった。

表 4-3 が示すように，2004 年に再生可能エネルギー関連のアクター，市民アソシアシオン，ESS 関連のアクターが集まり，再生可能な新しいエネルギーモデルを

考案するためのワーキンググループが結成された。そして，EU からの要求を受け，フランスでも 2005 年頃から電力の自由化が開始されたことを踏まえ，連帯金融の La Nef，オーガニック食品販売の biocoop，環境保護や再生可能エネルギー関連の Greenpeace や Hespul といった組織により，enercoop（パリを本拠地とする全国組織）が SCIC 形態で設立された [17)]。そのとき 3 つの目標，すなわち，①再生可能エネルギーの促進，②エネルギーに関する市民の主体的な関与，③節度のある電力消費，が示された。さらに，翌 2006 年になると，enercoop は社会連帯企業としての認証を受けた。

enercoop の事業モデルが正常に機能することを証明できたので，2010 年以降，各地で協同組合が設立された。そして 2011 年には，Guillaume Jourdain 氏が中心となり，enercoop Nord-Pas de Calais が誕生した。とりわけ同州では，第 10 章で扱う「第三次産業革命」による再生エネルギーの推進が追い風となった [18)]。

enercoop が各地域に協同組合を設立したのは，消費者，パートナー，組合員により近いところで経営し，各地域のエネルギーの課題に対応するためであった。たとえば，盆地が多くて高低差がなく，風の強い地域では，水力発電は断念し風力発電を中心にするなど，発電環境の地域差を考慮して電力源を選択しなければならない。なお，ノール=パ・ド・カレ州=ピカルディ州は，風力を主に用いている。

enercoop では，利益の 40％を出資者（多くが地域住民）に分配できる。地域住民への利益還元の重視は，外国の投資家によって設置・運営されている，他の多くのフランスの風力発電との重要な相違点だという。それに加えて，同組合は，住民・市民が発電事業に参加できる仕組みを導入している。2011 年，電力生産プロジェクトへの投資ファンドを設け，2016 年現在，約 5,000 人から 1,000 万ユーロの投資を受けている [19)]。

17）La Nef は連帯経済関連のプロジェクトに融資をする銀行であり（コラム 1「連帯金融 La Nef」参照），オーガニック食品の biocoop などは，行動（例：自分の消費するものを自分で選ぶ）を起こそうとする消費者の運動「コンソーム・アクション」を担う組織である。現状の電力市場は持続可能ではなく，価格と環境への負荷が大きいという認識から，ESS に特化したこれらの 40 ほどのアクターが一緒になり，新しい電力供給の活動を起こしたのである。

18）ただし，第三次産業革命は融資型であり，ここからの資金的提供はないという。

19）投資ファンドのサイトでは，住民は地図を見ながら全国のどのプロジェクトに投資（参加）するかを選択することができる。100 ユーロの小額投資も可能である。

※収益構造

2005年において，enercoopの電力料金は，EDFの料金よりも約40%高かった。その後，enercoopの料金は横ばいで推移し，EDFの料金は上昇した結果，2016年時点のenercoopの電力は，EDFより10～15%高い程度にまで価格差を縮小させた。

両企業の電力価格の水準や推移の相違は，電力の調達や政府との関係が異なることから生じているという。EDFは，政府からの助成を受けているため，電力料金を安くできる。しかし，原子力発電の維持，廃炉などに関わるコストを負担している。また，市場で電力を購入しているので，電力コストが安定しない。赤字が続いているため，同社は，料金を引き上げざるを得ない状況にある。これに対し，政府助成を受けていないenercoopは，電力が割高になるものの，政治的な影響から自由である。また，15～20年間の取引を前提に，電力生産者と直接契約しているので，安定した料金での電力調達が可能になっている。

enercoopが購入する電力の生産者は，私企業，地方公共団体など様々である。enercoopでは，価値を電力生産者と共有できる程度の違いに応じ，購入価格を変化させている。enercoopが最も尊重し，高い購入価格を提示しているのは，協同組合あるいは参加型の団体組織であり，たとえば，学校関係者や近隣住民がリールの学校の屋根を利用して発電する生産者からは，ある大手民間企業の2倍の価格で購入している。

電力価格の背景を理解してくれる人々が顧客となり，その数は2017年7月時点で4万8,000人以上になった（オー・ド・フランス州は1,700人）。enercoopは，2013年から，15万人の顧客の獲得を目指したアクションプランに基づいて活動しているが，計画値を上回る実績をあげている。顧客の増加に応じた電力の増産が現在の課題である。

急成長を遂げているenercoopだが，その市場シェアはわずか0.2%にすぎない。目標は，EDFに取って代わるのではなく，オルタナティブな電力供給モデルの可能性を示すことだという。

※ガヴァナンス

enercoopは，全ての利害関係者を尊重しているので，各利害関係者から出資を受け，シェア型のガヴァナンスを行なっている。議決権は，消費者と電力生産者が各20%，従業員，自治体，パートナーの団体（例：エネルギー企業の関連会社，リサーチ会社の団体）が各10%を握っている。残りの30%の議決権をもっているのは，enercoopの設立を主導した者である。彼らが比較的多くの議決権を保持しているのは，プロジェクトの成功に長期的なビジョンが必要だからである。

enercoopでは，出資者のうち利害が部分的に対立する者には同率の議決権を与え，勢力を均衡させている。たとえば，消費者は安価な電力を求めるが，生産者は電力を高く売りたいと考えている。両者に同じ比率の投票権を与えることで，バランスのとれた意思決定が可能になる。

配当は2%を上限としているので，100ユーロを投資しても収益は102ユーロ以下にしかならない。出資者は，配当のためではなく，新しいプロジェクトへの再投資のために投資しているのである。

4 おわりに

フランスでは，社会的経済と連帯経済が融合する過程で，独自の制度的枠組みに基づく社会的企業（ESS企業）が誕生した。このESS企業は，多様な利害関係者が持続可能な社会づくりに向け連帯することを重視しており，その活動領域は，社会的企業が主に携わってきた福祉（とりわけ，経済活動を通じた参入）などにとどまらない広範なものとなりつつある。

競争的な分野を含む領域でのESSの実践は，欧米で支配的な社会的企業観に基づく制度的枠組みでは担保されない。アメリカでは，何らかの意味で社会的活動との関連がある事業を営む企業を社会的企業としているため，ESSを実践しないどころか，提供する財・サービスに社会性が乏しい企業さえも社会的企業に含まれる。一方，ヨーロッパ諸国では，事業活動のみならず企業形態やガヴァナンス・ルールにも強い限定を設けて社会的企業を定義したので，議決権を集中して事業方針の一貫性や意思決定の迅速性を高め，営利企業と競合する分野で存続・発展できるようにすることが困難であった。

フランスもヨーロッパ的な社会的企業観を採用していたが，社会的企業関連法の改正を重ね，多様な利害関係者の連帯を形成・持続する仕組み（会社の目的，ガヴァナンス・ルール，利益分配など）の導入を条件に，営利企業の形態やガヴァナンスの一部を社会的企業が取り入れることを認めた。その結果，一定の資金的優遇の下で，ESS企業が広範な分野で持続可能な社会づくりのための活動を効果的・効率的に展開できるようになった。オー・ド・フランス州のWezaartが地域のアート情報プラットフォームというビヤン・コマン（共通財／善）を開発して創出価値の公正な分配を目指し，2014年の法令以降にESS企業として認められるに至ったことは，その象徴的な事例である。全 ESS 企業に占める割合は未だ小さいものの，同社のような資本主義的企業の資格をもつ ESS 企業は，着実に増えつつある。

事例研究で取り上げた ESS 企業の企業形態やガヴァナンスは，その企業が行う事業の特性によって異なっていた。たとえば，情報プラットフォームや電力のような，一定規模の投資や管理を要し，事業方針の一貫性や意思決定の迅速性が重要な分野では，利害関係者間での価値の共有を前提に，会社形態を採用したり，特定の参加者（創業者など）に意思決定の権限を集中したりしていた。さらに，enercoop の場合は，部分的に利害が対立する出資者間の勢力を均衡させ，意思決定におけるバランスを確保する配慮もみられた。もし消費者の勢力が生産者のそれを凌駕していれば，連帯的な価値を共有する生産者から優遇価格で電力を買い取るようなことは，より困難であったに違いない。一方，多くの資金，複雑な管理機構，意思決定の迅速性などがそれほど必要なく，自主運営を重視するシェアオフィス事業では，全出資者が対等なアソシアシオンにより運営されていた。ただし，アソシアシオンのメンバーやコワーカーの自主性や出会い・交流機会の豊かさを維持できるよう，道具・空間・仕組みとその配置（例：黒板，共同キッチン，それらの使用ルール）を工夫し，専任のスタッフを置いていた。

このように，ESS 企業は，自らの事業分野にふさわしい企業形態やガヴァナンスを取り入れ，ESS の実践に取り組んでいるが，それぞれが孤立した存在ではなく，ESS の理念を共有する人々や組織のネットワーク・メンバーである。したがって，ESS の展開は，他の ESS 企業や ESS の組織との知識交換や協働も視野に入れて理解しなければならない。たとえば，Mutualab の利用者の多くは ESS 企業であり，そこで生まれる出会いや協働は，同じ建物に入居するカフェ・レストランや fablab の存在によって，さらに豊かなものとなっている。また，ここで紹介した企業は，すべて第 5 章で扱う APES の会員であり，それぞれが APES ネットワークのビヤン・コマン（共通財／善）の生産・維持に貢献しているとみなすことができる。

最後に，ESS 企業と政府との関係について言及しておこう。事例で取り上げた企業は，税制優遇，融資などの恩恵を受けているが，政府からの助成は必ずしも求めていなかった。助成を必要としない ESS 企業は，書類作成などの煩雑な手続きを敬遠したり，助成金の獲得と引き換えに自律性を失うことを懸念したりしていた。これは，ESS における意思決定の自由および企業家精神の重要性を示している。ただし，他の ESS 企業への調査では，政府助成の削減が ESS の活動を制約している事例を我々は確認している。様々な ESS 企業の事例を検討し，どのような場合にどのような再分配が望ましいのかを明らかにすることが求められているといえよう。

本章は，オー・ド・フランス州における ESS 企業の事業内容・企業形態・ガヴァナンスの多様性を包括的に捉えたものではない。また，ESS 企業による活動の有効性を吟味するには，より長期的な分析を必要とするだろう。これらについては，今後の課題としたい。

【文　献】

OECD 編著，連合総合生活開発研究所訳 2010.『社会的企業の主流化―「新しい公共」の担い手として』明石書店. OECD 2009. *The changing boundaries of social enterprises*. OECD.

北島健一 2016. 連帯経済と社会的経済―アプローチ上の差異に焦点をあてて.『政策科学』23(3): 15–32.

経済産業省 2015.『海外における社会的企業についての制度等に関する調査報告書』.

立見淳哉 2018. フランスにおける社会連帯経済の展開―「もう一つの経済」に向けた試み.『経営研究』69(2): 19–39.

廣田裕之 2016.『社会的連帯経済入門―みんなが幸せに生活できる経済システムとは』集広舎.

ラヴィル, J.-L. 編，北島健一ほか訳 2012.『連帯経済―その国際的射程』生活書院. Laville, J.-L. ed. 2007. *L'économie solidaire: Une perspective internationale*. Paris: Hachette Littératures.

INSEE 2015. L'ESS au sein de la Métropole Européenne de Lille: Une économie au service des habitants. *Insee Analyses Nord-Pas-de-Calais* 13.

Laville, J.-L. 2015. Conclusiton: L'économie sociale et solidaire en recherche(s). In *Entreprise solidaires: L'économie sociale et solidaire en question(s)*. eds. P. Glémain et E. Bioteau, 245–259. Pennes: Presses Universitaires de Rennes.

Laville, J.-L., Young, D. R. and Eynaud, P. eds. 2015. *Civil society, the third sector and social enterprise governance and democracy*. London: Routledge.

Lindsay, G. and Hems, L. 2004. Sociétés coopératives d'intérêt collectif: The arrival of social enterprise within the French social economy. *Voluntas: International Journal of Voluntary and Nonprofit Organizations*, 15(3): 265–286.

コラム 3　Little big women

日本の物語には，時々「小さな巨人」が登場する。矛盾語法だが，「小」であっても工夫と鍛錬の末に「大」を制すので，いつの時代も人気がある。ところが，そうした修辞法の名をもつアソシアシオンがリール市にも登場した。Little big women（小さくても大きな女性たち）である。経済界で小さく扱われる女性の，大きな活躍を生み出そうとする団体だ。

「フランスでは起業に占める女性比率は低いままです。新規創業の 30%，企業買収の 7% です。女性の中小企業トップは 11% しかいません。だから私たちは女性の起業家を増やすために，人材養成の活動を始めました」[1)]。こう切り出すと，ファティア・レグゾリー Fatiha Legzouli さんは熱のこもった口調で続けた。「私たちが今の名前になったのは，2016 年からです。2014 年に社会連帯経済関連法（以下，2014 年法）ができて，女性の起業家が次第に増えてきたことが背景にあります。でも活動自体のスタートは 1997 年で，その時は，「複数のイニシアティブ Initiatives Plurielles（IP）」と名乗っていました。起業の性別比率が，ちょっと男性中心的すぎる，というニュアンスがこめられています」。

その後 IP は，2016 年までの間に 5 万時間を超える相談活動と 1,000 回近いグループ会議を実施した。参加した女性は延べ 4,000 人以上にのぼり，その間 150 人の起業を支援している。そうした活動が評価されて，EY 社会的コミットメント賞[2)] を 2014 年と 2017 年に受けている。受賞理由はいずれも女性起業家精神の向上であった。ただこれだけでは，「すごい」とは思えても，どこが成功の秘訣になったのかまでは分からない。もう少しファティアさんの話を続けよう。

「私たちは，まず女性の起業を抑制している要因を分析しました。①女性の

1）以下の記述は 2018 年 9 月のインタビュー No.45 にもとづいている。また下記の HP から適宜補足した。http://www.littlebigwomen.com/（最終閲覧日：2019 年 12 月 17 日）。

2）EY 年間起業家賞は EY（Ernst and Young）社が Verlingue 社 , HSBC France 社などと共同して提供するもので，社会的コミットメント賞はその 1 分野。社会的課題に対する革新的な解決策の提供が対象になる。参照：https://www.ey.com/fr/fr/about-us/entrepreneurship/entrepreneur-of-the-year/entrepreneur-de-l-annee--remise-des-prix-2014 （最終閲覧日：2019 年 12 月 18 日）。

図1　Little big women に集う女性たち（出所：http://www.littlebigwomen.com/）

方が男性より学歴を重ねていますが，経営者になる上での管理職経験が足りません。②学校・家庭・社会において，女性が男性と同じように責任あるポジションに就くという教育が徹底していません。③女性は職業キャリアが足りない，責任ある立場にふさわしくないという考えで，銀行が融資を渋ります。④家事の72～73%を女性が担当しているため，家庭生活と職業生活の両立が困難です。⑤女性の成功例が十分にありません。こうした分析の上に，対応した養成プログラムを作成しました」。それが市場調査，ワークショップ，女性経営者の企業訪問，女性経営者との朝食会などだが，なんといっても特徴的なのはメンター Mentorat（養成者）システムだろう。

このシステムはカナダのケベックで生まれた。経営経験を有するボランティアの「親」と，起業しようとする「子ども」が二人一組になる。「60名の女性経営者がメンターとして参画しています。ただ女性経営者がすぐに親役になれるかというと，そうではありません。聞く力，支援の技術，心構えについて研修します」とのことだが，新規創業，企業買収，事業承継・発展などの分野でよく機能しているという。また二人一組だけでなく，新人が抱えている課題ごとに集まって，数人の親役が相談に乗る集団メンタリング Mentrat collectif や，3ヶ月に一回両者が集まる女性クラブ club femme もある。これらはビジネス・ネットワークの構築にも役立っている。

ところで Little big women の活動は，相互扶助が基本だ。たとえば誰かが資金調達のパンフレットを作りたい時には，グラフィック関係の人が手伝う。こういうと，いかにも社会連帯的雰囲気をかもすが，支援された企業をみるとフェアトレード＆オーガニックの店であったり，人材管理ソフトウェアの会社であったり，エレベーター会社であったり，どちらかというと社会的企業のイメージが濃い。つまり Little big women 自身は社会連帯経済（ESS）のアソシアシオンなのだが，彼女が世に送り出すのは主に市場経済を想定した社会的起業家や中小企業経営者なのである。

その関係は，Little big women だけに，なんとなく矛盾語法のような感じもするが，これはこれで ESS の枠内に収まっている。2014年法が ESS の定義を幅広くとってハイブリッドな関係をつくっているからだ。この辺がフランスにおける壮大な実験の中心的なテーマになっているところだろう。そういえば，APES（第 5 章参照）のジョアキム Joakim さんは「市場経済における民主的ガヴァナンスに利用者，市民がどう参画できるようにするのかがハイブリッドな関係を築くカギになる」と語っていた。

（三浦純一）

APESの活動世界

三浦純一・立見淳哉

05

1 はじめに

本章はAPES《アペス》（正式名は「オー・ド・フランスにおける[1] 連帯経済のためのアクターたち Acteurs Pour une Économie Solidaire des Hauts-de-France」）の活動紹介を主な目的とする。APESは，産業衰退による大量失業と人口減少で地域的な疲弊が激しくなった旧ノール=パ・ド・カレ州に，既存経済を革新する連帯経済のネットワークセンターとして生まれた。その組織と活動を語ることは，自ずとフランスおよびノール=パ・ド・カレ州（現オー・ド・フランス州）における社会連帯経済（ESS）運動の特徴や論点を浮かび上がらせ，理解の立体化を助ける。また地域ネットワークセンターとしてのAPESの活動は，市民的協働をコーディネートする上での有益なヒントを提供してくれるに違いない。

APESは2000年5月に任意団体として発足した。結成会場に選ばれたのは，フランスにおける連帯経済の記念碑的先進例（第7章参照）を生んだルーベ市である。集まった380人超のアクターたちがアピール「ノール=パ・ド・カレにおける連帯経済発展のために」（以下，「結成アピール」）[2] を採択し，名称を「ノール=パ・ド・カレにおける連帯経済のための常設会議」[3] とした。しかし程なく，必要に応じて集まるのではなく恒常的な場がほしいという声が強まり，2002年にアソシアシオン法人化した。そして運動が前進した2009年に「ノール=パ・ド・カレにおける連帯

1）フランスでは2015年に全国的な州合併が行われ，当時のノール=パ・ド・カレ州は隣接するピカルディ州と合併してオー・ド・フランス州となった。ただし私たちが調査した2010年～2016年のAPESはノール=パ・ド・カレ州を主な対象に活動していたため，本章では旧ピカルディ州に関することは取り上げていない。

2）“APPEL pour le développement de l’Économie Solidaire dans le Nord-Pas de Calais”.

3）Assemblée Permanente de l’Economie Solidaire du Nord-Pas de Calais.

経済のためのアクターたち」[4] へと名称変更し，2015年のノール=パ・ド・カレ州とピカルディ州の合併後に，新州名がオー・ド・フランスと決まった2016年から現行名となっている。しかし略称のAPESは一貫して変わっていない。組織の性格はイギリスのインフラストラクチャー組織[5] に近いが，それよりも運動的性格が強い地域ネットワークセンターというべきだろう。

ところでAPESが結成された2000年というのは，フランスの社会的経済と連帯経済が法制的な総合に進みだしていた時期であり，EUのリスボン戦略（2000年3月）も貧困との闘いに社会的経済の役割を強調しはじめたばかりの時期である。その下でなぜ「社会的」と冠することなく「連帯経済」と名乗ったのだろうか。理由は二つあげられる。第一は，旧来の市場経済や社会的経済ではますます深刻化する地域の衰退に対応できず連帯経済を必要としたこと，第二はノール=パ・ド・カレにおける連帯経済運動の蓄積がフランスの中でも特に先駆的だったことである。本章では，この背景について第2節で概説することから始めたい（社会的経済と連帯経済の概念的関係は第2章，第3章を参照されたい）。その上で，第3節ではAPESの組織，理念目標，価値観と原則について述べ，第4節では重点目標に沿って活動の柱を紹介する。そして最後に，APESの活動世界に生命力を吹きこむ基盤的推進力について若干の考察を行う。

2 APES誕生の時代的・地域的文脈

2-1 社会的経済と連帯経済の法制的総合

1998年9月，左翼連合政権であるジョスパン内閣のマルティーヌ・オブリーMartine Aubry労働・連帯大臣は，緑の党のスポークスマンである経済学者アラン・リピエッツAlain Lipietzに対し，若者の雇用や社会統合を促進するために「社会的目的をもった企業に特別の新たな法的資格を創るべきか否か」を諮問した[6]。これが2001年のSCIC（協同組合会社）の制度創設につながり，2014年社会連帯経済関連法の前奏曲になったのだが，リピエッツは全国20カ所以上の地域およびEUのレベル等で，のべ4,000人超が参加した研究集会や公聴会を開催し，1999年に中

4) Acteurs Pour une Économie Solidaire（APES）Nord-Pas de Calais.

5) 日本的な中間支援機能にとどまらず，「新しい事業プログラムや組織の企画・開発，サード・セクター組織のネットワーク構築と意見の集約（一定の代表性の形成），調査や政策提言等の機能なども含み込んで」いる（藤井 2016: 16）。

間報告，2000年に最終報告を提出した[7]。加えて公式報告とは別に，様々な交渉と研究をふまえた自身の理論的見解を2001年に著した。そこに，社会的経済と連帯経済の総合経過が次のように要約され描かれている。

すなわち，フランスの社会的経済は共済組合，協同組合，アソシアシオンによって組織される活動として，1849年から1901年にかけて順次法的に承認されてきた。その推進力は労働組合センターであり，承認された後も労働組合運動と共に発展している。しかし1945年のフランス解放後は，フォーディズムと結びついた福祉国家形成の中で，その補完的手段として大きく変容した。その結果，社会的経済の公共的かつ連帯的な精神は次第に弱まり，1980年代に入って福祉国家が弱体化すると，社会的経済は失業や不安定労働の増大に対応しきれなくなってしまった。そこでそれを埋めるように，市民社会の中から，法的には社会的経済の形態をとりつつ，内容的には「自律と連帯」の精神を強調し，「もう一つの」生き方・働き方で社会的効用を実現しようとする「代替的《オルタナティブな》経済」が生まれてきたのである（リピエッツ 2011: 82–101）。

その動きに1985年に始まった「連帯的な雇用」運動[8]が合流し，1991年に「オルタナティブで連帯的な経済」のネットワークであるRéas《レア》が誕生した。しかしこの時点の連帯経済は，「制度化された社会的経済」に対し明らかに距離をとっていた。その後，社会的経済が本来有していた連帯理念の回復を進め，他方で連帯経済が資金面で社会的経済との連携や公的支援の必要性を認識するようになった1990年代末に，両者は「結婚」の動き[9]をみせるようになる。そして2000年には，名称を「社会連帯経済（ESS）」とすることの合意が生みだされ[10]，社会的経済と連帯経済の法制的総合が現実味を帯びることになったのである（リピエッツ 2011）。

6）リオネル・ジョスパン内閣（1997～2002年）は社会党，共産党，緑の党による左翼連合政権である。1997年の総選挙で成立した。労働・連帯大臣のオブリーは，当時リール市第1助役を兼職していた。リピエッツはジョスパン首相の下に設置された「経済分析評議会」（CAE: Conseil d'Analyse Economique）の委員でもあった。リピエッツに政策諮問した背景には，社会党と緑の党の選挙協約に環境保全，社会的効用を目的とするサードセクターの創出が謳われていたことがある。

7）リピエッツの報告書は http://lipietz.net/IMG/article_PDF/article_318.pdf からダウンロードできる。（最終閲覧日：2018年12月17日）

8）失業者に雇用を生みだすため所得の一定割合を拠出するもの。

9）1999年にマルセイユで開かれた連帯経済のRéasの大会には，政府と社会的経済（アソシアシオン・協同組合・共済組合）の代表が招かれた。この時の友好的な雰囲気を，見合いから恋愛になったようだと捉えたリピエッツは，会場となった施設の愛称にちなんで「ラ・ベル・ドゥ・メでの陶酔」と表現している（リピエッツ 2011: 100）。

こうした経緯をふまえると，APESが社会的経済を想起させる「社会的」という形容をつけず，「連帯経済」と名乗ったことには，連帯の原則や新しい経済を強調する，運動上の立ち位置に関する一定の意思を感じることができよう。

2-2 連帯経済運動におけるノール=パ・ド・カレの先駆性

APESの創設にも関与したヴァランシエンヌ大学の社会学者ローラン・ガルダン Laurent Gardinは，ノール=パ・ド・カレ州においてESSがきわだって発展し，先進地域の一つとして頻繁に紹介されるようになったのは決して偶然ではないとする（Gardin et al. 2005: 259）。フランスの産業革命を支えたノール=パ・ド・カレ州の石炭鉱業，鉄鋼業，繊維産業は，移民を含む大量の労働者をこの地域に集住させてきた[11]。そのため1970年代からの劇的な産業衰退に伴って生み出された失業者は膨大な数に上った。政策的に炭鉱地域への自動車産業の誘致などが行われたが，雇用の絶対数が足りず，また旧基幹産業で培われた職能は他の産業に転用し難かったため，再就職は思うにまかせなかった。結局，個人レベルの生活には社会保障で対応したものの，地域レベルでは人口減少・景観荒廃・コミュニティの崩壊・生活モラルの後退といった複合的な問題が深刻化したのである。

しかしそうした困難の中で，この産業地域の労働者・市民たちは19世紀からの労働運動や協同組合運動の蓄積を力に，二つの方向で行動を展開した。一つは政治を動かすことであり，もう一つは生活を守る経済を自らつくり出すことである。前者については，地域経済政策を担う州政府が左派政党――それは地域の労働運動や協同組合運動と歩みを共にしてきた――によって運営されていた[12]ことが大きい。後者については第7章が詳しく述べているように，ルーベ市のアルマ・ギャール Alma Gare地区の地区直轄事業体などが全国に先駆けた連帯的経験になった。

つまりノール=パ・ド・カレでは，①問題が早い時期に顕現し，広域で深刻化したこと，②それに対処する労働者・市民に自律的・連帯的力量が蓄積されていたこ

10）しかしこの用語統一は概念の一本化を意味しない。あくまで政策上の必要に応えたものだと，APESの結成にかかわったヴァレンシエンヌ大学のローラン・ガルダンは述べている（2012年発行のAPESニュースレター *Economie Solidaire* 34, 特集「10 ans de l'APES（APESの10年）」より）。

11）人口集中の結果，たとえばリール市，ルーベ市，トゥールコワン市の周辺では，条件の悪い労働者住宅もないまぜにした住工混在の都市化がベルギーとの国境をまたいで連続した。

と，③州・コミューンの自治体執行部が労働者・市民の運動に呼応した参加民主主義の地域再生事業を進めたこと，によって先駆的な運動を展開することができたといえよう。ただし，そこにもう一つ付け加える要因がある。連帯経済を理論的にリードする研究機関・研究者の存在である。ノール=パ・ド・カレにはジャン・ガドレー Jean Gadrey[13] をはじめとした研究者たちが，リール第一大学，ヴァレンシエンヌ大学を中心に重層的に活動を展開していた。今ではESSの専門コースはフランス各地の大学に設置され，REUESS（ESSの大学間ネットワーク）[14] が結成されるまでになったが，1990年代初めにフランスで初めてESSの学位を授与したのはヴァレンシエンヌ大学であったように，この地域の研究活動は先駆的に連帯経済に影響を与えてきた。

以上のような時代的・地域的文脈の下で，APESは連帯経済に重点を置いたESSの地域ネットワークセンターとして誕生した。それは，どのような組織体制で，どのような活動を進めているのだろうか。以下，順に述べることにしたい。

3　APESの組織・理念目標・原則と価値観

3-1　組織概要

APESの会員数は2016年現在で約140である（2016年のデータ[15]。以下同じ)。会員には二つのカテゴリーがあり，グループAは「結成アピール」に署名して会費

12）フランスでは，1972年7月5日法によって州を「公施設法人」と位置づけ，州評議会（国民議会議員，上院議員，県議会議員，コミューン議会議員によって構成）を設置したが，執行機関は政府任命の州地方長官であった。州議会議員を公選とし，州議会議長を執行機関としたのは，1982年の地方分権法においてであり，第1回の州議会議員選挙は1986年3月に行われている。この非公選の州評議会時代も含めて，旧ノール=パ・ド・カレ州では1974年から2015年まで左派政党（社会党，緑の党）が議長の座を占めてきた。ただしピカルディ州と合併した2015年12月選挙以降は，右派の共和党が議長を務めている。

13）2008年にサルコジ大統領が「新しい豊かさ指標」を諮問したスティグリッツ委員会に唯一のフランス人研究者として参加したのがリール第1大学の経済学者ジャン・ガドレーである。彼はスティグリッツ委員会の以前から，ノール=パ・ド・カレ版の指標作成にアクターたちと共に取り組んでいた。

14）https://riuess.org/　（最終閲覧日：2019年1月25日）

15）ちなみに2018年の報告書「*Bilan 2018: Perspectives 2019*」によると，会員数は160，理事数は22人，事務局員は12人，総予算額は約60万ユーロに増えている。

を払う自然人または法人（公共団体，官公庁，ネットワーク，社会的組織など），グループＢは「結成アピール」と参加憲章に署名のうえ理事会に承認され会費を払う法人（企業，アソシアシオン，教育機関，大学など）となっている。総会を最高の決議機関として，最大24人の理事会のもとに7人体制の事務局が設置されている。年間予算は約55万ユーロ（2016年の為替レートで約6600万円）であり，収入の87.7%が助成金でまかなわれている。支出のトップは人件費で53.5%を占めている。

APESが資金提供を受けている機関，団体等の数は16にのぼる。具体的にいうと，フランス政府，欧州地域協力プログラム，オー・ド・フランス州，MEL（リール欧州メトロポール），ADEME（環境・エネルギー制御機構）といった行政関係，公的融資を行うCDC（預金供託公庫），相互保険のマシフMACIF，連帯金融のノエ・クラブLe club Noéといった金融関係，そして地域自然公園などの環境団体や都市再開発団体などである。

会員の活動テーマは非常に幅が広い。市民カフェ，公共交通が手薄な地域での移動手段確保，リサイクル，ウェブサイト・デザイン，職業訓練，フェアトレード，障がい者雇用，アーチストの事務支援，ツーリズム，連帯金融，地域通貨等々，地域の実情とニーズにそった事業が開発されている。また会員企業の組織形態はアソシアシオン，協同組合，SCOP，SCICと，こちらも多様である。

現在の活動拠点は2015年にリール市のユーラリール再開発地区に新設された複合施設ステファン・エセル・センターである。ここに社会連帯経済の家とユースホステルなどが併設されており，前者にAPESといくつかの社会連帯企業（ESS企業）が入居している。この場所はオー・ド・フランス州庁舎に近いため，州と連絡の多いAPESにとって好都合である。

3-2　理念目標

APESの目的は，定款第2条に掲げられている。すなわち，①オー・ド・フランス州におけるESSの促進と発展，②ESSアクターの地域ネットワークの組織化と発展，③経済をいっそう連帯的なものとするための貢献，④社会的，経済的アクターを拡大し能力向上qualificationを図る教育訓練の考案と推進，である。しかしAPESへの加盟条件になっているのは，上述したように会費納入と「結成アピール」への署名，会員Ｂの場合には加えて参加憲章への署名である。つまり定款上の目的はアソシアシオン法人として登記するうえでの表現であり，運動としての理念や目標は「結成アピール」により端的に表現されていると考えられる。

その「結成アピール」に示された理念目標は以下の三点である。

・人間中心の経済を創造し，発展させる
・経済活動における良識をつくりだす
・持続可能な発展を促進する

最初の「人間中心の経済」という言葉は，私たちの調査活動の随所で耳目にしたもので，広くアクターたちに共有された理念である。「資本中心」の市場経済が利潤拡大を目的として人間をいわば手段化するのに対し，連帯経済は人間的豊かさや発達をイニシアティブで創り出そうとする。その点で「人間中心」とは，まさに経済の目的も主体も人間であることに他ならない。次の「経済活動における良識」とは，モラルのない利潤追求を批判し，経済活動に意味を付与するような市民的連帯の規範を作り出そうとするものである。フェア・トレードを思い浮かべると分かりやすい。最後の「持続可能な発展」はもはや説明を要しないだろう。ただし，オー・ド・フランスは，「第三次産業革命」を強力に推進しているように（第10章参照），とりわけエコロジー活動に熱心な地域であることは強調しておきたい。

3-3　重視する価値観と原則

上述した三つの理念目標は経済，社会，文化，環境の各分野において，個別活動をつうじて追求される。その際，価値観の一貫性，創造性および多様性を確保することが，連帯経済の強みを生みだすことになる。「結成アピール」はそのように言い，その上で重視する価値観と原則をおおむね次のように提示する。

a. 地域に根ざしたイニシアティブ：それは地域の諸資源と質の価値を高める。
b. アクター：有力親族，高学歴，財産などの遺産がなくともイニシアティブを担う個人的・集団的能力を保有し，イニシアティブの核心に人間を置くもの。
c. お金とは異なる手段 utilisation：社会的な絆，諸活動，持続性のある雇用の創出への寄与。
d. 行動の方法：集団的な起業家精神を重視し，資本の結合《アソシアシオン》よりも人々の連携《アソシアシオン》を優先させ，連携《アソシエ》した従業員の協同を促進し，地域アクター間のパートナーシップの価値を高め，民間資本による成果の排他的専有に甘んじない。
e. 組織形態：アソシアシオン，協同組合，共済組合といった形態から，特定の混合経済会社[16]，イノベーティブで公的な地区直轄事業体，あるいは経済と連帯を結合させることで連帯経済的なものに属することになるような伝統的な会社の定款をもつ中小企業までを含む。

f. 交換と連帯の諸形態：地域交換システム，交換と知識のネットワーク，連帯貯蓄，経済活動による参入，等々は，個人主義や孤立主義との闘いにイノベーティブな答えをもたらし，各人の潜在能力の価値を高める。

g. 人々と地域の文化的発展への寄与：連帯経済は，経済と交換という目的に常に基づきながら民衆教育の領域と向き合う。

h. 経済的多元性の強化に果たす重要な役割：公共政策，「伝統的な」市場，市民社会から生まれる経済的イニシアティブを組み合わせることによって，連帯経済は，その諸活動が財政的に成り立つよう効果的な問題解決を提示する。

こうした価値観と原則をふまえると，APESの活動は，地域に人間中心の価値観にもとづく財・サービスを創り出すだけでなく，ひるがえってその過程において，参加した人びとが人間中心の価値観と参加民主主義の基盤を育むことを促進し，さらに市民の自律的ネットワークを拡大する効果が生み出されるようにしているといえる。これを念頭に置いて，以下，具体的な活動を見ていくことにしたい。

4 APESの具体的な活動

4-1 重点目標（2016–2020）と活動の柱

APESは2016年から2020年までの計画として，三つの重点目標を設定している[17]。第一はフォーラムや公開討論の中で連帯経済の価値を提示し参加を促進すること，第二は地域における連帯イニシアティブの創出と永続的発展を支援すること，第三は社会イノベーション・プロジェクトの実験を通して連帯経済の研究・開発に投資することである[18]。目標ごとの活動の柱は図5-1のようになっている。そこで本節では，図にそって重点目標ごとの主な活動内容を述べていく。

16）原語はSEM (Société d'Economie Mixte)。51％を超える公共セクターの資本と民間セクターの資本によって結成される株式会社のこと。地方自治体には，公益サービスを提供するための混合経済会社設立が認められている。

17）http://apes-hdf.org/page-59-0-0.html#menu（最終閲覧日：2019年1月31日）。

18）http://apes-hdf.org/page-59-0-0.html#menu（最終閲覧日：2019年1月31日）。

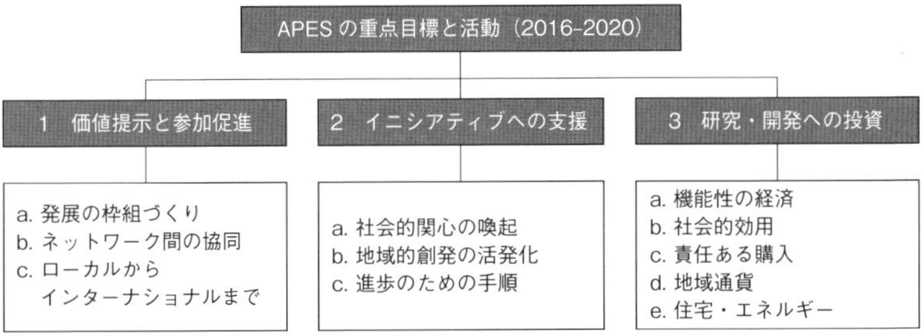

図 5-1 APES の全体的活動図
（出所：APES の HP より筆者作成）

4-2 重点目標 1：連帯経済の価値を提示し参加を促進する活動

APES は 2000 年の「結成アピール」において，「フランスでは連帯経済の妥当性認識が遅れている」といい，カナダのケベック，イタリア，スウェーデン，ベルギーではすでに公共政策にその価値が取り入れられていると指摘していた。その後 2014 年法が成立し状況は変化したが，まだ不十分であるとして，連帯経済の価値を提示し参加を促進することを重点目標にしている。目標達成に向けた活動の主な柱は，第一が連帯経済発展の枠組づくり，第二がネットワーク間の協同，第三がローカルからインターナショナルまでの連結である。以下，それぞれについて述べる。

a）発展の枠組づくり

枠組づくりの主要な活動は二つある。第一は多様なアクターを連帯経済の価値で結びつける活動で，フォーラム，シンポジウム，事業視察ツアーなどがそのための場になっている。たとえばネットワーク組織，地方自治体，社会的投資家，プロジェクトリーダーなどの，社会連帯経済（ESS）関係者によるフォーラムを毎年開催し，現在および将来のプロジェクトをどのように共同構築するかについて話し合っている。第二はロビー活動である。これは私たちがインタビュー[19)]した折に，次のような意味をもって説明された。

連帯経済の運動は地域に根ざして行われる。そのため各レベルの地方政府との連携が欠かせない。なかでも州とコミューン連合の比重が高い。フランスの地方制度の特徴として，県は主に社会福祉を担い，経済開発は州とコミューン連合[20)]が主に担うからである。特に州は国や EU 補助金の受け皿になるので，プロジェクト展開と資金確保のうえで重要な位置になる。たとえば「第三次産業革命」「バランスのとれた開発」「雇用と社会的包摂」など六つの重点テーマを掲げた「ノール=パ・ド・カレ地域プログラム 2014-2020 」の総予算額は15億1745万ユーロであるが，その55.9%にあたる8億4796万ユーロがERDF（欧州地域開発基金）とESF（欧州社会基金）から出ている[21]。またコミューン連合を重視する理由は，個別コミューンの規模が小さいからだけではない。ノール=パ・ド・カレ州の経済活動はリール欧州メトロポールMELに約80%が集中しており，一極集中を加速せず全体を振興するには，コミューン連合をテコにするのが有効だからでもある。

ちなみに，県と個別コミューンとは近接性を活かした連携になっている。パ・ド・カレ県では2013年にAPESも加わるCDESS（ESS評議会）を設置し，公共調達や市民消費にESSの産品・サービスを選ぶ「責任ある購買・消費」運動に取り組んでいる。またリール市では，直近2009年から2016年までのESS予算を積算すると，経常的経費が114万9768ユーロ，投資的経費が7,000ユーロであった[22]。このように，ESSは地域の公共施策と結びつくことで活動を広げるため，ロビー活動が重要な位置を占める。APESはアクターを代表して，ESSのニーズやポテンシャルを地方議員に伝え，国会議員を通じて地域の要望を国政に反映している。特にフランスでは中央集権が強いので，各地域の代表権をもつ国会議員の役割は重要である。

b）ネットワーク間の協同

APESがESS運動においてパートナーと位置づけるネットワーク組織は表5-1のとおりである。ただ，表中オー・ド・フランス州のCRESSオー・ド・フランス（社会連帯経済州会議所）は，2014年法によって位置づけられたESS事業所の州単位の統括団体である点で，他のネットワークとは性格が異なる関係になる。それはさておき，APESがこうしたパートナーと日常的に連携しているということは，

19）インタビューNo.12：2012年8月29日訪問。

20）経済開発の本来的な権限はコミューンに属するが，ノール=パ・ド・カレだけでも約3,600も存在するように，単独のコミューンでは規模が小さすぎて効率が悪い。そこで広域のコミューン連合を組んで，そこに経済開発等の権限を委譲している。

21）欧州委員会のホームページ参照。https://ec.europa.eu/regional_policy/EN/atlas/programmes/2014-2020/france/2014fr16m0op012（最終閲覧日：2019年1月25日）。

22）2018年5月にリール市のESS担当部署から回答を得た。

表 5-1　APES の主なパートナー・ネットワーク
（出所：APES の HP より筆者作成）

オー・ド・フランス州
◯ CRESS - オー・ド・フランス（CRESS-HDF）
◯リールにおける持続可能な発展のためのリソースセンター（CERDD）
◯環境と連帯のための地域センター（MRES）
他の州
◯連帯経済の開発・促進のための機関 - ミディ・ピレネー（ADEPES）
◯ノルマンディーにおける社会連帯企業の発展のための機関（ADRESS）
◯連帯経済ネットワークセンターーサントル（CRESOL）
全国レベル
◯経済運動（MES）
◯連帯経済のための地方自治体ネットワーク（RTES）
◯市民アソシアシオン・グループ（CAC）
ヨーロッパレベル
◯社会連帯経済促進の大陸間ネットワーク（RIPESS-Europe）

ESS の運動が絶えず地域内，地域間，全国，ヨーロッパといった広がりを意識して行われていることを表している。

もっとも ESS の運動は経済的要素だけで成り立つものではなく，環境など，新しい富の概念をどう共有するのかということが重要になる。そのために，APES は ESS 以外のネットワークとも積極的なコラボレーションを展開している。たとえば 2015 年 10 月に「世界を変える，自分を変える」（於・リール市）と題したセミナーを，PRH（人格と人間関係），IFMAN（非暴力のオルタナティブのための教育訓練および運動探求のための研究所），MRES（環境と連帯のための地域センター），AFIP（農村部でのイニシアティブの発展に向けた教育訓練ならびに情報提供のためのアソシアシオン）と協同し，100 人以上の参加者と共に社会変革と個人変革の問題について討論している。また 2018 年 2 月には，ギャレット・ハーディンがいう「コモンズの悲劇」[23] に陥らないようにするために，コミュニティのルール構築はどうあるべきかを考えるセミナーを Chambre des Communs（コモンズ会議所）と共催した。こうした領域横断的な協同に対し，APES は地域における相補関係を促進し新たな価値を生みだすものと位置づけている [24]。

c）ローカルからインターナショナルまで

第三の柱であるローカルからインターナショナルまでの連結には，二つの内容が含まれている[25]。一つは情報交流であり，フランス国内および世界中のESSネットワークとの垣根のない交流を追求している。この情報網は文字どおり世界規模で広がっており，日本の生活協同組合の経験も取り入れられている。たとえば生産者と消費者を直接結ぶ産直運動が，アマップAMAP（フランスの小農民農業を支える協会）[26]の取組みとして参照されている。

もう一つは国境を越えた共同のプロジェクトである。たとえば地理的に隣接し，歴史・文化に共通性の多いオー・ド・フランス地域とベルギーのフランデレンVlaanderen（フランス語ではフランドル）およびワロンWallonieの西側地域を一体的に開発しようとするEUの地域間協力プログラム[27]は，2017年1月から2年を費やして，VISES（ESS企業の社会的インパクトの価値づけ）プロジェクト[28]を実施した。これはESSが地域の活力と住民の幸福をもたらすことを実証しようとするもので，担ったのは両国から集まった21のパートナーである。フランス側ではCRESS・オー・ド・フランスがリーダーを務め，APESがそれを補佐した。

また2015年から2017年にかけては，西アフリカ・マリ共和国のケイズKayes地域をESSの手法で開発するMIES（移住者・アクター・連帯経済の媒介者）プロジェクト[29]も行われた。これはAPESが，西アフリカやモルジブの地域開発とそれらの国からフランスに移住した人の社会的・経済的包摂を支援しているGRDR（農村開発の探求ならびに実現のためのグループ）[30]，および現地の関係者でつくる

23）ギャレット・ハーディンはアメリカの生物学者。1968年に雑誌『サイエンス』に論文「コモンズの悲劇 The tragedy of the commons」を発表した。論旨は，「人間は本来利己的で，自益だけを追求する。したがって自分の土地でない共有地（コモンズ）では資源の乱獲・乱伐に走り，コモンズは荒廃して共倒れになる」というもの。この比喩は環境問題などで盛んに引用された。しかし「現在では，ハーディンの『コモンズの悲劇』は，実証的，理論的に否定されている」（藪谷2003: 160–165）とされる。

24）http://apes-hdf.org/page-40-0-0.html#menu（最終閲覧日：2019年1月31日）。

25）http://apes-hdf.org/page-27-0-0.html#menu（最終閲覧日：2019年1月31日）。

26）Association pour le Maintien de l'Agriculture Paysanne.

27）Interreg5 France-Wallonia-Flanders. 欧州地域開発基金（ERDF）から総額1億7,000万ユーロが支援され，研究・イノベーション，中小企業の競争力，低炭素経済，社会的結束・雇用といったテーマで事業が組まれる。

28）Valorisation de l'Impact Social des entreprises de l'ESS. http://apes-hdf.org/page-48-13- 0.html または http://www.projetvisesproject.eu/?lang=fr（最終閲覧日：2019年1月31日）。

29）プロジェクト名称は「Migrants, acteurs et vecteurs de l'économie solidaire」である。

EMDK（ケイズ移住開発空間）[31] と共同して進めたもので，ESS 運動と国際連帯運動の結合を意図している。

4-3　重点目標 2：イニシアティブを支援する活動

APES は，市民による連帯イニシアティブの創発と不断の改善を支援することは，自らにとって最優先の使命だと考えている。その目標にむけて設定された「社会的関心の喚起」「地域的創発の活発化」「継続的改善による進歩」という活動は，地域における運動の裾野を広げ，プロジェクトや起業の創発を活発化し，優れた実践の共有と改良に向けて支援する，といった一連の流れを構成している。それでは具体的にどのような活動が行われているのか，順次述べていくことにしたい。

a）社会的関心の喚起

社会的関心を喚起する活動で主な対象にしているのは，議員，大学生，創業支援者および一般市民である。進め方としては，ウェブ上の情報発信や APES ニュースレター「連帯経済」発行の他に，多彩なシンポジウムやイベント，大学での講座，プロジェクト従事者への応援，議員との会議などがある。ユニークなところでは，リール市のムーラン地区で 2016 年から行われている若者のボランティアによるインタビュー活動があげられる。これは男女数人のチームが ESS の関係者にインタビューし，それを地元のラジオ局（99 FM）から放送する取組みである。たとえば 2017 年には，フェアトレード，農産物の産直販売，ESS の基本概念について，リール市議会の ESS 担当議員，市職員（実習生），連帯食料品店の創業者，産直の食材を使ったランチメニューをだす市民カフェ経営者と従業員，APES のプロジェクトマネージャーにインタビューを行なっている。

b）地域的創発の活発化

APES が起業の活発化のために行なっている取組みは，フォーラム，シンポジウム，事業視察ツアー，円卓会議による経験交流，マッチング，相談活動，融資等で

30）Groupe de Recherche et de Réalisation pour le Développement Rural. 詳しくは https://grdr.org/ を参照されたい（最終閲覧日：2019 年 1 月 31 日）。

31）Espace Migration-Développement de Kayes. 詳しくは https://grdr.org/L-Espace-Migration-Developpement-en-Region-de-Kayes-une-plateforme-inedite（最終閲覧日：2019 年 2 月 14 日）。

ある。一例をあげると，2018年には環境とエネルギーをテーマにした諸活動をオー・ド・フランス州およびADEME（オー・ド・フランスにおける環境・エネルギー制御機構）[32]と協調して行なった。これは「欧州2020」戦略の重点事項である「持続可能な経済成長」が，経済の脱炭素化，再生可能エネルギーの拡大，運輸部門の近代化，エネルギー効率の促進を掲げている[33]ことに対応したもので，生産，消費，貯蓄，ガバナンスの様式を転換しようとするESSに相応しいテーマであると位置づけられていた。

起業支援としては，他に公募プロジェクトの活用もある。たとえばコミューン連合のヴァレンシエンヌ・メトロポールCAVMが募集したプロジェクトでは，雇用創出や経済モデルの新しさ等を条件として，ESSにおける起業もしくは現在カバーされていないニーズを満たす新事業に，予算の30%（上限1万ユーロ）が補助された[34]。APESはこのプロジェクトの選考委員として審査と指導にかかわっている。ただしこうした公的助成をあえて避けるグループもある。APES会員であるシェアリングオフィスのMutualab（第4章参照）がそうである。その理由を，運営委員は「私たちは自由でいたい。助成金をもらうには，長々とした書類や報告書を作成し，自治体の目標に適合させなければならない。しかし，自治体の目標と私たちの活動目的が合致しないこともある。難しいことだが自由でいたい」のだと説明する[35]。ESSはハイブリッドな資源利用を特徴とするが，再分配から距離を置く，こうした立場も尊重していることが，ESSの多様性を支えている。

ところで事業の創発を活発にするには，産品・サービスの購入や事業への出資も重要になる。購入運動では，先述したパ・ド・カレ県との共同以外にも，APESはリール市と協力して「責任ある消費」運動の店をウェブ上の地図にマッピングして可視化した。後者の，出資による参加については，私たちがインタビュー[36]したレストランを例に説明したい。リール市の中心からやや北にあるこの店は，地元農家と契約した有機野菜の料理を提供し，「塩からビールまでオーガニック！」と謳って

32）Agence de l'Environnement et de la Maîtrise de l'Énergie en Hauts-de-France. 詳しくはhttp://www.hauts-de-france.ademe.fr/（最終閲覧日：2019年2月14日）。

33）http://ec.europa.eu/archives/growthandjobs_2009/参照（最終閲覧日：2019年2月14日）。

34）期間は2018年から2020年まで。http://apes-hdf.org/page-45-107-0.html#menuを参照（最終閲覧日：2019年2月10日）。

35）インタビューNo.35：2016年9月23日に訪問。

36）インタビューNo.13：2012年8月29日に訪問。レストラン名は「2 Sous de Table」。

いる。2010年にAPESの援助を受けて，三人の若い男性がSCOPの形態で起業した。資金は総額4万9000ユーロである。三人が5,000ユーロずつ出資し，残りは連帯金融を活用している。具体的には，自律と連帯[37)]から3,000ユーロの出資，Nef[38)]から2万ユーロの融資，シガール[39)]から4,000ユーロの融資，約20名の個人から7,000ユーロの融資，といった内訳である。

この連帯金融とは，個人が直接企業に融資するシステムで，多くはアソシアシオン，協同組合，クラブ等に出資ないし貯蓄する形をとる。利殖を避けるため金利はゼロか1～2%に抑えられ，あくまで融資先の企業がつくりだす財やサービスに社会的な価値を認め，支援することを目的とする。組織ごとに融資目的・対象が異なるので，エコ，文化，社会包摂，困難地域振興といった内容に応じて相手を選択することになる。出資者には税の減免があり，リタイアした個人がボランティアで行うことも少なくない[40)]。APESによると，当人の経験を若い起業家に教えたり，自身も学び直しができることが喜びとなっている。旧ノール=パ・ド・カレ州には約60の連帯金融があり，1998年から15年間でおよそ1,000件の融資を行なってきた[41)]。

c）進歩の運動

「進歩の運動」とは，PDCA（plan-do-check-act）サイクルのチェック過程に相当するもので，2014年法がESS企業に義務づけた活動である。同法第3条は，企業の「グッド・プラクティス」を継続的に向上させるために，経営陣は年次総会に次

37）Autonomie & Solidarité. 1990年に創立されたベンチャーキャピタル企業。ノール=パ・ド・カレ地域の雇用創出を目的にしている。連帯貯蓄を資本として，これまで200以上のプロジェクトを支援してきた，http://www.autonomieetsolidarite.fr/ を参照のこと（最終閲覧日：2019年2月5日）。

38）La Nef - Finance éthique. 1988年創設の金融協同組合。社会的，エコロジー的，文化的な効用を備えたプロジェクトに融資する。https://www.lanef.com/ を参照されたい（最終閲覧日：2019年2月5日）。

39）Cigales. 連帯貯蓄と地域管理の投資家クラブ。アソシアシオンである。シガール連盟が全国ネットワークになる。https://www.cigales-hautsdefrance.org/ を参照（最終閲覧日：2019年2月5日）。

40）2014年法の整備以降は，税の減免を目的にした富裕層の投資も増えている（2018年，APES事務局談）。

41）インタビューNo.12：2012年8月29日訪問。

の進行状況を報告し，必要に応じて議論の場を設定しなければならないとする。すなわち，①民主的ガヴァナンス，②企業戦略の策定における協議，③地域密着型の経済活動と雇用，④適正な労働条件（賃金政策と社会規範，職業訓練，年次労使交渉の義務，健康と安全，雇用の質），⑤利用者との紐帯と，人々の満たされていないニーズへの対応，⑥多様性および男女間・職業間の平等性への闘いについてであり，その具体的な内容はCSESS（ESS高等評議会）が定義することになっている。

この規定にもとづいてCSESSが2016年6月に採択した手引き書は，各軸についての考え方やポイントを述べ，それぞれの企業が現場で活用できるように指針を示した。たとえば「民主的ガヴァナンス」については，分権化の仕組みを明文化することの重要性に加えて，単なる手続き論ではなく企業文化の問題でもあることを強調した上で，執行・技術・マネジメント権と方針・戦略・管理権の分離など諸種の権力の分離と均衡を保つことであるとか，意思決定過程の透明性を確保するために意思決定前と実行後の情報共有をはかる等々の方策である。また優良事例として，いくつかのアソシアシオンでは子どもを抱えた若い親やひとり親が夕方の会議に参加できるように，保育費用を負担していることなどを紹介している（CSESS 2016: 7–10）。

APESは，上記の手引き書を活用した実践改革がオー・ド・フランス州全体で進むように，全ての利害関係者（従業員，管理者，パートナーなど）を議論に巻き込む計画を立てている。たとえばリール欧州メトロポールMEL，およびヴァレンシエンヌ・メトロポールCAVMと連携して人事問題を重点にした手引き書の活用研修を行うなどである。

4-4　重点目標3：研究・開発に投資する活動

APESが研究・開発の柱にしているテーマは，①機能性の経済，②社会的効用，③責任ある購入，④地域通貨，⑤住宅・エネルギーである。このうち「社会的効用」以外はすべて新しい経済モデルの開発にあたる。それは，APESがアクターのネットワークセンターであること，およびEU等の公的プロジェクト活用を重視していることの反映と思われる。紙面の関係上，ここでは五つの柱のうち，社会的効用の測定と機能性の経済に限定してとりあげる。なお地域通貨については第6章に詳しく，住宅・エネルギーは第10章とかかわるテーマである。責任ある購入は本書の随所で具体事例を確認できるであろう。

a）社会的効用の評価

Corus'ESS（ESSにおける社会的効用の理解と承認）プロジェクト[42]は，2012年から3年間の事業として実施された。目的はESSが地域にどれだけ社会および環境面で貢献しているかを調査することである。ノール=パ・ド・カレ州が資金提供し，前述したヴァレンシエンヌ大学のローラン・ガルダンとリール第1大学の経済学者フロランス・ジャニ=カトリスFlorence Jany-Catriceが実質的なリーダーを務めた。中心になった団体はAPES，Clersé（リール社会学・経済学教育研究センター）[43]，IDP（開発予測研究所）[44]であるが，連帯金融のシガール，産直運動のアマップ，フランス財団，伝統食ツーリズムのHEP，有機農業のGabnor，アラス市のワーキンググループ，リール市ボア・ブランBois Blancs地区のワーキンググループ，そしてリール・メトロポールLMCUが参加している。

研究の調査分野には「住宅」「食料産直」「連帯金融」の三つが設定された。たとえば住宅については，リール市のボア・ブラン地区の住民にアンケート用紙を配り，自身の居住地域に運営参加型の住宅が増えていくことに対し個人的な利益を覚えるかどうかを質問した。住民が生活の場を共有することについてどこまで可能なのか，どのような生活の場を共有できるのか，といった内容である。食料産直については，アラス市の生産者，消費者，自治体関係者，アソシアシオンの代表者が参加した4回の会議で，健康・エコロジー・経済・社会といったことを基準に，流通のあり方を討議した。たとえば野菜の「バスケット価格」を適正にする方法などである。連帯金融についてはシガールクラブの活動における全てのインプットとアウトプットの過程を検討している。

活動の成果は，2014年12月にリール市で開かれたシンポジウムにおいて冊子『もう一つの指針　ESSの社会的効用を評価する』[45]として発表されている。しかしそこには，多様な手法で行われた評価実験の過程が示されつつも，社会的効用を一元的に測定しうるような「ターンキー」[46]は提供されていない。反対にそれは，

42）フランス語の名称は，「COnnaissance et Reconnaissance de l'Utilité Sociale en ESS」。詳しくは，http://apes-hdf.org/page-48-0-0.html（最終閲覧日：2021年3月12日）。

43）Le Centre lillois d'études et de recherches sociologiques et économiques（Clersé）はリール第1大学と国立科学研究センター（CNRS）の共同研究部門である。プロジェクトを担当したのはリール第1大学のフロランス・ジャニ=カトリス教授。

44）l'Institut du Développement et de la Prospective（IDP）。プロジェクトを担当したのはヴァレンシエンヌ大学のローラン・ガルダン教授。

45）原題は*Alter'guide: Evaluer l'utilité sociale de l'Economie Sociale et Solidaire*である。

数字が中立的で客観的であるという神話のうえに，標準化された評価方法を開発し自明視化しようとする「定量至上主義」ともいうべき傾向への「警告と議論のツール」であると位置づけられていた[47]。明らかにこれは，行政機関が数量化された成果報告を求める傾向に対し，オルタナティブを提起する立場である。このようにCorus'ESS プロジェクトは，GDP のような一見「分かりやすく説得的な」定量指標に豊かさを収斂させることなく，研究者・アクター・市民・自治体の共同体制によって評価方法および社会的効用を討議した点に特徴があった。

その意味について，リーダーの一人であるジャニ=カトリスは「一つの評価方法を採用することは，特定の焦点距離をもつ眼鏡をかけることに等しい。眼鏡の種類によって目に見えるものは違ってくる」と語り，誰が評価するのか，どのような方法で評価するのかが大事であると説明する[48]。また彼女は別の論文で，1990 年代からの新しい豊かさ指標づくりを批判的に検討し，次のように述べている。すなわち，専門家だけに委ねると往々にして経済学至上主義に陥り，アングロ・サクソン的個人主義の社会像が指標化されてしまう。本来，豊かさや共通善《ビヤン・コマン》は，社会で共有されている慣行（コンヴァンシオン）によって規定されるものであるから，それらの再定義や指標づくりは，研究者・アクター・社会的諸力が参加する討議空間のなかで集合的に行われるべきである。また指標のもつ決定論的性質と距離を置くことが重要である（ジャニ=カトリス 2013: 123–136），とする。

こうして，APES 理事長のジェラール・デシー Gérard Dechy が「アクターたちの本当の欲求を反映している」[49] と評価したように，Corus'ESS プロジェクトは，研究者と一体的に進んできたノール=パ・ド・カレの連帯経済の歴史にふさわしく，自らの拠って立つ世界を認識し実践するための方法論を共同構築しているといえる。

46） APES（2014）より。一本の鍵をまわせば全設備が稼働することを，GDP という単一指標で経済成長を測定する方式になぞらえている。

47） RTES（連帯経済のための地方自治体ネットワーク）が 2015 年 1 月 17 日付 web ニュースで，Corus'ESS のシンポジウムについてこのように紹介している。詳しくは http://www.rtes.fr/corus-ess-reconnaitre-l-utilite-sociale-et-environnementale（最終閲覧日：2019 年 5 月 13 日）。なお，こうした考えの背景にはコンヴァンシオン経済学など異端派経済学の理論的影響が明瞭に見て取れる。

48） 2016 年 9 月にリール市で行われた私たちとの研究交流において，ジャニ＝カトリスはこの Corus'ESS プロジェクトを紹介しつつこのように語った。

49）『もう一つの指針』の巻末あいさつ。

b）機能性の経済

「機能性の経済」とは，機能性を付加価値として利潤率を高めるビジネスのことではなく，社会や環境への負荷を減らして地域の持続可能性を高めるビジネスモデルのことである。たとえばコピー機のレンタルを考えると分かりやすい。料金は機能の使用数によって計算され，機器本体が古くなるとサービス企業が引き取ってリサイクルするために，利用者にとっては廃棄物が出ない。これを一歩進めて，様々な分野で機能の使用と所有を分離し，共有された価値観にもとづいて地域的協同を進めると，多様な循環型のビジネスモデルが生まれることになる。これが「機能性と協同の経済」[50]と呼ばれる新しい取組みである。ここでは，私たちが2016年にインタビュー[51]したリラ・オートパルタージュ Lilas Autopartage 社のカーシェアリング事業「シティズ Citiz」を紹介したい。

リラ社は，リール市とシェア交通オペレーターであるケオリス Keolis 社が主導して2007年に創業した。企業形態は行政が出資できるSCICである。パートナーは90を数え，リール欧州メトロポール MEL，リール市，公共交通機関のSNCF（フランス国鉄）とトランスポール，シガールクラブ，マシフ，個人および企業ユーザーといった構成になっている。会社はリール・フランドル駅から数分の所に事務所を構えて，35のステーションと92台の自動車を運用している。従業員は7名で，会計1名，自動車保険2名，車の損害確認2名，情報システム1名，リール・フランドール駅に設置された受付窓口2名という配置になっている。リラ社は目標を三つもっており，第一は街中の自動車を減らすことである。排気ガスだけでなく，パーキング問題の軽減・解消につながる。2,008人のユーザーが92台をシェアしており，リラ社の1台で街中の8台の車を減らせると計算している。第二は低所得者に車での移動機会を提供すること，そして第三は失業者の就労支援であり，高等教育を受けていない人を採用している。

シェアリング状況は，1ヶ月あたりの利用が220件，1人あたりの走行距離が50㎞，利用時間が5時間である。料金体系は基本料金プラス使用料金で，年間の収益は80万ユーロになる。フランスでは車をシェアする文化に乏しかったが，この10年で変わってきたという。2016年現在，国内50都市でカーシェアリングが行われており，「シティズ Citiz」というネットワークが組まれている。このネットワーク

50）L'Economie de la Fonctionnalité et de la Coopération.

51）インタビュー No.34：2016年9月22日訪問。

が連帯的であることは，発足時は各社が異なる情報システムを使っていたのに，共通の情報システムを開発して同じカード，同じ料金体系としたことに示される。これによってコスト削減とサービス向上の成果をシェアすることができている[52]。

5 おわりに

以上，APESの重点目標にそって主な活動を見てきた。検討を通じて浮かび上がったのは，市民的共同の裾野を広げ，社会連帯経済（ESS）の創発を支援し，多様なネットワークを結び，先端の研究・開発を進める等々，その多面的で体系的な活動の世界である。その世界は人間中心の経済を目標として，多様な市民アクターたちが展開する経済，社会，文化，環境における自律的な活動と，APESのネットワークセンター機能およびEU・国・自治体の施策が結びつくことで構築されている。そこに，いわば生命力を吹き込んでいるのがAPESの理念的価値と原則の体系ではないだろうか。

ジャン=ルイ・ラヴィルは，イタリアのメッシーナやナポリの例をひいて，市民社会のネットワーク活動が自治体での権力奪取の力学を生みだしたと指摘し，「新しく選出された地方議員は『連帯的な自治体』を提案し，コモンズ，居住区における参加民主主義，連帯経済に関する委員会を創設することで，市役所を再編成している。民主主義と多元的経済は互いに強化され，国家を超える民主主義と市場を超える経済を構想するに至る」（ラヴィル 2016: 217）と述べる。ここには，ESSを推進する三つの要素を看取することができる。

第一は「市民社会のネットワーク活動」である。これはESSの母体であり，多元的経済を強化する。第二は「権力奪取」と表現されているが，ネットワーク活動を背景とした市民（の代表）による行政権の掌握である。自治体政策のあり方が連帯経済の推進を直接左右することは本章第4節でも見てきた。第三は「参加民主主義」である。近隣公共空間における参加制度は「民主主義の学校」であり，ESSの

52）インタビュー時点では，今後の課題として，アラスやヴァレンシエンヌなどの都市からオファーがきているので，リールの基盤を固めてから手を広げたいとしていたが，2020年現在，アラスまでをカバーしている。また不動産業者とタイアップして新しいアパートの中でカーシェアリングすることや，企業内でのシェアリング，要望の多い地域でのステーション開設といったことが検討されていた。

53）詳しくは https://chairess.org/（最終閲覧日：2019年3月31日）。

発展環境をつくる（第8章参照）。ただし，第二と第三は第一の要素を前提としており，第一の「市民社会のネットワーク活動」が基盤的な推進力であると理解できる。そこからすると，「人間中心の価値観と民主主義の主体力をもった市民を育て，自律的ネットワークを拡大する」という APES の価値と原則の体系は，ESS の基盤的推進力を生みだしているといえよう。

ところで，ラヴィルが指摘する上記三つの要素，すなわち市民社会のネットワーク活動，行政権の掌握，参加民主主義については，ノール=パ・ド・カレにおいて全国的にも早い時期から取り組まれていた。そこに加えて，運動の先端を切り開く理論研究と指導的人材の育成事業も，第4節で紹介した Corus'ESS プロジェクトの他にも，大学間協力プロジェクトとして ESS 講座「ChairESS（オー・ド・フランス地域における ESS と持続可能性に関する学際的大学間講座）」[53] などが進められている。こうして，地固めされた基盤の上に新しい挑戦が組み立てられていることが，ノール=パ・ド・カレにおける ESS のダイナミックな展開を下支えしているものと思われる。

現在の ESS を取りまく状況は，楽観的な将来展望を容易に許すものではない。しかし APES の価値と原則の体系が正当化され続ける限りにおいて，ESS はゆったりと生命力を増しながら，深化していけるのではないだろうか。

【文　献】

ジャニ=カトリス, F. 著，中野佳裕訳　2013. 新しい豊かさ指標の多様な動向―スティグリッツ委員会から「新しい豊かさ指標のためのフォーラム」（FAIR）へ.『日仏文化』82: 123–136.

藤井敦史ほか著 2016.『中間支援組織調査を通してみた日本の労働統合型社会的企業（WISE）の展開と課題．公募研究シリーズ（60）』全労済協会.

藪谷あや子 2003. コモンズの悲劇の新展開―環境経済学の視点から．竹市明弘ほか編『人間環境の創造―持続可能な文明のために』156–165. 勁草書房.

ラヴィル, J.-L. 著，中野佳裕訳 2016. ヨーロッパの左派―その歴史と理論をふり返る．中野佳裕編・訳，ラヴィル，J.-L. コラッジオ，J.L. 編 2016.『21 世紀の豊かさ　経済を変え，真の民主主義を創るために』158–246. コモンズ.

リピエッツ, A. 著，井上泰夫訳 2011.『サードセクター―「新しい公共」と「新しい経済」』藤原書店. Lipietz, A. 2001. *Pour le tiers secteur. L'économie sociale et solidaire: Pourquoi et comment ?*. Paris: Coédition La découverte-La documentation française.

APES 2014. *Alter guide: Évaluer l'utilité sociale de l'économie sociale et solidaire*. APES.

Conseil Supérieur de l'Economie Sociale et Solidaire. 2016. *Notice détaillée du Guide définissant les conditions d'amélioration continue des bonnes pratiques des entreprises de l'économie sociale et solidaire. Livret 2.* Conseil Supérieur de l'Economie Sociale et Solidaire.

Gardin, L. et al. 2005. L'économie sociale et solidaire dans la région Nord-Pas-de-Calais. In *Action publique et économie solidaire*, ed. G. Carvalho da França et al., 259–283. Toulouse: ERES.

コラム４　ポストコロナと二つのシェアリング・エコノミー

2016 年 9 月のことである。APES（アペス）の事務所で新しい経済モデルとしての参加型経済や機能性の経済の説明を受けていたとき，ノール地域プロジェクト・マネージャーのギヨーム・ドゥルヴァク Guillaume Delevaque さんはこう力をこめた。「これから視察する，リラ社のカーシェアリングは連帯的な効用を提供する新しい経済モデルです。しかし最近話題の Uber（ウーバー）社のライドシェアリング[1] は違います」。私たちの「え？」という表情に気づいたのか，彼は続けた。「Uber は，仕事がない人のためにシェアリングのプラットフォームを提供したり，一般の人が運転サービスを行なったりするので，社会連帯経済（ESS）モデルのようにみえます。しかし実際には，資本をたくさんもっている人たちがより多くの利益を得て，ドライバーに渡るお金は少ない仕組みになっています」。

とすると，シェアリング・エコノミーには二つの種類が存在することになる。そこでもう少し詳しく知るために，リラ社については第 5 章を参照いただくとして，Uber の方を若干補足しよう。2015 年 8 月 19 日，日本の総務省で開かれた「ICT サービス安心・安全研究会」において，UBER JAPAN の高橋正巳社長は，次の要旨のようにプレゼンテーションを行なった[2]。

すなわち「シェアリングエコノミーとは，インターネットを通じて個人や企業が空いているモノやサービス（時間）などを，それを必要としている人・企業との間で交換・共有することであり，Uber 社はそのプラットフォームを提供している。具体的には，個人事業主であるドライバー（日本ではタクシー・ハイヤー会社）とパートナー契約を結び，専用アプリを使って利用客とマッチングする。世界各地でハイヤー，タクシー，ライドシェア，メッセンジャー，ランチ配達などのサービスを提供しているが，2025 年までに市場規模は約 41 兆円に拡大する見込みだ。また安倍晋三内閣総理大臣も『新たな成長戦略』のキーとして期待を寄せている」と。

---

1) フランスでは 2014 年 2 月にパリで始まった。Uber Pop に登録した個人がマイカーを使って旅客輸送を行い，乗客は「謝礼金」を支払う。しかし旅客輸送の資格をもたないことが問題になり，2015 年 7 月にサービスは中止された。

2) プレゼン資料「UBER のご紹介＆シェアリングエコノミーの可能性」より。https://www.soumu.go.jp/main_content/000377503.pdf（最終閲覧日：2020 年 5 月 26 日）。

表 1　シェアリング・エコノミーの二類型（出所：筆者作成）

	Uber 型	ESS 型
事業目的	専用アプリの手数料収入	財・サービスのシェアリング
一義的評価指標	利潤	社会的効用
システム運営	支配的管理	民主的協同

つまり Uber 社は，専用アプリを介してシェアリングシステムを支配的に管理するけれども，個々のサービスに直接の責任を負うことも，現場に雇用関係を結ぶこともない。そのためドライバーたちに最低賃金を保障したり，福利厚生にコストを負担する義務も生じない。しかし問題は発生する。ロンドンで Uber タクシーのドライバーとして働き，そのリアルな実態をルポしたブラッドワースは，各料金の 25%を手数料として Uber 社に払った後，ガソリン代や洗車代などの諸経費を引くと，税引き前の収入が週 348.367 ポンドだったという（ブラッドワース 2019: 314–318）。これは，週 40 時間働いて 390 ポンドになるロンドンの生活賃金に達していない。また同書は，2016 年 10 月にイギリスの雇用裁判所が二人の契約ドライバーの訴えを認めて，彼らが個人事業主ではなく「ウーバー側の条件に厳密にしたがい，与えられた仕事を受け容れているだけ」（285）の従属的な労働者だと認定した[3] と報告する。以上のことからして，シェアリング・エコノミーを表 1 のように Uber 型と ESS 型に類型化するのは妥当だろう。

と，ここまで考えて，その後は他事にまぎれていたのだが，2020 年春になって突然，現実問題として再認識を迫られた。筆者の住む京都市内で Uber Eats（第 3 章 3-2 参照）の配達員が急に増えたからである。地元紙も「5 月中旬，京都市下京区の四条河原町。夕方になると「Uber Eats」と書かれたリュックを背負った若い配達員が盛んに自転車で行き来していた。赤信号を無視したり，自転車走行禁止の区域で下車しない人の姿も見られた」（京都新聞 2020 年 6 月

3）ちなみにフランスでも 2016 年 12 月に，パリの労働審判所が Uber と契約したハイヤードライバーが従属的な雇用関係にあると判断している。

4）一例だが，ウーバーイーツユニオンが 2020 年 7 月に発表した「事故調査プロジェクト報告書」によると，交通事故にあったときの傷害補償制度はあるけれども労災保険よりも水準が低く，しかも補償を請求するとアカウントを停止されたりするために，少しでも収入を求める配達員は請求を躊躇したり，あきらめたりするケースが多いという。ユニオンは会社側に団体交渉を申し入れているが，配達員は個人事業主であるからといって，一切応じようとしていない。〈https://www.ubereatsunion.org/pdf/jiko_20200722-02.pdf（最終閲覧日：2020 年 12 月 10 日）〉。

13日夕刊）と取りあげた。背景にあるのは，コロナ不況のもとでアルバイト，パート，派遣といった非正規労働者の失業が急増したこと，および外出自粛によって配達の需要が増えたことである。まさにAPESのドゥルヴァクさんが言ったように，「仕事がない人のためにシェアリングのプラットフォームを提供」しているのだが，裏を返せば仕事がないのをよいことにした劣悪労働[4)]の提供ともいえるのではないか。

新型コロナウィルス感染症（COVID-19）のパンデミックは，効率を優先して「贅肉」をそぎ落とした現代社会が，いかに不測の事態に脆いものか改めて可視化した。日本は世界第3位のGDP規模とものづくりの能力を誇りながら，マスクの生産供給やウイルス検査の体制もなかなか整えられなかった。保健，医療，保育，介護などの現場が崩壊寸前におちいったのは偶然の結果ではない。ポストコロナのシェアリング・エコノミーは，人の危機に乗じるモデルではなく，社会的危機に柔軟な対応ができて，人々の連帯を促すモデルが求められている。

（三浦純一）

【文　献】

ブラッドワース, J. 著，濱野大道訳　2019.『アマゾンの倉庫で絶望し，ウーバーの車で発狂した―潜入・最低賃金労働の現場』光文社．Bloodworth, J. 2018. *Hired: Six months undercover in low-wage Britain.* London: Atlantic Books.

補完通貨と社会連帯経済

大貝健二

06

1 はじめに

1990年代以降，フランスでは「補完通貨 monnaie comprémentaire」の導入が各地で進められている。とりわけ，2007～08年のサブプライムローン危機，それに続く2009～10年のソブリン債の危機によって，その動きは加速している。

枝廣（2018）がいうように，経済のグローバル化が進むなかで，物流網などのインフラ整備によって支えられた国際的な分業の恩恵により経済は成長し，また我々の暮らしは物質的には豊かになってきたといえよう。しかし，市場メカニズムが浸透し，「価格」が価値判断基準として重視されるほど，同じ商品では価格の安いものが効率的として選択されるようになっている。また，インターネットの普及に示されるように，情報網が世界中に張り巡らされることでヴァーチャルな空間が拡大し，そこで膨大な量の取引が行われている。先に触れた2000年代に生じた世界的な金融危機は，実態を伴わない投機的な投資が導いたものであると捉えてもよいだろう。

他方で，市場メカニズムの貫徹とともに進行する経済のグローバル化は，金融危機以外にも様々な問題を生じさせている。経済成長を追求するがゆえの環境問題の深刻化，「選択と集中」による地域間格差や所得格差の拡大，自己責任論を盾にした個人主義の暴走など，本来は人間が生活するための仕組みである経済が，人間や人間の生活の場を疎外するようになっている。

もちろん，このような新自由主義的なグローバル化に対して，「もうひとつの世界は可能だ」をスローガンにした，「オルター・グローバリゼーション」の動きも現れている（ジョージ 2004）。本章で取り上げる「補完通貨」も，その動きの1つであると考えてもよいだろう。補完通貨とは，国が発行する法定通貨とは異なり，特定の地域において，その使用者たちの相互信用に基づいて運用される通貨を示す。特に，社会連帯経済（ESS）との関連では，時間通貨や地域通貨などがその範疇に含まれる。補完通貨は，通貨を単なる交換手段，価値尺度手段とみなすのではなく，個人が孤立しないことを目的として，人間のつながりを再構築することのほか，地域経済を縮小・衰退から脱却させるために導入されている。非常に興味深いのは，これらの補完通貨は先進国，途上国を問わず世界各地で導入が進んでいることである。

特筆されるべきは，フランスでは，2014 年に制定された社会連帯経済関連法において，持続可能な地域経済の発展のために地域通貨の重要性を認め，各地で地域通貨を独自に発行することが認められたことである。国が法律を制定するほどに，フランス国内においては，実験的な実践を繰り返しながら，補完通貨の運用が深化してきているのである。

本章では，世界的に重要視されつつある補完通貨について，その仕組み，実践，課題や可能性について明らかにすることを目的としている．本章の構成は，以下のとおりである。第 2 節では，補完通貨について，我々が日常的に使用している「お金」との違いについて説明する。そのうえで，フランスで導入されている補完通貨の概要について触れる。第 3 節では，リール市内のフィーヴ地区で導入されている時間通貨，ラコルドリ（l'Accorderie）を紹介する。続く第 4 節では，フランス北部のブーローニュ=シュル=メール市を中心に 2013 年に導入された地域通貨ブーソル（Bou'sol）を取り上げている。「おわりに」では，ESS の文脈で補完通貨を捉え，その意義について検討してみたい。また，補完通貨を通じたグローバルな社会連帯経済のネットワーク構築の可能性についても言及してみたい。

2　補完通貨について

2-1　貨幣とはなにか

一般的に貨幣についてのシンプルで合意を得られている定義は存在しない。しかし，経済原論などのテキストを開いてみれば，貨幣の機能について説明されているページがある。以下で，貨幣の機能について簡単に確認しておこう[1)]。

貨幣には，価値尺度機能，交換手段としての機能，貯蓄手段としての機能の 3 つの機能があるといわれている。価値尺度機能とは，ある商品やサービスの経済的な

1）本節での議論は，APES でのインタビュー調査（No.16）から得られた資料を基に展開している（訪問日：2015 年 3 月 10 日）。

価値を測るために用いる。たとえば，1着4,000円のシャツ，1本0.9ユーロのバゲット，1回1.5ドルのトラム運賃というように，それぞれの国や地域で定められた通貨単位によって測られている。第二に，交換手段としての機能である。貨幣は，その所有者がある商品やサービスを欲したときに，それらの商品やサービスの価値と等しい金額分の貨幣と交換することによって獲得が可能になる。貨幣が発明される以前では，このような交換は，物々交換によって成立していた[2]。たとえば，漁師が市場できのこ1キロを欲したときに，きのこ採取者と向き合って，きのこ1キロに等しい価値をもつ魚の量との交換によって取引が成立していたのである。しかし，ここで重要なのは，きのこ採取者が魚を欲していなければ，交換は成立しないということである。人類史のなかで，交換できることの有用性を使用価値とした貨幣が誕生し，商品の交換を可能にしてきたのである。そして第三に，貯蓄手段としての機能である。農産物を保存しようとすれば，傷みが生じ，本来もつ価値が損なわれる。しかし，貨幣に関しては，物価が安定している場合は，価値が減損することはない.そのため，その貨幣がもつ価値を保存することが可能になる。しかし，交換手段と貯蓄手段の2つ貨幣の機能は，互いに矛盾することになる。

また，貨幣の流通過程を示したものが図6-1である。これは，商品（W）の交換を貨幣（G）が媒介していることを示す。貨幣の流通は，同じ過程の不断の繰り返しとして現れる。買い手の手にある貨幣が，売り手の手にある商品に対して購買手段として機能する。貨幣は購買手段としての機能を果たしながら，商品保持者の手を次々に移っていくことを不断に繰り返しているといえよう（大谷 2001）。貨幣は，

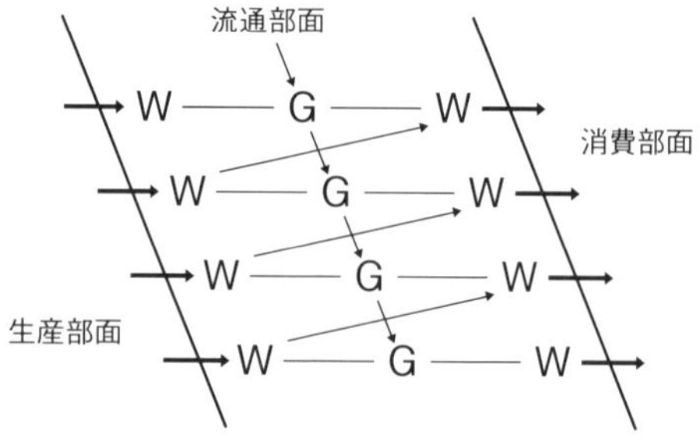

図6-1　貨幣の流通

（出所：大谷（2001: 100）より）

2）貨幣をめぐる議論に関しては，ポストケインジアンの信用貨幣を前提とした議論など諸説ある。しかし，本章では商品貨幣論に基づいている。

流通過程において，その保有者の手元を離れると，元の保有者の手元に戻ることはないのである。

2-2　補完通貨とはなにか

これに対して，「補完通貨」とは何かを確認しておこう。補完通貨とは，特定の領域（コミュニティなどの範囲）内で，「相互信用」に基づいて交換の媒介に用いられるモノである（リエター 2000: 182–183）。なぜ「補完」という冠がなされているのかといえば，従来の通貨にはない機能をもち，機能面から従来の通貨制度を補完するからである。特に，「国家通貨が果たさない，或いは果たすことのできない社会的役割を果たせる」ように制度設計され，「地域の協働経済」の可能性を有しているものである（リエター 2000: 167）。補完通貨の果たす役割として，それを積極的に使用することによって，コミュニティの中で「仕事」や「つながり」を創り出すなどの，何らかの社会的目的を達成させることが織り込まれている。フランスの場合，補完通貨を導入するときには，新しい社会を創るための意図や理念，哲学的な精神を埋め込むことに重きを置いている。市民や哲学者，経済学者などの多様なアクターが参画し，関わり合うことによって，地域の「ビヤン・コマン Bien Commun」について考え，理解を深めているのである[3)]。その際に重要なことは，補完通貨を貯め込むのではなく流通させることであり，補完通貨を流通させるために価値を減価させるなどの動機付けが行われている場合もある[4)]。

補完通貨は，歴史的にみれば，1930年代の大恐慌期，経済が困難な状況に陥った時に，オーストリアのヴェルグルなど，世界各地で局所的に誕生している（Derudder 2017）。スイスのヴィアのように，戦前期に誕生してから現在も流通しているものもあるが，多くはアメリカにみられた政策的な「選ばれざる道」によって衰退している（リエター 2000）。

その後，補完通貨は1980年代以降に急速に普及し，中南米などの発展途上国や

3）ビヤン・コマンは共通財／善のことを示す。これは，ラテン・アメリカの連帯経済の実践で目指される「ブエン・ヴィヴィール Buen Vivir」，母なる大地と調和しながら，人間らしい尊厳のある生活を送ることと親和性が高いと考えられる（出典：「廣田裕之の社会的連帯経済ウォッチ」（https://shukousha.com/column/hirota/5259/）（最終閲覧日2020年2月4日）。

4）減価する価値に関しては，廣田裕之（2016a）『シルビオ・ゲゼル入門―減価する貨幣とは何か』などが詳細に紹介している。

新興国，欧州や日本などの先進国を問わず広がりをみせており，現在では5,000以上の補完通貨が流通しているといわれている[5]。

ところで，1980年代以降に，補完通貨が世界的に登場してくるのは一体何故であろうか。その理由の一つとして，経済のグローバル化の進展が考えられる。たとえば，情報技術の革新を伴った経済のグローバル化は，産業の空洞化による「失業の構造化」，コミュニティの崩壊を引き起こしてきた（リエター 2000: 158）。同時に，インターネットの普及も相まって，通貨流通量が膨大になるとともに，その投機的な意味合いが強くなっている。実に，通貨総量の90%以上が，実体経済とは関係がないヴァーチャルな空間で流通するようになり，人間の経済活動に伴う貨幣流通量は，わずか10%にも満たないのである。ヴァーチャルな通貨流通が膨張し，人間の経済を翻弄しているのである。換言すれば，人間の貨幣からの疎外が進んでいるのである。このような状況において，実体経済の貨幣が，ヴァーチャルな通貨に対抗することを目的に，社会連帯経済が掲げる人間らしい生活を足元から実現するべく，補完通貨が登場するようになっているといえよう。

2-3　補完通貨の種類

補完通貨には，いくつかの種類がある。そのうち代表的なものは，「LETS（SEL）」と「時間通貨」，「地域通貨」である。以下では簡単に，これらの補完通貨について紹介してみたい。

フランスでは，1990年代から主に英語圏で流通している地域交換取引システムLETS[6]が導入され，SEL（Système d'Échange Locale）として流通し，モノやノウハウ，各種サービス，相乗りシステム，宿泊場所の提供などが交換されている。SELでは，1分につき塩1粒[7]として，交換とともに会計を行う。サービスなどを提供すれば，自分の口座にSELが貯まる仕組みになっている。2014年までに，フランス全土472地域にSELが存在し，30,000～35,000人がSELに関わっている（Marion et Fabert 2016）。

次に，時間通貨である。時間通貨とは，個人間での「時間の交換」を行うことを企図したものである。この形態の通貨としては，アメリカの「タイムバンク」がよ

5）APESインタビュー（No.16）に基づく（訪問日：2015年3月10日）。
6）LETSは1980年代にカナダで誕生している。
7）地域交換システムの頭文字SELは，フランス語で塩の意味である。

く知られているところである。「タイムバンク」の仕組みは，限定された地域に「時間銀行」を設置し，市民，とりわけお金や仕事がない人たちが，自分自身が有する能力を時間単位で交換する方法である[8]。

また，詳細は後述するが，時間通貨としてフランス国内で広がりつつあるのが，L'Accorderie（ラコルドリ）である[9]。ラコルドリは，2002年にカナダ・ケベックから導入された時間通貨であり，その目的を，社会的排除からの脱却，社会的な絆を創り出すことに置いている。SELと異なるのは，ラコルドリで交換可能なものは，知識やノウハウなどの本人がもちうる能力であり，モノの交換などは含まれないことである。2016年現在において，フランス国内29ヶ所で導入され，8,000人を超える人たちが会員となっている（Marion et Fabert 2016）。

最後に，地域通貨に目を向けてみよう。「地域通貨に関して万人一致で了解した定義」はないものの，「ある通貨が広域に流通している状況下において，それとは別の通貨がより狭い地域内でのみ流通する場合，それを地域通貨という」ことができる（進化経済学会編 2006: 386）。時間通貨が，社会的な絆を創り出すといった，「人間の価値」を付加することを目的としているのに対して，地域通貨は地域内での交換を通じて，地域の豊かさを創造することにその目的がある。地域の豊かさには，地域で生産する人やモノを大切にするといった意味が込められている。地域の豊かさを創造するために，地域通貨が果たす役割とは何か，主に次の2点が考えられる。第一に，地域の人たちを消費者として捉えたときに，消費者に対する教育・啓発的な役割である。消費者がハイパーマーケット（郊外型大型店）に行き，価格の安い商品を購入すれば，それは地域の職人や生産者に対しては何のインパクトもなく，地域の産業が衰退していくことになる。特に，このような動きは，グローバル化の進展とともに世界的規模で生産コストの差が顕在化したことから，より明白になっている。消費者の購買活動が経済を回していることを可視化していくこと，自分たちで地域の経済をよいものにしていくことは可能であるという意識や考え方を育てるために地域通貨が導入されている。第二に，第一の役割とも密接に関係しているが，生産の場と消費の場を可能な限り近づけること，距離を短縮させることと

8）時間通貨のケースとして，日本の「ふれあい切符」が知られている。健康福祉部門に特化したものであるが，3つの交換（子どもの預かり，病院往復の補助，体調が優れない人の家事手伝い）を通じて，自分自身の健康を保持することを目的としている。

9）ラコルドリウェブサイト（http://www.accorderie.fr/）を参照（最終閲覧日：2020年2月5日）。

ともに，通貨の流通量（回転数）を増やすことである[10]。このような考え方を取り入れた地域通貨として世界的に知られているものが，ドイツのキームガウアー[11]である。女子高生の価値観に対する教育も踏まえながら，地域の商店を認定し，通貨の流通量（回転数）を増やすこと，言い換えれば，身近な商店を利用することによる地域の再活性化を実現している（廣田 2011; 2016a; 2016b）。

フランスでは，このような地域通貨は，連帯経済の推進手段としてSOLプロジェクトが立案され，2007年から国内各地に普及してきている。そのほかにも，2016年にはMLCC（Monnaies Locales Complémentaires et Citoyennes）というネットワークを創り出している。これは，民間において登場するであろう新たな金融の仕組みに対して，地域通貨の市民的なアイデンティティをより明確にするためのものである（Marion et Fabert 2016）[12]。2015年時点でフランス国内に74の地域通貨が存在している。

以上のように，SELが相互信用に基づいて，時間通貨と地域通貨の両側面を有しているものと位置づけられるが，時間通貨や地域通貨のように，それぞれが掲げる理念や目的によって，区分することができるだろう。

3 時間通貨「l'Accorderie」の実践

3-1 Fives地区の概要

ここでは，リール市内のFives（フィーヴ）地区において，補完通貨の1つである時間通貨を実践している事例を取り上げて，その意義について考えてみたい[13]。

10）シルビオ・ゲゼルの「減価する価値」の考え方を導入し，通貨を貯め込むのではなく，流通させるように仕向けている。

11）ドイツ・バビエル地方で，地域の伝統的な産業であるチーズや皮革製品，繊維製品を手がける職人や商店が衰退しつつある状況を改善させるために登場した地域通貨である。地域通貨に対して，期限を設けることによって，一定期間の間に使用されなければ「減価」するルールを定めている。つまり，通貨を貯蓄することよりも，流通させることを念頭に置いている。

12）地域通貨は，SOLネットワークとMLCCを中心に普及してきている。しかし，MLCCネットワークが必ずしもSOLネットワークに加わっているわけではない。組織の地位や行動理念，ルールの厳密さによって区別されている。競争と協調のバランスによって存立基盤を保とうとしているが，これらの複雑さがフランス全土に広がりつつある補完通貨のさらなる普及，浸透に対して足かせになることを懸念する見方もある。

フィーヴ地区は，リール市内東部に位置している。同地域は，かつて地域の主要産業であった繊維産業の経営者と労働者層が混在する地域であり，市内で相対的に貧困な地域として認識されている。調査時点では，約19,000人がこの地域で生活している。

フィーヴ地区に時間通貨が取り入れられたのは，2014年である。カナダに本部があるラコルドリが本格的に参入したのである[14]。パリ以北への進出はこのフィーヴ地区が初めてである。ラコルドリは，貧困と社会的排除に反対し，社会の多様性を促進することを理念に掲げているため，経済的社会的な困難地域に進出することを基本としている。実際にフィーヴ地区に時間通貨を導入する前には，1年程度の時間をかけて，地域特性のほか，時間通貨の導入可能性を確認する調査を実施している[15]。

3-2 Fives地区のラコルドリの組織形態

フィーヴ地区のラコルドリは，リール市，リール欧州メトロポール（MEL）の福祉担当部署，公共住宅運営者（LMH: Lille Métropole Habitat），地域交換システム（SEL）など，複数のアクターによって運営されている[16]。運営資金は，各種助成金に依拠することが多いが，リールの場合は，市役所が助成しているほか，アクターの一人であるLMHが場所を提供[17]している。そのほか，MELの福祉担当部署がアニメーター animateur 2名分の給料を負担している[18]。

13）本節でのラコルドリの実践に関しては，ラコルドリ（フィーヴ地区）でのインタビュー（No.17）に基づいている（訪問日：2015年3月10日）。

14）ラコルドリは，2002年にカナダ・ケベック州で誕生した。この時間通貨がフランスに上陸したのは2011年であり，2015年までにフランス国内20の地域で展開されている。詳細に関しては，ラコルドリのウェブサイト（http://www.accorderie.fr/）を参照。

15）入念な地域調査に加えて，ケベックや先行する地域での経験を活かしている。

16）ラコルドリの展開に関しては，フィーヴ地区のように集団で行う場合と，個人の財源によって導入される場合がある。

17）フィーヴ地区のラコルドリがある地域の建物は，民間住宅も混在しているが，その多くはLMHの管理物件である。

18）アニメーターとは，静止画がアニメーションになると動き出すように，「命を吹きこむ人」という意味がある。そのことから，集団内でのファシリテーター，コーディネーターとしての役割を担っている。ヨーロッパでは，アニメーターは一つの職種として認定されている。

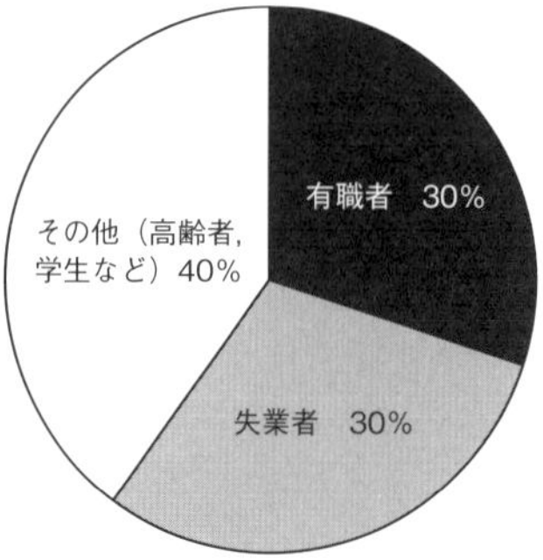

図 6-2　ラコルドリ会員の構成
（出所：インタビュー調査に基づく）

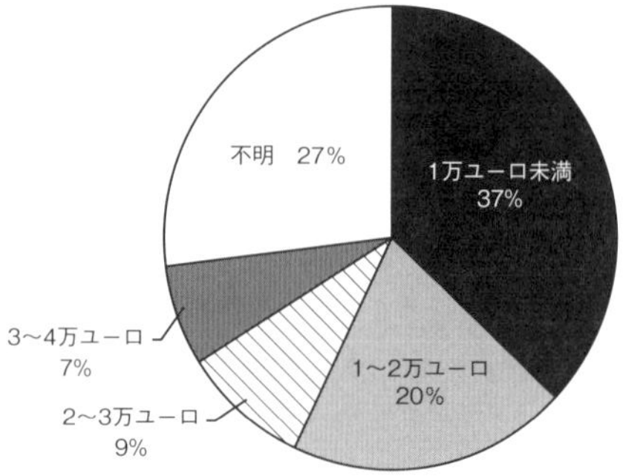

図 6-3　年間収入額別会員の構成比
（出所：インタビュー調査に基づく）

ラコルドリには，年齢が18歳に達していれば，制限なく会員になることが可能である[19]。フィーヴ地区の会員数は，およそ100人である（2015年3月時点）。その内訳は，有職者，失業者がそれぞれ30%程度であり，残りの40%はリタイアした高齢者と学生である（図6-2）。また，会員を年間収入金額別にみると，1万ユーロ未満層が37%，1～2万ユーロ層が20%，2～3万ユーロ層が9%，3～4万ユーロ層が7%であり，残りの27%の収入層は，所得の記載がないために不明である[20]（図6-3）。

ラコルドリには，個人会員で構成される3つの委員会がある。それらは，①サービス交換（時間交換）に関する委員会，②プロジェクトに関する委員会，③組織に関する委員会，である。①サービス交換（時間交換）に関する委員会は，会員ではあるが，サービス交換を積極的に行なっていない人たちの参加を促す方法を検討する委員会である。②プロジェクトに関する委員会は，サービスの交換だけではなく，会員同士の交流を促すイベントなどのプロジェクトを検討している[21]。最後に，③組織に関する委員会は，ラコルドリの運営に関して，予算の活用方法などを決定する委員会である。ラコルドリには，前述のようにアニメーターが2人配置されているが，基本的には会員同士の信頼関係に基づいて，組織運営が行われている。

19）会員になると，最初に15時間が与えられ，時間の交換が可能になる。
20）所得金額の記載に関しては，個人ではなく世帯の所得額を記載する会員もいることから正確ではない。
21）たとえば，我々が訪問した2015年3月10日には，ラコルドリの事務所がある建物の裏庭のアレンジ方法について議論していた。

3-3　社会的排除に対して手を差しのべるシステム

ラコルドリが行なっていることは，第一に「時間の交換」である。時間の交換では，1時間単位で提供可能なサービスや知識を交換する。具体的には，レジャー，文化的活動，移動，家事（ペンキ塗りなどの修繕）である。ただし，自分が本業として就いている職業の仕事は行えない。

サービスや知識の具体的な交換方法は，会員が提供可能であるサービスや知識を用紙に記入し，アニメーターに提出すると，それらがラコルドリ内で掲示されるとともに，ウェブサイトでも閲覧可能になる。掲示されたサービスや知識に対して，他の会員からのニーズがあれば，1時間単位で交換が成立する。しかし，掲示されている提供可能なサービスや知識に関して，交換が成立しない場合も当然ながらあり得る。その場合には，会員自らが，他に掲示されているサービスや知識を確認し，どのようなものがよく交換されているのかを理解し，自身が交換可能なサービスや知識に修正を加えていく。そのため，まったくニーズがないということはない。

フィーヴ地区では，60代の女性会員が，自分自身のサービスやノウハウの提供によって，60時間分のクレジットを貯め，娘の結婚式を実現させた。結婚式を行うことを明記したチラシの作成から，結婚式に必要なすべてのことを，他の会員のサービスとの交換によって，やり遂げたのである。

また，時間交換に伴う会員間のトラブルは，基本的には生じていない。会員は，自身が提供可能な仕事を行うからである。ベビーシッターなどのサービスを提供する会員もいるが，リスクを伴う対人サービスの場合は，サービス提供者と需要者が事前に面会し，お互いに納得・了承したうえでサービスを提供するルールになっている。

次に，ラコルドリの主な取り組みの2つ目として，月に1度，プロジェクト委員会が中心になって，会員が集まる場を企画していることがある。たとえば，会員同士での「食事会の開催」といったものが挙げられる。これは，かつて飲食関係の仕事に従事していた会員の提案によって実施された。この場合，参加する会員は，お金をかけるのではなく，自分の力で提供可能なものを持参するというルールが設定された。「料理をつくることができる」ことは，会員がお金をかけずに提供できる能力である。経済的に貧しい地域では，失業者や低所得者が，社会的に排除され，孤立してしまうことが少なくない。経済的に貧しくとも，時間は誰に対しても平等である。時間を使って自分にできることを提供することを通じて，会員同士で結びつきを深めるとともに，自分自身の居場所や存在意義を確かめられる取り組みである。

3-4　ラコルドリの意義

時間通貨が果たす役割は，社会的排除への対抗である。お金ではなく，時間の交換によって，人間同士の紐帯を再構築すること，自分の居場所を見つけるためのツールである。仕事をもっている人たち，企業に雇用されている人たちは，仕事を通じて自分が必要とされていることを確認できる。しかし，失業者やリタイアした高齢者が，同様に仕事を通じて自分自身の存在意義を確認できるかといえば，それには困難が伴う。そこで，時間通貨を介して，自分自身がもつ能力などを交換することができれば，自分が人や社会から必要とされていることを確認することができる。

このように，ラコルドリでは，貧困と対峙し，社会的に排除された人たちを，社会に包摂しなおすことが，取り組みの中心になっている。だからこそ，ラコルドリを導入する前には，入念な地域調査を実施しているのである。

4　地域通貨「Bou'sol」の挑戦

次に，地域通貨の実践について見てみよう。リールから国鉄快速列車（TER）で約1時間西へ向かったところに，ドーバー海峡に面したBoulogne-sur-Mer（以下，ブーローニュ=シュル=メール）という港町がある[22]。人口は，約45,000人であり，リールと比較すると，当然ながら町の規模は小さいものの，パ・ド・カレ県の中心都市であるカレーに次いで人口が多い[23]。

ブーローニュ=シュル=メールには，フランス国内最大の漁港があるほか，夏季にはイギリスから多くの観光客が訪れるなど，漁業と観光業が主な産業として地域経済を支えている。

このブーローニュ=シュル=メールを中心とした22の自治体で構成されるコミューンの集合体「ブーロネ地方都市圏共同体（CAB: Communauté d'Agglomération du Boulonnais）」[24]で，2013年から「Bou'sol」（以下，ブーソル）という地域通貨の流通が開始されている。地域通貨を導入した時期は，フランス国内では比較的最近である。以下では，地域通貨ブーソルの導入経緯やその特徴，地域通貨を導入し

22）オー=ド=フランス地域圏のパ・ド・カレ県に位置している。

23）カレーの人口は，およそ76,000人である。

24）CABを構成する22自治体の人口は，およそ12万人，面積は205平方キロメートルである。

て3年が経過した時点での現状や課題について紹介してみたい[25]。

4-1　ブーソルの概要

ブーソルは，その導入に際して，地域通貨に関心がある人やAPESなどの団体を中心に，議論を中心に理念や制度設計に関する議論を重ねてきた。当初はCABよりも広範な75のコミューンの集合体で流通させることが企図されていた。しかし，議論を重ねる中で，中心地域に地域通貨を流通させる核を育てたうえで，少しずつ範囲を拡大していく方が望ましいということになり，2015年時点では，CABを中心に核を形成しつつあるところである。

ブーソルは，フランス南西部の都市であるトゥールーズで導入されているSol Violet（ソル=ヴィオレ）の仕組みを参考にしている。フランス国内で流通している地域通貨の中で，比較的うまく機能していると広く認識されているためである。ソル=ヴィオレの理念のほか，地域通貨を当該地域内に浸透させるためのインセンティブなどを参考にしながら，ブーソル独自の仕組みを構築している[26]。特に，ユーロのような法定通貨以外に，地域通貨を流通させるには，なぜ地域通貨が必要であるのか，明確な理念が必要となる。そのため，ブーソルでは，地域通貨を流通させる理念として，①人間活動がもたらす富を可視化し，交換をより容易にすること，②異なるアクター間に連帯や協力の仕組みを創り出すこと，③環境に配慮した経済活動の発展に貢献すること，を掲げている。

ブーソルの運営は，「ブーローニュ市民通貨プロモーション協会（APMC）が行なっている。同団体は，①「ソリスト」と呼ばれる個人消費者，②ブーソルを導入している，ないしはブーソルの導入を認められた事業者，③パートナー[27]によって構成されるアソシアシオンである。それぞれから出された代表者9名によって管理・

25）本節で取り上げるブーソルの事例に関しては，インタビュー調査（No.29）に基づいている（訪問日：2015年9月24日）。

26）たとえば，ブーローニュ市民通貨プロモーション協会（APMC）の年会費はトゥールーズと比較して大きく異なっている。ソル=ヴィオレでは，取り扱う事業者の会費は年間150ユーロであるが，ブーソルの場合は事業者には年間10ユーロと売上の5%を会費として課している。これは，個人に対する5%の購買力の上昇と釣り合うように設定されている。

27）パートナーに該当するのは，ブーローニュ地域共同体（CIB），私立銀行，サントル・ソシアルである。

運営が行われている。

地域通貨としての普及を開始してから2年半が経過した2015年3月時点で，ブーソルを導入しているのは60事業者であり，そのうち80%はブーローニュ=シュル=メール市内に立地している。また，ブーソルを使用するソリストは250名である。ソリストの居住地域は，基本的にはブーソルの使用を認められた事業者の立地地域である。ブーソルはCABの範囲内で導入することが企図されたのではあるが，実際にブーソルが流通しているのは，ブーローニュ=シュル=メール市が大部分であり，そのほか近隣の3市である。

事業者がブーソルを扱えるようになるには，APMCで定めた20項目にも及ぶ厳格な審査をクリアしなければならない。具体的な項目を挙げてみれば，事業所から出される廃棄物の選別の有無，事業所で働く従業員の労働条件を遵守しているか否か，事業所で取り扱っている製品や商品が環境に配慮したものであるか否か，それら製品や商品の購入先や仕入先は，郊外型大型店なのか，あるいは身近な商店であるのか，といったことである。これらの指標を用いて，審査をクリアした事業所を地域経済や人間，環境に対して配慮していると判断し，ブーソルの加盟店として認定している。このような煩雑な手続きを行うのは，地域通貨を使用するソリストに対して優良店であることを示し，そのように認識してもらう必要があるからである。

同様に，新たにソリストになる人たち対しては，日常的に必要とする身近なサービスや商品について，地域や人間，環境に配慮し，かつソリストの要求を満たしうるのは，郊外型大型店ではなく，地域の商店であると認識してもらうよう，教育・啓発的な運動を展開している。

4-2　ブーソルの機能の仕方

次に，地域通貨ブーソルの仕組みについて確認しておこう（図6-4）。ブーソルはソリスト，事業者，自治体の3者間で流通することを企図している。最初にブーソルの入手方法である。ブーソルは，ソル銀行（私立銀行）でユーロと交換して入手する[28)]。ソリストがユーロをブーソルに交換する場合，20ユーロ＝21ブーソルと

28）ブーソルを発行する私立銀行があり，そこでユーロをブーソルに換金する仕組みである。直接銀行にユーロを持ち込むほかに，あるいは担当者に換金をお願いする方法もある。また，将来的な普及を考えたときに，郵便局との協働の下で，郵便局でも交換できる方法を視野に入れている。

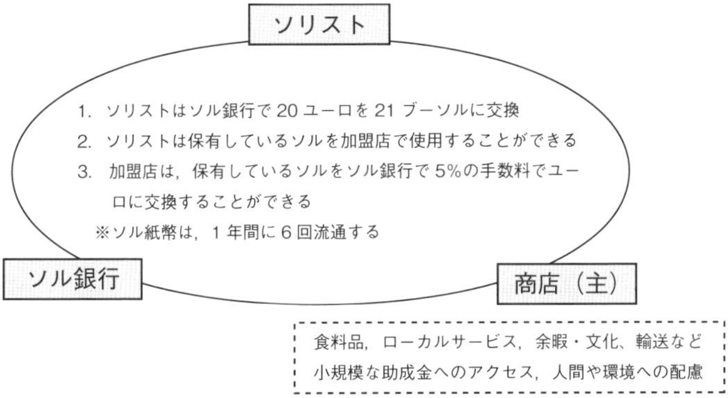

図 6-4　ブーソルの流通ステップ
（出所：APES 提供資料を基に，筆者作成）

図 6-5　地域通貨ブーソル紙幣
（出所：筆者撮影）

いう比率で交換する。5%の価値の上乗せがソリストに対するインセンティブとなっている。

第二に，ソリストは優良認証された事業者の下で，ブーソルを使用することが可能である。第三に，事業者がブーソルをユーロと交換するときは，その価値の 5%が会費として差し引かれる。これらのブーソルとユーロとの交換は，必ずソル銀行で記録される。また，実際のブーソルが図 6-5 であるが，裏面には，1 枚の紙幣が年間で 6 回使用できるようになっている。

最後に，ブーソル独自の特長についても触れておこう。地域自治体で地域通貨の導入が決められたにもかかわらず，地域通貨が自治体施策において使用できないのは一貫性に欠けるとのことから，市が企画する文化活動でも，ブーソルを使用することが可能となっている。この点に関しては，地域通貨を導入している他の自治体からも高い関心が寄せられている。そのほか，バスやトラムなどの公共交通機関でブーソルを使用することが可能であるということも，ユニークな事例として注目されている（Réinventer la monnaie 2016）。さらに，今後は社会福祉や学校給食でも，ブーソルが使用できる仕組みを構築していく方向である。

4-3　ブーソルを導入している事業所の事例

地域通貨を扱う事業者は，前述のように，厳格な審査をクリアした後に承認される。我々が調査した時点で，ブーソルに加盟している60事業者の主な業種カテゴリーは，食料品取扱関係，レジャー，文化，運輸関係，身近なサービスなどである。以下では，ブーソルの取り組みに関わっている4つの事例を紹介してみよう。

a）アルチザン・デュ・モンド

最初に紹介するのは，アルチザン・デュ・モンド Artisan du monde という，フランス全土でフェアトレードを推進する団体である[29)]。ブーローニュ=シュル=メールでは，2003年から活動を展開している。当初は，店舗を構えておらず，「青空市場」に売り場を設けていたが，2005年にから現在の店舗で事業を展開している。

アルチザン・デュ・モンドで取り扱っている商品は，フェアトレード商品のほか，小麦粉やジュース，魚のスープなど，地域生産者によって生産・加工された食品などのうち，アルチザン・デュ・モンドが独自に定めた基準を満たしている商品を取り扱っている。

アルチザン・デュ・モンドは，ブーソル運用当初から関わっている。その理由として，①直売スタイルを支持していること，②地域の商品を取り扱うこと，③環境への配慮，労働の尊重，小規模事業者の尊重，短い経済循環を創り出すといった，価値観や理念を共有していることがある。

アルチザン・デュ・モンドの店舗では，ソリストによるブーソルの使用のほか，地域通貨をもたない人がユーロで購入することも可能である。また1度の購入で，地域通貨とユーロを併用することも問題ない。

29）アルチザン・デュ・モンドは，バングラデシュのJute（黄麻）生産者を支援する市民運動から1974年に始まった。現在では，フランス全土に200を超える会員が加盟し，フェアトレード商品を取り扱っているほか，フェアトレードに関する啓発活動なども積極的に展開している（https://www.artisansdumonde.org/）（最終閲覧日：2020年2月7日）。

店舗で購入した客の支払手段を見た場合，支払い手段として最も多いのはクレジットカードであり，全体の50%を占める。地域通貨での支払いは20%程度であり，ユーロ紙幣での支払いと同程度の割合であるほか，残りの10%は小切手である。支払いでブーソルを使用する客は，少しずつではあるが増えてきているという。

b）個人印刷業者：ルフェーブル氏

事例の2つめは，以前勤務していた大手企業から経済的解雇に遭い，2010年から個人で印刷業を営んでいるルフェーブル氏である。事業の特徴としては，紙・デジタルを問わずあらゆる文書の印刷を行なっている。特に，印刷に関しては，できる限り環境に配慮しており，使用している紙の80%はリサイクル紙であるほか，すべての廃棄物は分別回収されている。

ルフェーブル氏が営む印刷店も，ブーソル導入開始当初から加盟店になっている。興味深いのは，ブーソル加盟店であるにも関わらず，印刷店で地域通貨を使う客や取引先がいないことである。では，なぜソルの加盟店になったのだろうか。その理由として，第一に，地域の経済発展は，環境に配慮したものでなければならないというブーソルの理念や価値観に共感したからである。自身の店舗は，まだ目標を達成できているわけではないが，少しでも早く「100%環境に配慮している」といえる状況になれるよう努力している。第二に，ネットワークを支えるためには，ネットワークの外部からサポートするのではなく，自分自身がネットワークのメンバーになっておく必要があるという考えを有しているからである。

以上のことから，地域通貨を導入した成果としての経済的な効果は全くないが，自分と同じように共感する人たちと出会うことがあり，社会的なつながりを強くしているという。

c）BIOコープ

次は，BIOコープである。BIOコープは，フランス全土に380ほど存在している。ブーローニュ=シュル=メールに店舗を開店したのは2004年である。ブーローニュ=シュル=メールのBIOコープはSCOP形態である[30]。従業員は訪問当時で8人で

30）フランスのBIOコープは，店舗によって単純型株式会社SAS，有限責任会社SARLなど，組織形態が異なる。BIOコープ380店舗のうち，80店程度がブーローニュ=シュル=メールのようなSCOP形態（Société COopérative et Participative）である。

あり，いずれも株主（出資者）である。

取り扱っている商品は，食料品に関してはすべてが有機に基づいている。また，商品の仕入に関しては，倫理的にフェアトレードであること，輸入品に関しては，エコロジーの観点から，輸送にかかる CO_2 が少ないことを求めている。この場合のフェアトレードであることとは，地域直産であることを示し，生産者，加工者を尊重している[31)]。また，エコロジーであることについては，上記のほか，農産物の季節性を重視していることに加え，包装容器を減らすために量り売りを多く行うなどの工夫を怠っていない。

店舗でのブーソル使用割合は，およそ5～6%程度である。利用割合は決して高くはないが，教育・啓発的な取り組みが必要であると考えていることからブーソルのネットワークに参加している。店舗を利用する客の特徴として，有機やエコロジーに関心がある人たちが多いので，地域通貨に関する教育も比較的容易に行いやすい。また，客を職種別にみれば，教員や研究者，医療系従事者，ホメオパシー[32)]関係者など，教育水準が高い人たちが多いことも特徴である。しかし，店舗を利用する人たちが，ブーソルを使用する割合が増えているかといえばそうでもない。というのも，ブーソルが紙幣であることから，支払いの際に時間を要することがネックになっているためである。カードシステムが導入されれば，支払いがより早くなり，地域通貨も普及していくのではないかといった意見を有している[33)]。

また，店舗で販売する商品の仕入にブーソルを用いることは，2015年9月現在まで皆無である。しかし，ブーソルの加盟店になっている以上，今後，商品仕入にも地域通貨を普及させていきたいという意向を有している。BIOコープの仕入れ先である製造者のなかにはブーソル認定を受けた企業も含まれるため，取引関係にあるパートナー間で地域通貨の交換が行えれば望ましいと考えている。その点では，ブーソルは，まだ初期段階であるとの認識である。

31）生産者や加工者に対する支払いにおいて，その尊重を示しているほか，従業員に関しては，最低賃金に10%上乗せした額を給料として支払い，社会的にフェアであることを示している。

32）セルフケア，自然治癒力に働きかける治療方法を示すことが多い。

33）クレジットカードではなく，ソル・カードとしての普及である。しかし，カード政策にはコストがかかることから，別の問題を引き起こすであろうことも理解している。

d）連帯マーケット（学生の家）

リトラル・コート・ドパール大学内の「学生の家」にある連帯マーケットもブーソル加盟店である。連帯マーケットには，大型流通店舗から寄付された食料品が置かれ，低所得の学生が利用するフードバンクの役割を果たしている。連帯マーケットを利用するには，学生は自分の所得を証明する必要がある。収入から諸経費を差し引いた可処分所得額が210ユーロ以下の学生が，連帯マーケットを利用する対象となる。認定を受けた学生は，50ユーロの購買券をもらうとともに，店舗の利用が可能になる。2015年9月時点で利用している学生は50人ほどである。

連帯マーケットで地域通貨を使用することはもちろん可能である。しかし，実際にブーソルを利用している学生はいない。利用者がいないのにブーソルの加盟店である理由は，学生に対する教育・啓発的なプロモーションである。地域通貨の普及を視野にいれたときに，学生を利用者として巻き込んでいくことが重要であると考えているためである。特に新学期が始まる時期には，積極的にプロモーションを展開しているという。

4-4　ブーソルの課題

以上のように，地域通貨ブーソルの取り組みを取り上げてみた。我々が訪問した2015年は，地域通貨が導入されてからまだ2年程度しか経過しておらず，順調に地域通貨の浸透，普及しているというよりは，むしろまだその途上であった。地域通貨が普及するには，最低でも8～9年の時間を要するという認識を当事者たちは有しており，時間をかけるなか，各地域で実践されている地域通貨のアイデアをアレンジしながら試行錯誤を繰り返している。公共交通機関や，自治体が展開する文化活動において地域通貨を使用できる仕組みは，フランス国内の地域通貨としてはオリジナリティがあるものの，その多くも今後の可能性として期待できるものである。

また，ブーソルの取り組みとして興味深いのは，加盟店に多様な事業者が関わっていることである。フェアトレードやエコロジーを推進する，アルチザン・デュ・モンドやBIOコープのように，地域通貨を普及させることが比較的容易な店舗が関わっていることに加えて，ルフェーブル氏のように，実際に地域通貨を使用することはなくても，地域通貨の理念に共鳴し，ブーソルのネットワークに自身が関わりながら支えようとする経営者の存在もある。他方で，連帯マーケットのように，地域通貨の将来的な普及・拡大を見据えて，啓発的な観点から学生に対してアプローチしていくなどの方法が採られている。

5 おわりに

本章では，フランスの社会連帯経済とともに各地域で展開している補完通貨について着目して，フィーヴ地区でのラコルドリと，ブーローニュ=シュル=メールでのブーソルの実践を紹介してきた。本章で取り上げた時間通貨と地域通貨は，それぞれロジックが異なるとはいえ，グローバル化が進む中で失われつつある人間同士のつながりや購買活動を通じた地域単位でのつながりを再び創り出そうとする実践である。

時間通貨に関しては，貧困・社会的排除からの脱却が目的として掲げられており，ラコルドリでは，フィーヴ地区での人のつながり，居場所づくりを行なっている事例を紹介した。ここで重要なのが，単に社会的に排除されている人たちのつながりを創ることだけではなく，様々な人たちとの関係を構築する，いわば「ソーシャルミックス」をゴールとしている点である。この点に関しては，補完通貨は，ラヴィル（2012）がいう「近接公共空間」において，異なるステークホルダーによる信頼関係をベースとした互酬性を機能させる役割を担っているといえよう。また，地域通貨の実践に関しても，互酬性原理とは異なる領域である市場経済において，市場経済の問題点を補う形で展開されている補完通貨であると理解できるだろう。

事例として取り上げたブーソルは，成功事例として取り上げるには時期尚早なものであることも付言しておく[34)]。しかし，発展途上の事例から引き出せるインプリケーションはあるものと考えている。たとえば，日本においても1990年代から2000年代にかけて地域通貨による地域経済を活性化させる取り組みが広がったが，その後の展開としてうまく機能していないものが多いように思われる。それがなぜなのか，ということに関して，フランスでのインタビューから考えられることは次の諸点である。第一に，地域通貨というツールを用いて，連帯経済という目指すべき明確な経済・社会像がある。なぜ地域通貨が必要なのか，当事者が理解していることは当然であるが，積極的な教育・啓発的な取り組みを通じて，地域通貨の

34）実際に2020年8月にブーソルは，交換を停止することになった。補完通貨の実践自体が社会実験の意味合いをもつものであるが，いわばこの失敗がいかなる意味をもつのか，その検討に関しては今後の課題としたい（出典：Bou'sol, la monnaie locale, s'arrête, La semaine dans le Boulounnais.（https://www.lasemainedansleboulonnais.fr/93214/article/2020-08-27/bou-sol-la-monnaie-locale-s-arrete）（最終閲覧日：2020年12月18日））。

意味や果たしうる役割への理解を，積極的に広めようとしているのである。第二に，第一の点とも密接に関連するが，地域通貨の加盟店になるための指標を明確に示し，また厳格に審査していることである。同様に，地域通貨を使用する消費者に関しても，地域の商店で購入することが生活を豊かにすることを強く訴えていることである。第三に，地域通貨を導入するためのルールを創る際には，フランス国内に留まらず，世界各地で展開している地域通貨の運用事例を学んでいる。しかも，成功事例をそのまま模倣するのではなく，自分たちが地域通貨を取り入れる際の哲学は何かを前提としたうえで，運用しやすいようにルールを設定していることは示唆に富んでいると思われる。第四に，これは時間通貨についても該当するが，フランス国内では年に数回，SEL，Sol それぞれの当事者が集う大会が行われている。各地の実践事例や現在抱えている課題などを議論し，他地域の経験を自分たちの経験に活かすべく，情報共有を行なっているのである。このような当事者が一堂に会して議論する場が日本の地域通貨の場合にみられているかどうか，ということを日本の地域通貨の課題として取り上げられているケースもある（廣田 2011）。

最後に，これらの補完通貨をめぐる各地域での実践は，ローカルなスケールで，局地的に展開されている。しかし，同時にフランス国内に留まらず，世界各地で補完通貨を創り出し，運用する動きが広がっている。これらの動きは，今後，補完通貨を通じたグローバルな社会連帯ネットワークを創出する可能性を示していると考えられる。それは，新自由主義的な市場経済メカニズムのなかで，人間のための経済といった本来のあるべき姿を取り戻すためのオルター・グローバリゼーション運動への近接という解釈や，世界レベルでの連帯をアピールすることによって，国内地域レベルでの運動をより認知させうるという解釈，地域レベル，世界的レベルでのネットワーク化の実践という解釈，それぞれの観点から導き出せる可能性である（フレッス 2012）。しかし，可能性と同時にリスクも孕んでいる。地域通貨の動きとして MLCC と Sol の実践において，両者を統合して考える地域もあれば，そうでない地域もあることは，これまでに述べた通りである。同じ実践を行なっていても，地域におけるステークホルダー間での力学は異なるのであり，補完通貨を介したグローバルな連帯経済ネットワークを目指すときには，地域間での利害関係をどのように一致させるかということも，大きな課題となるだろう。

【文　献】

枝廣淳子 2018.『地元経済を創りなおす』岩波書店.

大谷禎之介 2001.『図解 社会経済学―資本主義とはどのような社会システムか』桜井書店.

ジョージ, S. 著, 杉村昌昭・真田 満訳 2004.『オルター・グローバリゼーション宣言―もうひとつの世界は可能だ！もし…』作品社. George, S. 2004. *Another world is possible if*…. London: Verso.

進化経済学会編 2006.『進化経済学ハンドブック』共立出版.

廣田裕之 2011.『改訂新版　地域通貨入門　持続可能な社会を目指して』アルテ.

廣田裕之 2016a.『社会的連帯経済入門 みんなが幸せに生活できる経済システムとは』集広舎.

廣田裕之 2016b.『シルビオ・ゲゼル入門―減価する貨幣とは何か』アルテ.

フレッス, L. 2012. 連帯経済の政治的次元. ラヴィル, J.-L. 編, 北島健一ほか訳 2012.『連帯経済―その国際的射程』240–271. 生活書院. Laville, J.-L. ed. 2007. *L' économie solidaire: Une perspective internationale*. Paris: Hachette Littératures.

ラヴィル, J.-L. 編, 北島健一ほか訳 2012.『連帯経済―その国際的射程』生活書院. Laville, J.-L. ed. 2007. *L'économie solidaire: Une perspective internationale*. Paris: Hachette Littératures.

リエター, B. 著, 小林一紀・福元初男訳 2000.『マネー崩壊―新しいコミュニティ通貨の誕生』日本経済評論社. Lietaer, B. 1999. *DAS GELD DER ZUKUNFT: Über die zerstörerische Wirkung unseres Geldsystems und Alternativen hierzu*. München: Riemann Verlag.

Derudder, P. 2017. *Monnaies locales complémentaires et citoyennes*. Paris: Yves Michel.

Marion, C. et Fabert, B. P. 2016. *Les monnaies locales: Vers un développement responsable*. Paris: IFRIS.

Réinventer la monnaie 2016. *Les Dosseiers d'alternatives Economiques, 6.*

社会連帯経済と参加型都市計画

ユニオン地区の経験

川口夏希

07

1 はじめに

本章は，フランス・リール地域における旧工業地区の再生プロジェクトを事例に，社会連帯経済（ESS）運動に呼応したオルタナティブな空間形成の可能性を具体的に探るものである。

1980年代以降，「企業家主義的」都市政策が世界的な潮流となっており，多くの都市で，旧労働者地区や旧工業地区が，より高い経済的付加価値を生み出す拠点へと改変されつつある（ハーヴェイ 2013）。そうした状況の中，経済的開発が過度に重視され社会問題が深刻化しているとして多くの批判研究が蓄積されてきた[1)]。しかしながら，他方で，フランス語圏の都市研究者による学際的な雑誌『メトロポール Métropole』において，「オルタナティブな都市政策 Politiques urbaines alternatives」と題した特集が二度にわたって組まれたように，批判的視座を有しつつもオルタナティブな都市政策を模索する必要性や，企業家主義的な都市空間の改変には収斂されない都市再生の動きに焦点を当てることの重要性が認識され，またそうした研究の蓄積が求められはじめている（Béal et Rousseau 2014; 2015）。

こうした背景を踏まえて，ここでは，オルタナティブな都市政策という観点から，ESSの空間形成の特質を探る。ESSの射程は，狭義の経済のみならず，社会／政治／都市計画といった多領域にまたがる。これまでの章で描いてきたように，ESSは，2000年代以降，南米や欧州をはじめ世界各国で注目を集め，今日一つの潮流となりつつある（廣田 2016; ラヴィル 2012）。なかでもフランスでは，2014年に社会

1）先行研究は枚挙に遑がないが，ここでは，批判地理学分野の主要な文献であるハーヴェイ（1997; 2013），Brenner and Theodore（2002），Brenner, Marcuse and Mayer（2011）を挙げるに留めたい。

連帯経済関連法が成立し，本格的な政策展開がなされている（立見 2018）。とりわけ，リール地域は，国に先んじてESS政策に取り組んできた地域である（Gardin, Laville et Roussel 2005）[2)]。同地域では，産業政策から社会政策に至るまで，あらゆる政策において，ESSの有する民主的で連帯的な理念が導入される。それは，本章が対象とする都市政策と空間整備《アメナジュモン》に関しても同様である。そこでは，地域課題の解決が重視され，空間整備の方向性を，全ての人の参加と討議によって決定しようとする。

ところで，こうした市民参加による空間構築は，フランスの文脈においては，伝統的都市計画の問い直しとして現れてきた。フランスは，社会問題を社会集団ではなく「(都市）空間の問題」へと置き換え，都市計画と空間整備を社会問題の解決のための手法として重視してきた（ドンズロ 2012; 川口 2017）。とりわけ，「フランス都市政策 politique de la ville」には，その傾向が色濃く見て取れる。

フランスにおける「都市政策」とは，1960年代後半の脱工業化の進展と1970年代の（フォーディズムの終焉に伴う）経済危機以降に大都市郊外を中心として顕在化した，失業・貧困等の社会問題に対して，都市計画の手法を用いて空間的に対処しようとする一連の取り組みを指す。そしてもっぱらその対象となったのは，高度経済成長期に建設された大規模社会住宅団地であった。街区の社会的開発，ソーシャル・ミックスの推進，住宅の建て替えと，時期によってその焦点や施策は変化してきたが，「都市政策」の一連の施策には，次のような姿勢が共通して看取できる。すなわち，都市計画によって「困難を抱えた街区である」と規定された空間を，トップダウン的にあるべき姿へと「改善」するというものである。都市計画は，高度経済成長期を通じてモダニズム思想を具現化し，経済成長に資する空間として郊外空間を規格化した。そして，高度経済成長期が終焉して以降もなおそのトップダウン的な姿勢を維持し続けてきたともいえる（Paquot 1999）[3)]。

しかしながら，近年，伝統的な都市計画が都市問題（すなわち社会問題）に対し

2）Gardin, Laville et Roussel（2005）によると，「社会連帯経済がノール＝パ・ド・カレ州で特に発展したとしても，それは偶然ではない。同州はしばしばその分野において最も先進的な州の一つとみなされている。この工業地域の歴史は，石炭採掘，金属工業，繊維工業といった活動の大部分の消滅とリ・コンヴァージョンであるが，多くの社会的コンフリクトを生み出し，それが闘争性と連帯の伝統をもたらしてきた」(259)。

3）Paquot（1999）は，フランスの都市計画の有する気風を批判し，都市計画が機能不全に陥っていると指摘している。

て有する限界が強く認識されるようになり，「オルタナティブ autrement」な空間形成を提起する動きが起こってきた。ここでいう「オルタナティブ」とは，何よりも，専門家の構想を一方向的に押し付けるのではなく，市民参加と討議によって空間を構築する試みを指す（Epstein et Donzelot 2006; Hallauer 2015）。

以上のような背景を踏まえながら，本章は，リール地域の旧工業地区であるユニオン UNION 地区の再生プロジェクトを取り上げ，そこでの住民参加型の空間形成の仕組みを明らかにすることを試みる。政策担当者，新旧の住民など異なる利害関係者たちがどのように合意に至り，またその際に ESS の理念，さらには実際のリノベーション・プロジェクトを手がけ，オルタナティブな都市計画を実践する建築家グループがどのような役割を果たしたのかを考察する。これを通じて，緒に就いたばかりのオルタナティブな空間形成に関する議論に対して一つの知見を提供することを目指す。

本章は以下のように構成される。第 2 節では，リール地域において，ESS が活発になった背景と，ESS における空間整備と都市計画の位置づけを明らかにする。加えて，近年の ESS の重要なキーワードであるビヤン・コマン（共通財／善）について説明を加える。第 3 節では，ユニオン地区の歴史的系譜を明らかにした上で，近年の空間整備計画の概要を詳述する。同地区が，社会経済的変化の中で，再生が必要とされる状況へと至った道程を描出する。さらに，ユニオン地区の再生プロジェクトの方針について検討し，前節で述べた ESS の理念を下敷きとして，どのような空間整備が行われようとしているのかを明らかにする。第 4 節では，ユニオン地区内の一区画であるステファンソン L'îlot Stephenson における労働者住宅のリノベーションを取り上げ，自治体の都市計画に対する住民の反対運動を経て，住民，建築家，政策担当者によって実践された参加型都市計画について考察する。

なお，考察にあたっては，2015 年 9 月 23 日（No.28）に，ユニオン地区の開発担当者イヴ・ルペルス Yves Lepers 氏，建築家マリー・ブランケール Marie Blanckaert 氏に行なったインタビュー調査の結果を用いている。

2　リール地域の都市計画と ESS

2-1　リール地域における ESS の展開

リール地域では，多くの政策領域とともに，都市政策や空間整備においても，社会連帯経済（ESS）の有する連帯的（あるいは互酬的）な理念が考慮され，経済的

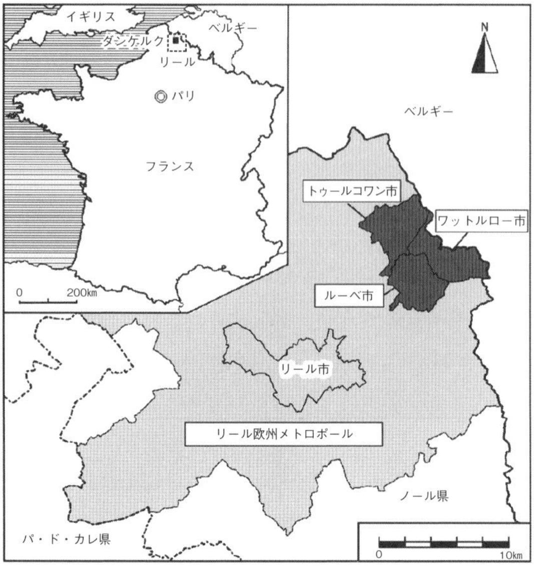

図 7-1　リール地域の位置
（出所：筆者作成）

課題と社会的課題の解決をいかにバランスよくやっていくのかが，留意されている。しかしなぜ，リール地域において ESS の文脈が広がっていったのであろうか，また ESS において空間整備と都市政策はどのように位置づけられるのだろうか。まず，この点について，リール地域が経験してきた社会・経済的な背景とともに明らかにしておく必要がある。

リール地域はかつて工業，とりわけ繊維産業によって大きく発展した地域である。同地域は，ベルギーと隣接するフランス北東部に位置する（図 7-1）。この地域は，リール・フランドル地方とも呼ばれ，19 世紀にはヨーロッパの繊維産業の中心地であった。しかし，第二次世界大戦後，産業構造の転換の中で多くの繊維工場が閉鎖され，失業と社会的排除をめぐる深刻な社会・経済的課題が顕在化する。その後，企業誘致や新産業の育成などの試みが行われるものの，地域経済全体を下支えするには十分でなく，このことが 1980 年代以降，オルタナティブな経済としての連帯経済の模索を生む背景となる（第 9 章とコラム 6 参照）。

リール地域において ESS が広まった要因として，一つには，製造業が盛んで労働者の連帯の素地が存在していたことが挙げられるが，この他に，政治的・政策的な要因も大きい（Gardin, Laville et Roussel 2005）。リール市とリール欧州メトロポール MEL では，2000 年代以降，社会党の政治家であるマルティーヌ・オブリー Martine Aubry が長らく首長を務め，同地域において ESS が推進される上で重要な役割を果たした[4)]。

Gardin, Laville et Roussel（2005）によると，直接的には，1990 年代初頭の州レベルでの政策変化が重要な契機となった。当時，リール地域を含むノール＝パ・ド・カレ州の州議会には多数派が存在せず，議会の麻痺を回避するために，緑の党のマリー・クリスティーヌ・ブランダン Marie-Christine Blandin が議長に任命されることとなった。そして，同党に属するギー・アスコエ Guy Hascoët が，経済活動担当の副議長となる[5)]。フランスの一つの州において，緑の党と，社会党や共産党など他の左派政党とのアライアンス政権が成立するのは，他に例をみない出来事であった。州議会議長は，経済・エコロジー・社会的なもの・雇用の間の対立を解消するために，地域の諸アクターが発言できる議論の場「雇用と労働のための州会議」を設定した[6)]。そして同会議において優先的かつ重要な課題として位置づけられたのが，参加型民主主義の発展と，工業跡地の空間整備であった。

そして，こうした参加型民主主義と社会的効用（有用性）をもつ活動を重視する姿勢は，その後，ESS として定義され，2000 年代以降，国の動向とリンクしながら ESS の発展州計画 PRDESS が策定されることで，様々な活動を活発に生み出し

4）1997 年から 2000 年にかけて雇用・連帯大臣を務め，フランスにおける週 35 時間労働の制定に務めた。2001 年から現在までリール市長，2008 年から 2014 年までリール・メトロポール LMCU（現リール欧州メトロポール MEL）の議長を務めた（2014 年から副議長）。

5）アスコエは，2000 年に連帯経済閣外大臣に任命され，これによって ESS は全国レベルで制度的な承認を得る。

6）同会議は，1994 年 5 月から 11 月にかけて開催された。これはフランスでも稀な，公に開かれた議論 débat public の経験となった。この参加型民主主義を志向する会議にはおよそ 1,000 人が動員され，彼らは 4 カ月間にわたって 6 つのアトリエにおいて議論を重ねた。この会議は，企業経営者，アソシアシオンのメンバーと責任者，組合活動家，現役世代と退職者，失業者，議員といった，これまで一度も出会ったことがないような人々の交流を可能にした。そして，各アトリエで出された提案は，5 つの軸として取りまとめられた。すなわち，①参加型民主主義を発展させること，②空間整備と，労働時間の削減を支援すること，③人・組織・領域の能力を強化すること，④雇用と労働のための憲章を活用すること，⑤公共的で社会的な効用をもつ新たな活動を創造することであった。

ていくことになる。ESSでは，人々の対等な立場での参加を通じて（参加型民主主義），一般利益 intérêt général をもった財やサービスの生産を行うことが目的とされる。一般利益は，社会的効用とも呼ばれてきたが，近年ではビヤン・コマン bien commun（共通財／善）という言葉で概念化されるようになってきている。

共通財を指すビヤン・コマンという言葉は，共通善という意味を併せ持つフランス語である。第2章で述べたように，Gadrey（2013）によると，それは，万人がアクセスでき，その恩恵を享受できる共通の資源や遺産であるとともに，何が共通財なのかを特定するための価値判断の基準（共通善）を指す。共通財には，人権などの普遍的権利や自然資源，知識等（クリエイティブ・コモンズ）に加えて，公共空間としての都市空間を含む。あるいは，地域の歴史や集合的記憶を表象する建造物や景観といった要素も，共通財として認識され得るのである。

2-2　ESS，地区直轄事業体，空間整備：アルマ・ギャールの経験

とはいえ，上記のようなESSへと至る理念は，1990年代以降急速に広まってきたものではない。同地域では，政策的な取り組みに先んじて，1970年代から，社会的経済（協同組合，共済組合，アソシアシオン等）への再注目とともに，のちに「経済的なものによる包摂 insertion par l'économique」と呼ばれることになる実践を含めて，様々な市民社会における活動が蓄積されてきた。そして，失業と排除の文脈において，市民の参加と自律性を担保しながら，新しい経済活動を生み出す試みが模索される嚆矢となったものの一つに，「地区直轄事業体 régie de quartier」がある（Gardin, Laville et Roussel 2005）。これは，1968年に端を発する，ルーベ市のアルマ・ギャール Alma Gare 地区の経験に基づくもので，その後，ESSに対して大きなインパクトを与えるとともに，空間整備への住民参加の素地となったものである。

Gardin, Laville et Roussel（2005）によると，1960年代のルーベ市には，「クーレ courée」と呼ばれる設備が不十分で狭隘な労働者住宅が多数残存していたが，それらは，不衛生を理由に自治体による取り壊しが決定されることになる。しかし，駅に近接したアルマ・ギャールでは，住民が自らの生活の場所を立ち去ることを受け入れなかった。1968年5月1日，住民たちは皆のためのしかるべき住居を要求するデモを実行し，そこに労働組合活動家，アソシアシオンの活動家，政治活動家などが合流することとなる。その結果，住民自身が地区の都市計画を策定する「都市計画住民アトリエ atelier populaire d'urbanisme」が組織され，住民が都市計画を策定するアクターの一つとして位置づけられる萌芽となったのである（川口 2013）。そ

の後，地区直轄事業体という，地区の課題解決のための住民参加を担保する組織がつくられ[7)]，アルマ・ギャールの経験は先駆的モデルとして全国へと広がっていく。そして同時に，それはリール地域において，自律的な個人の参加と討議を基本とするESS運動を象徴し，その発展を下支えしていくのである。

なお，地区直轄事業体は，次の3点を特徴とする。第一に，住民の直接参加を優先すること，第二に，もっとも困難な状態にある人々の参入を重視すること，第三に，地域内での社会的紐帯を再創造することである。直轄事業体で雇用されるのは，地区の住人であり，彼らは自分たちの生活環境を清掃し，改良し，維持することを担い，また「近隣サービス service de proximité」を創造する。近隣サービスは，ESSを特徴付けるもので，サービスの受給者がサービスの質の決定過程に参加する，「供給と需要の結合構築」を特徴とする（ラヴィル 2012）。参加型民主主義によって共通財を特定する枠組みをなすといってもよい。それは，住民に発言権を与え，彼らの所得を生み出すための社会的／政治的なプロジェクトの一端を占めるのであって，このことが，直轄事業体をESSの運動に結びつけるのである。

以上のような背景を経て，今日，リール地域における都市計画への住民参加の素地が形成されてきたということができる。それは，近年のESS運動と結合し，住民さらには住民を超えた様々な立場の人々の都市計画への参加を通じて，都市空間というビヤン・コマン（共通財／善）を生産するのである。

3　ユニオン地区の空間整備プロジェクト

3-1　繊維産業の中心地から荒廃地区へ：ユニオン地区の衰退

ユニオン地区は，ルーベ市，トゥールコワン市，ワットルロー市という3つの自治体にまたがる80haの地区であるが，その大部分はルーベ市とトゥールコワン市で占められている[8)]（図7-2）。繊維産業によって発展したリール地域の中でも，ルーベ市とトゥールコワン市では，とりわけ毛織物産業が盛んであり，19世紀以来のヨーロッパの毛織物産業の中心地であった。ルーベ市，トゥールコワン市には，毛

7）地区直轄事業体は，地方自治体の代表，貸主，住民から構成されるアソシアシオンで，行政機構と連携しつつ，地区の問題解決のために住民参加という手段を用いるための制度である。

8）ルーベ市とトゥールコワン市が，それぞれ地区の45%を占め，残りの10%がワットルロー市である。

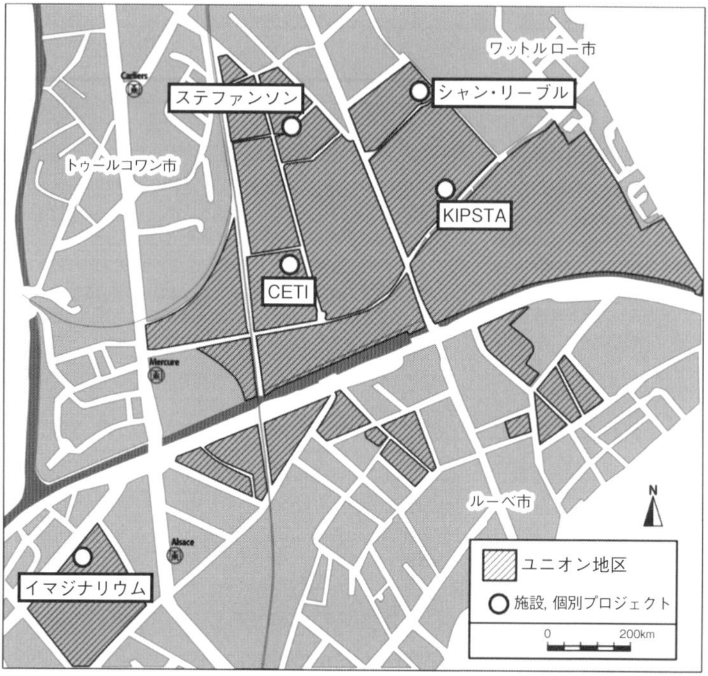

図 7-2　ユニオン地区
（出所：調査資料をもとに筆者作成）

織物関連の工場を中心とした煉瓦造りの工場，工場労働者向けに企業が建設した労働者住宅，小規模な商店などが次々と建設された。毛織物産業は，同地域の経済を支えるとともに，都市空間の形成に大きく寄与したのである。ユニオン地区は，工場と労働者住宅，そして労働者の生活を支える商業施設が集まっていた地区である。中でも，地区内には，3 つの代表的な大規模工場が立地していた。

第一に，1873 年にトゥールコワン市で創業した繊維関連企業のヴァヌトゥリーヴ Vanoutryve である。地区内の南西部に立地したヴァヌトゥリーヴは，敷地面積 4.5ha の大規模撚糸工場であった。第二に，1884 年に創業した敷地面積 4.8ha の大規模ビール工場テルカン Terken が，地区内東部の運河沿いに立地していた。そして第三に，テルカンの敷地の北側には，1870 年に創業した敷地面積 4.8ha の羊毛工場ペイナージュ・ドゥ・ラ・トッセ Le Peignage de la Tossée がある。敷地内には工場，労働者向け住居，地元サービス施設，商業施設が備わっていた（L'UNION Lille Métropole 2013）。

図 7-3　工場の跡地
（出所：2015 年 9 月 23 日筆者撮影）

しかしながら，第二次世界大戦後，そうした産業構造ならびにそれと不可分の都市構造は，ドラスティックな転換を余儀なくされる。第一に，合成繊維の登場，1950 年代から 1970 年代にかけてのフランスにおける毛織物の消費低迷，新興の生産国の台頭等によって，伝統的な毛織物産業が大きな打撃を受けたのである。高性能の紡績機や織機を導入することができた大規模工場での生産と雇用は維持されたものの，これによって多くの中小企業が廃業してしまう。第二に，1973 年から 1974 年にかけてのオイルショックに起因する経済危機と，脱工業化の進展によって，繊維産業をはじめとする製造業が大きく衰退していったことである。ルーベ市・トゥールコワン市では，1973 年に 54,000 人であった繊維産業の雇用者が，2000 年には 8,000 人にまで大きく減少することとなる。また，1973 年には，梳毛，梳毛糸，織物で合わせて 267,000t であった生産量も，2000 年には，64,000t に減少するに至る (Gayot et al. 2005)。

こうした過程において，ユニオン地区もまた，かつての繊維産業の中心地から，衰退した旧工業地区へと変貌を遂げることとなった（図 7-3）。そして，これに伴い，西欧先進諸国の大都市に共通する，いわゆるインナーシティ問題と呼ばれるような，多くの問題を抱えることとなったのである。それは，第一に，繊維産業と他の製造業の衰退によって，著しい経済活動の喪失がみられたことである。上述した三つの大規模工場も，雇用者数を減少させ，2004 年にはすべて閉鎖されてしまう。第二に，空き家となった煉瓦造りの工場や工場が取り壊された空き地といった広大な工業跡地の問題が顕在化したことである。第三に，老朽化していく工場労働者向けの労働者住宅が大量に残されることとなったことである。地区の衰退が一層進展していく中で，こうした状況をどう打開し，地区を再生させるのかという課題が，リール地域の政策担当者に課せられることとなったのである。

3-2　ユニオン地区再生の方向性

ユニオン地区の空間整備計画は，自治体連合であるリール・メトロポールLMCU（現リール欧州メトロポール MEL）によって2007年に開始された。そして，その開発主体となったのが，都市再生第三セクター SEM Ville Renouvelée（以下，SEMVR）である。そして，次のような地区再生の方針が採用され開発が進められているといえるが，そこには第2節で検討したようなESSの理念が色濃く反映されているようにみえる[9)]。

第一に，経済的開発にのみプライオリティを置くのではなく，社会的開発とのバランスをとることに留意することである。前項で触れたように，ユニオン地区では，繊維産業の衰退によって地区内の経済活動が失われることとなった。当然，新たに経済活動を創出することは大きな課題であり，その解決のために企業誘致が進められることとなった。上述した，ヴァヌトゥリーヴの立地していた敷地には現在，創造産業関連の企業や起業家を支援するインキュベータ施設が立地し，「プレーン・イマージュ Plaine Image」という知識産業に特化した区画の開発が進められている。たとえばフランスでも著名なゲーム会社であるアンカマ Ankama 社，起業支援のインキュベーション施設イマジナリウム Imaginarium が立地している。しかしながら，プレーン・イマージュのように，経済的開発に特化した地区再生を行う区画のみではない。ユニオン地区の中には，市民が維持・管理する庭園の区画や，経済的観点からは利益率の低い社会住宅が建設される区画などが含まれ，経済的利益をあげることにのみ焦点を当てた地区再生が行われている訳ではない[10)]。

第二に，ユニオン地区の再生計画では，地域の人々の集合的記憶を表象する建物をできるだけ残し，リノベーション réhabilitation することが重視されている。同地区において，煉瓦造りの製造業関連の工場や諸施設は，できる限り取り壊されることなく，リノベーションされ，他の用途へと転用されている。建物の劣化の度合いや脆弱性を調査した結果，その建物が取り壊される場合も，用いられていたタイ

9）ユニオン地区再生の方針については，SEMVR から提供された資料（L'UNION Lille Métropole 2013）と，ルペルス氏へのインタビューをもとにまとめている。

図 7-4　‘ÊTES-VOUS ICI ?（あなたはここにいますか）’と書かれた羊毛の保管倉庫
（出所：2015 年 9 月 23 日筆者撮影）

ルや敷石，煉瓦といった素材は新たな施設が建てられる際，再利用 réemploi される。リノベーションを行うことは，その場所の固有性を保持することとなる。そうした固有性をもった場所は，一方で，近年，市場においても価値づけられ，より多くの経済的利益を生み出す傾向にある（Boltanski et Esquerre 2017）。リール地域だけでなく，世界中の大都市で歴史的な建物や街区のリノベーションは進められている。上述のアンカマ社もイマジナリウムも，ヴァヌトリーヴの旧施設がリノベーションされたものである。しかしながら，ユニオン地区でリノベーションが採用される動機はそれだけではない。何よりも，繊維産業の工場や労働者住宅といった地域の集合的記憶を表す建物を，人々の共通財とみなし，維持しようとするのである（図 7-4）。そして，そうした共通財の維持に全ての人々が参加することが目指される。そのためには，第三の理念である「開かれた空間」の構築，第四の，市民参加による空間構築が重要となる。

10）ユニオン地区内の 30%は社会住宅にあてられる計画である。加えて，土壌汚染の克服や生物多様性の保全も重視しており，2013 年には，持続可能な空間整備を行う「エコカルティエ ecoquartier」として国の認証を得ている。とはいえ，プロジェクトの社会性を重視する点をめぐっては，以下のようなジレンマが明らかとなっている。たとえば，ユニオン地区において住宅建設を担う民間ディベロッパー，ナカラ Nacarat 社の担当者は，社会性を重視するあまり，ユニオン地区のプロジェクトが進展していないと指摘する（2015 年 9 月 25 日インタビュー調査）。また，SEMVR のルペルス氏は，社会的利益の観点から進出企業の取捨選択を行うため，進出企業が限られてしまうと述べている。

図 7-5　ペイナージュの建物と市民が管理する庭園
（出所：2015 年 9 月 23 日筆者撮影）

第三の方針として，新たにつくられる空間を，「全ての人に開かれた空間」にすることが目指されている。たとえば，大規模工場の跡地は，一つの企業によって保有されていた空間である。工場や労働者住宅，商業施設，地元サービスを狭い範囲で提供し，従業員とその家族が，そこで暮らし，働き，消費し，コミュニティを形成していた空間である。繊維産業によって発展したという地域の歴史を表象してはいるが，地域に対して開かれていたとは言い難い。むしろ，工場の塀，屋根，壁に覆われた私的企業の「閉じられた」空間であったと言い換えることもできる。工業跡地をかつての繊維産業の労働者，製造業関連の労働者だけではなく，より幅広い層の人々が入居し，消費し，サービスを受けられる空間へと「開く」ことが重視されているのである。

たとえば，かつて，羊毛産業の企業ペイナージュが立地していた区画のトッセでは，現在は SEMVR が管理する工場の跡地を，市民が管理する庭園へとつくり変えるプロジェクトが行われている。工業跡地の中に自然を取り入れることで，荒廃した地区のイメージを転換させ，また環境に負荷をかけない空間をつくることに加えて，これまで一つの企業によって建造され管理されていた空間を，地域の人々の手で管理される開かれた空間へとつくり変えることも企図されている（図 7-5）。

第四の方針は，上述したように空間をつくりかえる過程に，政策担当者や建築家，都市計画家，景観プランナーといった専門家，そして，一般の市民という全ての人々の参加を促すことである。その際重要となるのは，長きにわたって地域の発展に貢献してきた繊維産業に従事していたかつての労働者はもちろんのこと，子供や若い世代，他の地域から移住してくる新住民をも含めた，あらゆる人々の参加を促すことである。地域の共通財を維持していくためには，地域に住む人々が空間構築のアクターとなって，熟議することが肝要であると考えられている。ユニオン地区内の再生に関しては，SEMVR から近隣のアソシアシオンに対して，ユニオンのプロジェクトへの参加の働きかけが行われる。加えて，個別のプロジェクトを行う際，住民や学生を対象として，対象となる地区内を歩き，考え，議論する場が設けられている。この点において，外部のアクターがやってきて工事を行い，工事が終了すれば去っていくという従来型の手法とは大きく異なっている。

これまで述べてきた地区再生の方針は，2007 年以降ユニオン地区の再生が進められる中で練り上げられ採用されてきたものである。そしてそれは，参加と共有を重視する ESS の理念に沿ったものであると解釈できる。

以下では，ユニオン地区における参加型の空間構築の具体例として，旧労働者住宅の区画であるステファンソンの労働者住宅リノベーションの展開を詳細に検討し，建築家，政策担当者，住民という異なるアクターが，どのように討議しながら参加型都市計画の実践へと至ったのか明らかにする。

4　建築家／住民／政策担当者の協働による労働者住宅のリノベーション

4-1　ステファンソン：再開発への反対運動

ステファンソンは，ユニオン地区内の北部に位置する一区画である。トッセ通りとステファンソン通りに沿って，簡素な煉瓦造りの長屋建住宅が立ち並んでいる。この住宅は，機能性を重視し，安価な工業素材を用いて，同一の間取りをもったユニットの集合によって構成されていた[11)]。それは地域の工場労働者向けに建設されたもので，繊維産業の従事者が多く居住していた[12)]。中野（1983）によると，リール地域を含むフランス北部では，地域経済を支えた繊維産業の企業家たちによっ

11）ステファンソンの労働者住宅が実際建設されたのは 1910 年頃であると考えられるが，その特徴によって「1930 年代様式」の住宅と表現されている（L’UNION Lille Métropole 2012）。

12）代表的なものとして，隣接するトッセ地区の大規模羊毛工場ペイナージュ，アンヴェール通りの羊毛紡績工場のティベルギアン Tiberghien，トゥケ通りの羊毛紡績工場フリポ・フレール Flipo Frères の工場労働者および従業員が居住していた。前掲 11）。

て，1880 年代から労働者福祉事業が盛んに実施された。そして 1910 年代以降，とりわけ戦間期には，こうしたパターナリズムの伝統を引き継ぎ，労働力不足解消と，合理化が進む工場に適応できる規律ある労働力の確保という目的のもと，労働者福祉事業は一層の展開をみせる。その際，とりわけ重視されたのが，より環境の整えられた労働者住宅の建設であった[13]。

このようにして，ステファンソンの労働者住宅もまた，繊維産業の企業家によって建設されたもので，長らく，そこで働く労働者の生活の基盤であり続けた。しかし，繊維産業の衰退に伴い，居住者である労働者が働いていた工場は次々と閉鎖され，住宅では空き家が増加し，残る居住者も，元繊維産業に従事していた労働者である高齢者の世帯が占めるようになっていった。

こうした変化の中で，トゥールコワン市は，2000 年 5 月，ステファンソン区画を協議整備地区（ZAC：Zone d'Aménagement Concerté）に指定し，同地区の再開発計画を立案したのである[14]。この再開発計画では当初，老朽化し，空き家の増加した労働者住宅を開発主体[15]が買い上げ，取り壊した上で住宅を新築することが企図されていた。この段階においては，前節で詳述したような 2007 年以降のものとは大きく異なる地区再生の方針が採用されていたことになる。

しかしながら，その都市計画の決定に対して，住民はアソシアシオン「ラズ・パ・モン・カルティエ Rase pas mon quartier（私の地区を取り壊すな！）」を結成し，4 年に及ぶ行政に対する反対運動を展開したのである。住民が反対運動を行う中，行政側は，取り壊しのために住宅の買い上げを進め，60 世帯によって結成されたアソシアシオンのメンバーも 30 世帯に減少するなど，自治体と住民の間での対立が続いていった。しかし結果的には，2004 年 5 月，トゥールコワン市長によって，地区の取り壊し計画の中止が言い渡され，その後，2000 年から 2004 年までに買い取られた労働者住宅を含む区画のリノベーションへと方針転換されることとなった。ラズ・パ・モン・カルティエによる反対運動が結実したのである。続いて，ユニオ

13）中野（1983）は，戦間期の労働者福祉事業において，労働者住宅の建設とともに，家族手当の拡充もまた重視されたと指摘している。

14）ZAC とは，1967 年に制定された，自治体あるいは公的機関による空間整備に用いられる基本的手段である。未利用地や低利用地に指定が行われることが一般的であり，ZAC の指定を受けた地区では，インフラ整備や市街地再開発が行われることになる（Antoni 2009）。

15）SEMVR の前身 EPF（Etablissement Public Foncier）が再開発を担っていた。

ン地区の整備主体であるSEMVR，リノベーションを手がけるパトリック・ブシャン所属の建築事務所コンストリュイールConstruire社，そして住民が参加し，協働する形で労働者住宅のリノベーションが行われていく。なお，パトリック・ブシャンは，フランスでも著名な建築家であり，労働者住宅や大規模社会住宅団地といった社会的課題を抱えた街区の参加型リノベーションを提起する論者である。異なる利害関係者たちの参加と協働の推進において，ブシャンならびにコンストリュイール社が重要な役まわりを演じることになる。

ステファンソンの事例は，トゥールコワン市の都市計画担当者と，実際にその場所に暮らし，反対運動を展開した住民たちの思い描く「最適な」空間が大きく異なっていることを如実に物語っている。前者は，老朽化が深刻化し，不十分な設備しか備わっていない住宅を取り壊し，より設備の整った，快適な住宅を新規建設する再開発こそが「最適な」空間の構築であると考えていた。いわば，都市計画の担い手の責務として，建物の荒廃が深刻化していく中で，市民に快適な住環境を提供しなければならなかったのである。これに対し，後者の住民が望んだのは，自分たち家族の歴史が刻まれている住宅や街区を残すことであり，それこそが住民にとっての「最適さ」であった。したがって，リノベーション・プロジェクトは，こうした立場と認識の溝を埋める試みであったといえる。

Fraisse（2016）は，同地区の事例を扱った論文の中で，ステファンソンのリノベーションは，ユニオン地区の再生プロジェクト全体に影響を与え，「都市再生へのオルタナティブ・アプローチを試験するパイロットプロジェクト」（Fraisse 2016: 206）として位置づけられるものとする。すなわち，地域の歴史と人々の集合的記憶を表象する建物の一つである労働者住宅の保存を住民自身が強く主張したことのインパクトは大きく，それは前節で述べた地区全体のリノベーションの方針へとつながった。そして，そこで実行された住民参加型のリノベーションは，関連する全てのアクターの参加と討議を通じて地区の将来を決定しようとするユニオン地区の「オルタナティブ」な空間整備を象徴する出来事となったのである。

とはいえ，それは，住民の反対運動によってのみ実現に至ったとはいえない。むしろ，反対運動それ自体は，ユニオン地区の再生プロジェクトの方針と相反する側面をも有している。第一に，「私の地区を破壊するな」というその名に表されているように[16]，住民運動においてステファンソンという区画は，万人に開かれた空

16)「私たちのnotre」ではなく，「私のmon」という表現が使われている。

間ではなく，そこで生活を営んできた自分たちの私的な空間として捉えられている。第二に，それは，トップダウン型の空間形成のあり方そのものを批判したというよりも，私的利益の観点から，計画された内容に対して異議を申し立てた側面が強い。運動の第一義的な目的は，あくまでも，地区をこれまでの状態で保存し存続させることに置かれていた[17]。

それでは，なぜ，同地区において，建築家，政策担当者，新・旧住民の参加・討議・協働によるリノベーションが実現されたのであろうか。以下では，プロジェクトの支柱となった人物であり，フランスの都市計画における「オルタナティブ」を提起する近年の動きの旗手でもあるパトリック・ブシャンの考えについて簡単に説明する。続いて，このような建築家の理念を反映して，実際，どのようにリノベーションが行われていったのか詳述する。

4-2　建築家／住民／政策担当者の協働による空間構築へ：「みんなで建設する」

「オルタナティブな手法で建設する construire autrement」，「みんなで建設する construire ensemble」という言葉は，建築家パトリック・ブシャンの著作のタイトルであるとともに，その姿勢を表すスローガンとしてしばしば言及されるものである（Bouchain 2006; 2010）。

第1節で述べたとおり，フランスの都市計画においては，専ら，専門家が「適切な」空間を構想し，構築してきたといえる。Epstein et Donzelot（2006）は，2003年に制定されたボルロー法の枠組みにおいて，住民を巻き込んで対話の場をつくる「住民参加」について言及されたことを契機として，フランスにおいて「住民参加」の議論が展開していったと述べている。そして同時に，この場合の「住民参加」は，都市計画の練り上げと意思決定に住民が関与するものとはいえず，フランスにおいては未だに意思決定に関与する権利を手にする形での「住民参加」がみられていないことを指摘する[18]。

17）実際，ユニオン地区全体の再生計画が着手された際，SEMVRによってラズ・パ・モン・カルティエに対して，地区全体の計画への参加が打診された際，ラズ・パ・モン・カルティエのメンバーは，それを断ったとのことである。

18）Epstein et Donzelot（2006）は，Arnstein（1969）の議論を参考に，住民参加を大きく3つの段階に分類している。すなわち，①参加がみられない，②説明や情報は与えられる「象徴的」参加，そして③市民が実質的な権力を手にする形での参加である。Epstein et Donzelot（2006）は，③の段階を参加型民主主義と呼ぶ。

これに対して，ブシャンの考える「住民参加」は，住民が空間の構想と構築に参加することを意味するものであり，社会連帯経済（ESS）の理念とも大きく重なるものである[19]。それは，住民と，建築家，都市計画家，政策担当者といった専門家が対等な個人として討議する中で都市計画の構想を練り上げ，その実現の過程にも住民が関わるというものである。こうした考えを支柱として，ステファンソンではリノベーションが行われていったのである。

ステファンソンのリノベーションは，コンストリュイール社に対してSEMVRが依頼したことに始まる[20]。コンストリュイール社で中心となって実務を担当したのは，建築家のマリー・ブランケール氏であった。2007年からプロジェクトに関わった同氏は，当初はSEMVRの職員であったが，ブシャンに誘われてコンストリュイール社に移籍し，同社の建築家としてプロジェクトを担当することとなった。このことによって，それまで停滞していた再生プロジェクトが軌道に乗り，大きく進展していくことになる[21]。

プロジェクトの拠点となったのが，トッセ通り118番地にあるアトリエ・エレクトリック L'Atelier Électrique（旧電気工場）である（図7-6）。この拠点施設に，SEMVRのメンバー1名と，コンストリュイール社の建築家2名が入居し，フルタイムで3年間（1年：32時間×52週）もの時間を費やし，プロジェクトが進められていくこととなった（図7-7）。

リノベーションの過程においては，その対象となる住宅，街区に住まう当事者である住民を，主たるアクターとして位置づけることが常に重視されていた。そして，その住民というのは，上述した反対運動に参加していた人々と，リノベーションされた後に売却される予定の空き家を購入する人々である。これらの新・旧住民，SEMVRのメンバー，コンストリュイール社の建築家が参加し，工事計画についてのカンフェレンスが定期的に開催された。加えて，実際の工事現場を訪問する機会

19）Epstein et Donzelot（2006）の指摘を考慮すると，ブシャンらの住民参加の議論が，2000年代半ばにおいて，斬新なものとして出てきたことが看取できる。

20）まず，ひとつの組織の中に複数の建築家，景観デザイナー，芸術家といったメンバーが在籍し，コンストリュイール社の建築家もメンバーであるアソシアシオンNAC（Notre Atelier Commun）に対してSEMVRが再開発計画（計画・資金調達）の作成を依頼し，パートナー協定を締結する。続いて，出された提案をSEMVRが検討した結果，コンストリュイール社とプロジェクトを行うことが決定された。

21）リノベーション・プロジェクトの詳細に関する記述は，基本的に，コンストリュイール社のブランケール氏へのインタビューに基づく。

図 7-6　プロジェクトの拠点
アトリエ・エレクトリック
（出所：2015 年 9 月 25 日筆者撮影）

図 7-7　ステファンソンの労働者住宅
（出所：2015 年 9 月 25 日筆者撮影）

が設けられた。このカンファレンスや工事現場への参加は，思惑や背景の異なるアクターが，住宅や，区画の将来について討議する重要な場であるとともに，諸アクターの関係づくりの場となった。長年にわたって対立関係にあった都市計画の政策担当者と住民とが，リノベーションに向けて協働するためには，多くの議論が必要とされたのである。

加えて，それは新住民と旧住民の出会いの場としても位置づけられた。旧住民同士は，住民運動を通じて密接なつながりを有していたが，ステファンソンの 52 戸の住宅のうち，32 戸に入居する新しい住民同士，新・旧の住民の間のつながりは蓄積されていなかった。さらに，新・旧住民のバックグラウンドも異なっていた。旧住民の社会属性は，労働者階級かつ高齢化した人々であり，20 年から 30 年にわたってこの場所に居住し，住民運動を展開した人々である。それに対して，新住民では，若いカップルで初めて住宅を所有する層が中心であり，トゥールコワン市中心部やより広範な地域から転入してくる人々がほとんどであった。世代も社会階層も異なる現在の住民と，将来の住民がリノベーションの過程に参加する中で，ひとつの共通の文化をつくりあげ，知識を共有することが目指された。このことは，コンフリクトを防ぎ，地区を維持していく上で大きな意味を有している。そして同時に，長くそこに暮らしてきた旧住民だけではなく，ステファンソンという区画を，より幅広い層の人々へと開かれた空間につくりかえていく過程としても捉えられる。

さらに，子どもを対象としたアトリエや地域の職業学校の学生の研修にも力が注がれた。前者は，リノベーションの現場を案内しながら，子どもたちに今後の展開について説明する場であり，後者は，地域の学生に自分たちの暮らす地域のリノベーション・プロジェクトに参加する貴重な機会を提供する場であった。取り壊し反対の住民運動が長年繰り広げられていたステファンソンにおいて，子どもたちは，長らく親世代の対立の緊張関係の中に身を置いてきた。そうした子どもたちに対して，対立が収束し，協働へと舵が切られたこと，そして地区に安心して住み続けられることを実感できる場を提供したのである。若い世代に働きかけるコンストリュイール社の住民参加の仕掛けは，SEMVR のその後の活動にも取り入れられ，ユニオン地区全体のプロジェクトで採用されていった。

なお，リノベーションに際しては，住居ごとに，台所・浴室の素材・色から電気コンセントの配置に至るまで，居住者が選択することができた。住宅を購入する場合も，賃貸人として居住する場合も同様である。建築家は，専門家として，コストやエネルギー効率の観点からリノベーションに採用する素材を選択し，改修案を住民に提案するが[22)]，住民がその提案に賛成しなかった場合，全くプランを変更する場合すらみられた。こうした姿勢は，実際にその住宅で暮らしていくのは（暮らしてきたのは）他ならぬ住民であるという考えによるものである。そして，改修プランの策定から工事の過程に参加することで，当事者意識をより強固にし，街区の維持に貢献することが目指されたのである。

最後に，以上のような取り組みにおいては，ブシャンのもう一つの考えを看取することができる。すなわち，それは，建物の「規格（規範）を取り払う dénormer」ことの重視である。労働者住宅や社会住宅のような住宅は，いわば「規格化された normé」建物である。たとえば，社会住宅であれば，それはあくまでも従来の都市計画が考える「最適」な住宅であった。企業家によって建設された労働者住宅の場合であれば，労働者の生活を管理し，律するための「規格」が付与されている。リノベーションの過程では，それぞれの住戸の状況や，住人の考えに応じて異なる改修が施される。すなわち，それによって，専門家の構想を一方的に押し付けることを否定するとともに，建物に刻まれていた「規格（規範）を取り払う dénormer」ことを目指すのである。

22）改修案として，①金属製の建材，②木造の伝統的骨組み，③サンドイッチパネルが提案された。

5 おわりに

本章は，フランス・リール地域で行われている，ユニオン地区の再生の取り組みを事例にオルタナティブな参加型の空間構築の可能性について考察した。本章で得られた知見をまとめると以下のようになる。

ユニオン地区では，参加型の地区再生プロジェクトをめぐって，経済的論理と社会的論理の調停，開発を担う公的機関と旧住民の対立，旧住民と新住民の関係構築など，様々な課題や論点が存在していた。参加によって空間構築の権力が分権化されるとき，異なる立場のアクター間で利害／関心の対立が改めて問題となり得る。いかにして，様々な利害を調停し，合意に至ることができるのであろうか。

ユニオン地区の経験に基づけば，第一に，社会連帯経済（ESS）の蓄積によって，ビヤン・コマン（共通財／善）への合意が容易になったと考えることができる。ESSは，自由で自律的な個人が公共空間において対等な立場で討議し，社会的効用をもつような共通財の生産過程に参加することを重視する。そこでは，一般的権利と関係づけられるような，あらゆる人々が享受し得る利益であることが重視され，特定の集団のみにしか該当しない利益は擁護されない。

都市空間は，人々の活動の場であり，重要な共通財であり得る。その意味で，ユニオン地区の都市計画は，ESSの価値と合致し，それによって正当化されている。そこにおける「開かれた空間」の重視は，かつて私的に占有されていた都市空間を，様々な人にアクセス可能な共通財として作り変えようとする意思として理解できる。閉じられた空間を開くことで，狭隘なローカリズムや人々の間の分断を回避するような効果が期待されているといえる。この点に関しては，建物や街区のリノベーションを通じて，地域の歴史とその集合的記憶が新しい形で解釈され，価値付与されながら引き継がれることもまた重要な意味をもつ。

ユニオン地区の実験的試みは，第二に，ブシャンとそのチームの関与によって促進された側面が強い。「参加型都市計画」を提起するこの建築家は，ステファンソンという区画の将来をめぐって，かつて対立していた都市政策担当者と住民運動の担い手である旧住民，新しい住民，建設部門の労働者，そして建築家自身といった背景や思惑の異なるアクターが出会い，討議し，同じ作業に従事する場を設定した。ユニオン地区全体では，同様の役割をSEMVRの政策担当者が担うことになる。彼らは，空間整備プロジェクトへの参加を住民や企業に働きかけ，アクター間の調整に尽力している。

こうした媒介的な組織や人々による実践の積み重ねが，上記のようなESSの枠組みに諸アクターが移行することを可能にしたと考えることができる。そして，それは，伝統的に空間構築の権限を独占してきた建築家，都市計画家，政策担当者といった専門家が担ってこなかった新たな役割であると同時に，彼らが成し得ることのなかった大きな貢献であるといえよう。

【文　献】

川口夏希 2013．フランス・ルーベ市における社会連帯経済の展開と都市再生．『人文地理』65(4): 40–56.

川口夏希 2017．フランス郊外空間の形成とその再生への手がかり：フランス・プレーン・サン・ドニ地域．水内俊雄・福本拓編著『都市の包容力―セーフティネットシティを構想する』45–55. 法律文化社.

立見淳哉 2018．フランスにおける社会連帯経済の展開―もう一つの経済に向けた試み．『経営研究』69(2): 19–39.

ドンズロ, J. 著，宇城輝人訳 2012．『都市が壊れるとき―郊外の危機に対応できるのはどのような政治か』人文書院．Donzelot, J. 2006. *Quand la ville se défait. Quelle politique face à la crise des banlieues?* Paris: Seuil.

中野隆生 1983．フランス繊維業における福祉事業と労働者の統合―1920年代のリールを中心に．『社会経済学史』48(6): 73–94.

ハーヴェイ, D. 著，廣松 悟訳 1997．都市管理者主義から都市企業家主義へ―後期資本主義における都市統治の変容．『空間・社会・地理思想』2: 36–53，Harvey, D. 1989. From managerialism to entrepreneurialism: The transformation in urban governance in late capitalism. *Geografiska Annaler* 71B(1): 3–17.

ハーヴェイ, D. 著，森田成也ほか訳 2013．『反乱する都市―資本のアーバナイゼーションと都市の再創造』作品社，Harvey, D. 2012. *Rebel cities: From right to the city to the urban revolution.* London: Verso Books.

廣田裕之 2016．『社会的連帯経済入門』集広社.

ラヴィル, J-L. 著, 北島健一ほか訳 2012．『連帯経済―その国際的射程』生活書院，Laville, J-L. ed. 2007. *L'économie solidaire: Une perspective internationale.* Paris: Hachette Littératures.

Antoni, J. P. 2009. *Lexique de la ville.* Paris: Ellipses.

Arnstein, S. R. 1969. A ladder of citizen participation. *Journal of the American Institute of Planners* 35(4): 216–224.

Béal, V. et Rousseau, M. 2014. Alterpolitiques! *Métropole* 15. https://journals.openedition.org/metropoles/4948 (last accessed 4 March 2019)

Béal, V. et Rousseau, M. 2015. Alterpolitiques! 2. *Métropole* 17. https://journals.openedition.org/metropoles/5146 (last accessed 4 March 2019)

Boltanski, L. et Esquerre, A. 2017. *Enrichissement: Une critique de la marchandise.* Paris: Callimard.

Bouchain, P. 2006. *Construire autrement.* Arles: Acte Sud.

Bouchain, P. et al. 2010. *Construire ensemble Le grand ensemble Habiter autrement.* Arles: Acte Sud.

Brenner, N. and Theodore, N. eds. 2002. *Spaces of neoliberalism: Urban restructuring in North America and Western Europe.* Oxford: Blackwell.

Brenner, N., Marcuse, P. and Mayer, M. 2011. *Cities for people, not for profit: Critical urban theory and the right to the city.* London: Routledge.

Epstein, R. et Donzelot, J. 2006. *Démocratie et participation: L'exemple de la rénovation urbaine.* Esprit 2006-Juillet: 5–34.

Fraisse, L. 2016. Lille Metropolis: Co-production of Housing in a Major Urban Renewal District. In *Social Innovations in the Urban Context.* eds. T. Brandsen et al, 205–211. Springer open. https://link.springer.com/content/pdf/10.1007%2F978-3-319-21551-8_13.pdf (last accessed 4 March 2019)

Gadrey, J. 2013. Les biens communs: Une notion au service des projets d'ESS? https://blogs.alternatives-economiques.fr/gadrey/2013/11/24/les-biens-communs-une-notion-au-service-des-projets-de-l-ess (last accessed 14 February, 2019)

Gardin, L., Laville, J-L., et Roussel, E. 2005. Sociale et Solidaire dan la Région Nord-Pas-De-Calais. In *Action publique et économie solidaire.* eds. G. Carvalho da França et al, 259–283. Toulouse: Éditions érès.

Gayot, G. et al. 2005. *Roubaix-Tourcoing et les villes lanières d'Europe.* Villeneuve d'Ascq: Presses universitaires du Septentrion.

Hallauer, E. 2015. Habiter en construisant, construire en habitant: La "permanence architecturale", outil de développement urbain? *Métropoles* 17. https://metropoles.revues.org/5185 (Accessed 20 December, 2016)

L' UNION Lille Métropole 2012. Stephenson, la renaissance inattendue d' un quartier ancien.http://www.lunion.org/fileadmin/user_upload/5-RESSOURCES/livret-stephenson-2012.pdf (last accessed 10 February, 2019)

L'UNION Lille Métropole 2013. *Livret No.5: L'Union vue des murs.*

Paquot, T. 1999. Habiter la ville plutôt qu'y résider. L'architecte, l'urbaniste et le citoyen. *le monde diplômatique* 1999–11: 26–27. https://www.monde-diplomatique.fr/1999/11/PAQUOT/3373 (last accessed 7 January, 2017)

コラム 5　サプロフィット Les Saprophytes：水平的な社会・空間の構築へ

リール地域では，ESS の有する民主的で連帯的な理念と連動しながら，住民の参加と討議を通じた都市政策と空間整備が試みられている。第 7 章で取り上げたユニオン地区はその最たる例であろう。その実現に向けては，多くの，空間形成に関わるアソシアシオンの関与と活動が不可欠となる。サプロフィット les Saprophytes は，建築家，景観デザイナーといった 8 人のメンバーと 50 人のボランティアで構成されるアソシアシオンである。リール市の旧労働者地区，フィーヴ Fives 地区に事務所を構えている。その活動は，建築，デザイン，都市計画に関するプロジェクトを中心に，キノコや野菜の栽培，養蜂といった都市農業にも及ぶ。サプロフィットの活動やその指針について，創設メンバーであるダミアン・グラヴァ Damien Grava 氏に話を聞いた[1)]。

小さな都市計画

「夢の庭園フェスティバル la fête des jardins rêvés」とは，第 7 章で詳述した三つの自治体にまたがる工業跡地，ユニオン地区で 2013 年 6 月に行われた，住民参加による庭園整備プロジェクトである。ビオトープの造成や，木製の柵や休憩スペースの造作，小学生による巣箱づくり，野菜の植え付けといった多岐にわたる作業が行われ，地区内には 11 カ所の庭園がつくられた（図 1）。サプロフィットは，リール市の景観デザイナー事務所アンプラント Empreinte と

図 1　夢の庭園フェスティバルで造成された後，住民によって管理される庭園

---

1) 主に，2015 年 9 月 22 日のダミアン・グラヴァ氏，メリア・デルプランク氏へのインタビュー（No.26），2016 年 9 月 23 日のダミアン・グラヴァ氏へのインタビュー（No.36）による。
なお，文中の写真は全て著者が撮影したものである。

ともに，同プロジェクトの企画・運営に携わった。近隣住民への参加の働きかけに加えて，デッサン，資材の選択，造作といった作業を住民と共同で行い，技術的支援を行なった。同プロジェクトは，工業跡地に自然を取り入れ，生物多様性の回復・維持を図ろうとするものであるが，エコロジーの観点に限定されない意味をもつ。すなわち，かつて工業的に開発され，工業に特化していた空間の中に，より多くの人々に開かれた公共空間を，住民の手によって作り出す試みでもある。

サプロフィットのメンバーは，庭園整備プロジェクトのような活動を「小さな都市計画 petit urbanisme」と呼ぶ。すなわち，小さな（ヒューマンスケールの）都市計画であり，住民と建築家であるメンバー，政策担当者が一緒にアイデアを練り，手を動かし，出来上がった造作物と作業を人々の目にさらすという一連の過程である。それは，専門家であれ，専門的知識をもたない住民であれ，個々人が対等に関与する，開かれた都市計画であると言い換えることもできる。サプロフィットが目指すのは，そうしたより水平的な，開かれた空間へのアプローチなのである。

リノベーションのアトリエ

ところで，「都市計画への住民参加」，「全ての人々が都市空間の構想と構築に参加すること」を目指した場合，当然いくつもの課題が出てくることになる。たとえば，住民の参加を促すためには，住民のアソシアシオンへの働きかけや社会センターを媒介とすることが必要となる。意見の調整や意思決定を導き出すためには，意見を吸い上げる制度や場が設けられなければならないし，従来の都市計画よりも非常に長い時間が必要とされる。また，そもそも，住民参加とはいっても，建築・建設に関する知識や技能を，果たして一般の人々が有しているのか，という点も大きな課題となろう。サプロフィットが行う「リノベーションのアトリエ」は，こうした課題への一つのアプローチと考えることができる。

サプロフィットがリノベーションのアトリエを行うのは，ルーベ市のコンディション・ピュブリックである（図 2）。もともと羊毛の貯蔵庫であったが，建築家パトリック・ブシャンによってリノベーションされ，文化・芸術イベント，芸術家や建築家のレジデンス，各種アトリエ等が行われる施設となった。地域の歴史を表す建物であるのと同時に，サプロフィットにとっても重要な建物である。というのも，サプロフィットの創設メンバーが，コンディション・ピュブリックでのレジデンスで出会ったからである [2)]。

この記念的な場で，サプロフィットが行なっているのは，建物をリノベー

図 2　コンディション・ピュブリック

図 3　リノベーションのアトリエ

ションする手法を学ぶアトリエである（図 3 と口絵写真⑤）。主催者であり建築・都市計画の専門家であるサプロフィットメンバーと，地域に暮らす住民である参加者とが，建物の改修に関して試行錯誤し，その方法を学んでいくのである。たとえば，機材の使い方を学び練習し，地域で安価に手に入れられる建築材料のアイデアを練り上げていく[3]。それは，第一に，自分たちの暮らす都市空間を自らの手で構築する力を育む場を人々に提供する試みである。第二に，専門家と住民といった人々が共同で作業に従事し，対等な個人として関係を構築していく場ともなる。

都市農園

サプロフィットの主要な活動の一つに，都市農園がある。事務所奥で栽培されるマッシュルームに加えて，フィーヴ地区内のロン・ポ Long Pot 通りにある工場跡地で野菜栽培も行なっている（図 4 と 5）。当初は土壌汚染によって野菜の栽培が困難であったが，土壌改良を重ね，現在では有機的野菜栽培が行えるほどになった。

ところで，なぜ都市農園なのだろうか？　建築家や景観デザイナーといった

2）グラヴァ氏にとっては，国立建築学校の修了プロジェクトを目的とした，ルーベ市での滞在であった。

3）2015 年 9 月の訪問時は，ボロとなった作業服を用いた断熱材が考案されていた。ボロを用いることは，取得が容易で材料費を抑えられるだけでなく，かつて，多くの労働者が繊維関連の工場で働いていたリール地域において，地域の固有性を継承するという意味合いをもつ。

図 4　サプロフィットで栽培されるマッシュルーム

図 5　ロン・ポ通りにある都市農園

彼らがなぜ，建築や都市計画，デザインを超えて，農業という活動を行うのであろうか？　サプロフィットが都市農園の実践で目指すのは，何より，近隣住民に対する社会的・文化的効果である。農園において，人々は共同で作業を行い，作物を育てていく。参加者や近隣住民は，その一連の過程を実際に目にし，実感することができる。衰退した労働者地区であるフィーヴ地区のような困難を抱えた街区において農園を営むことは，困難な地区においても何かが実ることを象徴する。加えて，ロン・ポ通りの都市農園は，工場跡地である。かつて工業生産を行い環境に負荷をかけてきた空間が，現在では緑に覆われ，環境に配慮し有機的な農業が行われる空間へとつくりかえられた。都市における農業活動では，こうしたエコロジーの喚起もまた企図されている。

サプロフィット創設以前の 2006 年，グラヴァ氏は，同様の都市農園プロジェクトの研究によって建築家のディプロム（資格）を取得している。1960 年代から 1970 年代に建設された，ルーベ市の大規模社会住宅団地トロワポン Trois ponts で行なった，都市農園による地区再生プロジェクトである。団地の敷地内に温室をつくり，皆でマッシュルームを育て，収穫し，食事をするというものである。社会センター centre sociale の担当者に打診し，子どもたちの休暇の時期に，子どもたちとともに市によって閉鎖されていた場所を掃除し，温室をつくった。最初の段階から住民に参加してもらい，人々を招待していった。その後，別の地区（アルマ Alma 地区）の社会センターから，トロワポンと同様のプロジェクトのオファーを受け，サプロフィットとしての活動へとつながっていったのである。

オルタナティブに，そして，水平的に

上述してきた諸活動には，サプロフィットのメンバーが共有する理念が色濃

く看取できる。

第一に，ヒエラルキーをつくらず「水平的であること」である。アソシアシオン内の関係だけでなく，近隣住民や利用者との関係においても，その理念は尊重される。デザインや都市計画といったプロジェクトを行う際，サプロフィットのメンバーは，住民や政策担当者，他のアソシアシオンのメンバーといった人々と共に考え，現場で実際に手を動かすのである。

サプロフィットが「水平的」であろうとする背景には，建築・建設部門が有する極めてピラミッド的な構造がある。その頂点にいるのは建築家であり，デザインに多額の報酬が払われるのに対し，現場で建設作業に従事する作業員の報酬は少ない。空間構築には，デザインと現場での手作業（とそのノウハウ）の双方が必要であるにも関わらず，両者はヒエラルキーの上層と下層に位置づけられている。その現状に対して，サプロフィットのメンバーは，関連する諸アクターと，より水平的な形で仕事をしたいと考えるに至ったのである。

第二に，エコロジーへの配慮である。工業跡地における庭園整備や，工業跡地を農園へと転用する試みは，環境に負荷をかける空間から，環境を配慮しエコロジーを提起する空間へのつくり変えであった。また，リノベーションのアトリエでは，建物を取り壊すのではなく，手を加え，維持する手法を学ぶことができる。

近年，トロワポンのような大規模社会住宅団地は，フランスにおいて長らく社会問題の集中と荒廃が問題となってきた。そして，そのネガティブなイメージを払拭するため，近年では取り壊されることも多い。高度成長期に建設された，築 30 ～ 40 年の建物が次々と解体されている。サプロフィットは，こうした従来の都市計画が示す解決策に対して異議を申し立てるのである。

サプロフィットの有する，「水平的」で，「エコロジック」であろうとする理念は，建築・建設部門や，従来の都市計画の姿勢に対する「オルタナティブ」の提起であると言い換えることもできよう。従来の都市空間は，もっぱら，都市計画によってトップダウン的に構築されてきた。あるいは，ヒエラルキーのある建築・建設部門によってつくられてきたものである。それに対して，サプロフィットは，オルタナティブな手法で，水平的に，環境に配慮しつつ都市空間を形成しようとする。それはすなわち，サプロフィットの理念と目指す社会を反映した空間構築である。そうした空間構築の場を都市の中に配置し，人々の目にさらすことで，目指す社会を実現しようとするのである [4)]。

フィーヴ地区に根付き，サプロフィットとともに働く

「私は，フィーヴ地区に根付き，サプロフィットとともに働き，暮らしている」とグラヴァ氏が述べるように，メンバーの 8 名は，サプロフィットにおいてのみ活動し，収入を得て生活している。2016 年の段階で，年間 10 ～ 15 件のプロジェクトを手掛けている [5]。その内訳は，実働 2 週間，10,000 ユーロ程度の小規模なプロジェクトが多くを占め，その他に，実働 2 ヶ月，30,000 ～ 50,000 ユーロ程度の中規模なプロジェクトもあるが，それ以上の金額の大きなプロジェクトはまれである。コンスタントに，複数のプロジェクトを手がけているが，経済的には厳しい状況といえよう。

とりわけ，活動を始めた当初は生活が困難で，給料を出せるようになったのは 2013 年頃になってからのことである。それまでは生活保護 RSA（Revenu de Solidarité Active）を受けている人さえおり，2016 年になってようやく最低賃金よりも少し稼いでいる状態にまで至った [6]。上述した，建築・建設部門の一般的な状況と照らし合わせると，サプロフィットのメンバーが建築家として得られる報酬は極めて少ない。しかしながら，より多くの報酬を得られる可能性があるにもかかわらず，メンバーは，サプロフィットとして活動することを選択したのである。建築業界の構造や，通常の仕事の仕方を好まず，自分たちの理念・哲学に基づき，その活動によってオルタナティブな社会・空間の構築を目指すのである。住民の参加と討議による空間整備は，実際のところ，サプ

4）グラヴァ氏は次のように語った。「空間整備 aménagement，都市計画，景観デザイン，建築，家具デザイン，それぞれスケールが異なるだけで基本的には同じものだと考えている。社会のイメージはモノ（物質）に反映され，モノをつくる過程は社会をつくる過程でもある。環境に配慮した素材を用いるのか？　それともすぐに建物を壊してしまうのか？　人々が水平的につながるのか？　それともヒエラルキーのある状態のままでいるのか？　私たちの空間のつくり方（水平的，環境に配慮，手作業を重視）を人々の目に触れさせることは，人と人とが水平的につながる社会をつくることの手がかりになる。だから，自分たちがモノをつくる過程を人々の目に触れさせたい」。グラヴァ氏は，68 年世代の思想，とりわけシチュアシオニストの都市運動に影響を受けたという。シチュアシオニストは，アムステルダムのホワイトバイク運動のように，都市空間に様々な装置を置き社会変革を狙った。サプロフィットの活動もまた，自分たちの理念を反映した造作物，空間を配置することで，社会関係をつくりかえようと試みている。

5）自治体からの依頼が多くを占めるとのことである。

6）サプロフィットにおいては，メンバーの関係においても「水平的」であることが重視される。そのため，皆が同額の給料を得る。プロジェクトの報酬から給料が支払われるようになって以降は，まず全員がハーフタイムの従業員となり，次いで四分の三の従業員となり，その後フルタイムの従業員となった。

ロフィットのメンバーのような諸アクターの理念，傍目には不利にみえる選択，ボランタリーな献身によって支えられている部分も大きい。

リール地域において，住民参加による空間整備が定着しつつある中，サプロフィットの活動（分野）も徐々に承認されるようになった。そして，自治体のプロジェクトの募集・入札に関して「住民参加」が条件に加わるケースや，サプロフィットのような住民参加の手法を用いて空間整備に関わるアソシアシオンも増えている。そうした中で，いかにしてこれらアクターの負担を解消し活動を支え，維持していくのかという点が，ますます大きな課題となろう。

（川口夏希）

近隣公共空間を活性化するリール市の参加民主主義

三浦純一

08

1 はじめに

2002年2月，フランス国会は近隣民主主義 démocratie de proximité に関する法律（以下，近隣民主主義法）[1]を議決した。人口8万人以上のコミューンに住区《カルチエ》単位の参加民主主義機関「住区評議会 conseil de quartier」を義務づけるもので[2]，都市内分権の法制化である。ただし機関の名称・構成・活動様式については当該コミューンに一任している。ここからフランスの地方分権改革は，参加民主主義の深化に向かいだした。同時期に行われた日本の地方分権改革が「平成の大合併」に象徴される財政効率優先路線[3]となって，都市内分権とは逆の方向[4]に進んだことに比べると，民主主義において一歩先んじた展開といえよう。ところがリール市は，それ

1）正式名は「近隣民主主義に関する2002年2月27日の法律第2002-276号。Loi n° 2002-276 du 27 février 2002 relative à la démocratie de proximité」。近隣民主主義法に関しては，Morel（2004）も参照のこと。

2）人口2万人以上8万人未満のコミューンは任意。

3）「平成の大合併」とは合併特例法に基づいて1999（平成11）年から2010（平成22）年までの間に行われた市町村合併をさす。これにより市町村数は47%減少し，平均人口と平均面積はそれぞれ2倍近くに膨張した。総務省は合併の目的を，「少子高齢化・人口減少」「日常生活圏拡大」「国と地方の財政危機」といった課題に対応しつつ，地方分権の受け皿として基礎自治体の力量を高めることとしていたが，市町村の現場では「小規模自治体をなくし，国家財政で大きな比重を占める交付金・補助金を削減し，国の財政再建に役立てようとするもの」という受け止め方が共通認識になっていた（池上 2003: 70-71）。また当時の第27次地方制度調査会副会長として改革の中心にいた西尾勝も「合併の目的がいつの間にかもっぱら財政の効率化一辺倒になって」（西尾 2007: 130）いたと述懐している。それらを裏付けるように，（財）日本都市センターの「市町村合併に関するアンケート調査」（1999年から2006年にかけて，合併自治体に実施）でも，合併理由の1位は「財政状況」で74.5%を占めた。

より24年早い1978年に，すでに都市内分権の住区評議会を制度化していた[5]。それだけでなく，国の地方分権制度の確立にも大きな役割を果たしており，そのことをリール市は参加民主主義 démocratie participative の先駆として自負している。

フランスでは地方分権や参加民主主義が「政治の民主化」として語られる。本書のテーマである社会連帯経済（ESS）は「経済の民主化」であり，第2章で検討したラヴィルの図式によるとそれは政治的次元と不可分の関係をもつ。そこで私たちは，リール市においてESSが盛んであるのは，参加民主主義の発展とつながっているからではないかと考え，2015年3月にインタビュー[6]のためリール市役所を訪れた。担当者から受けた説明によると，参加民主主義の事業は実に多面的で，進め方に工夫が重ねられていた。市民自身が様々な立場や利害をもちつつ政策調整に参加してきたことが，市民と行政の双方に経験知を蓄積させており，そしてその状況は，私たちの仮説を裏づけるものであった。本章ではそうした参加民主主義とESSの発展的関係を具体的に示しつつ，これから参加民主主義を構築しようとする自治体にとっての含意を汲みだすことにしたい。

ところで参加民主主義とESSの発展的関係について，事例を含めて論じた先行研究は多くない。その中で，フレッス（2012: 240–271）は次のように言及している。

4）ただし「平成の大合併」にともない，日本にも形として都市内分権に似た法制度が生まれている。地方自治法第202条に定められた「地域自治区」である。条例によって基礎自治体の全域を区分し，それぞれに区の事務所と地域協議会を「設けることができる」というもので，首長の権限に属する事務の分掌と住民の意見反映を目的にしている。しかし実際の導入は少なく，総務省によると2019年4月現在で11市2町にとどまる。むしろ，自治体独自の設計による「地域自治組織」の方が広がりをみせ，2015年で283市町村を数えている（森2018）。いずれにしてもこれらの仕組は，合併によって行政サービスの対象人口と面積が増大したにもかかわらず，「規模の効率」によって予算と職員が削減されたために，そのギャップを埋める手段として「新しい公共」を活用しようとする性格が強い（岡田2006）。つまり財政効率を主眼にした市町村の規模拡大が先にあって，その矛盾を緩和するための「参加活用」であるから，民主主義の深化を目的にしたフランスの都市内分権とは反対のベクトルになっている。とはいえ，「地域自治組織」は下からの民主主義運動の舞台になり得るものでもあり，今後の進展が注目されよう。

5）リール市「住区評議会内規」（2014年版）の前文には，住区評議会は法律によって「義務づけられるより24年前の1978年にリールで創設された」と記してある。

6）インタビューNo.19：2015年3月12日訪問。

> 連帯経済の運動は，市場・非市場・非貨幣の資源がハイブリッド化することで発展する。ハイブリッド化のためには，連帯経済のイニシアティブが，①協同・参加・連帯の原理にもとづく財・サービスの生産，②倫理的・連帯的・エコロジー的な消費・貯蓄，③新自由主義に対抗するオルター・グローバリゼーションの市民的国際運動，などの新しい社会経済運動と結びつく必要がある。そうした結びつきの場になるのが，公共空間とネットワークである。公共空間とは互酬性の関係にもとづく共同の発話空間であるが，基本は近隣公共空間にある[7]。そこが，保育や介護など近隣サービスのニーズを顕在化させ，実際のサービスを構築するとともに，社会経済活動のさまざまなステーク・ホルダーたちが交流と調整を行う場になるからである。

つまり近隣公共空間には近接性にもとづく互酬関係があるので，それがESSを発展させるというのである。ただしその互酬関係も，社会生活の商品化が進んだ現代においては，人びとが参加民主主義や共通善《ビヤン・コマン》などの今日的価値規範を身につけなければ，十分なパフォーマンスは発揮できない。そして，そうした訓練を提供するのが近隣における参加民主主義の場，すなわち住区評議会である。図8-1は公共空間を政治的次元と地理的次元で象限分けし，そこに後述するフランスの地域民主主義制度を落とし込んだものである。Ⅱの象限が「近隣公共空間」であり，ここに住区評議会と近隣型のESSアクターが存在している。つまり住区評議会が近隣公共空間を活性化すれば，ESSの発展条件が強化されることを表す。こうした作用のことをラヴィルは連帯経済の政治的次元と経済的次元の交点で行われる「参加型民主主義による近接性の公共空間の構築」と表現している（第2章参照）。

ちなみに今日的価値規範を身につけることは，近隣公共空間にとってのみ必要なことではない。フレッス（2012）は，新自由主義イデオロギーは連帯経済をグローバリゼーションの犠牲者救済に専念させようとすると述べ，これに抗して市民主導

7）ここでの「公共空間」は，ユルゲン・ハーバーマスのいうそれと通底している。つまり生活世界と公権力空間の間にあって，「前者を拠点として後者への回路を形成しようとする」（山口 2003: 18）討議空間のことである。ところで「公共空間」という用語には「公共」と「空間」にかかわって多様な説があり，一義的でないことに留意が必要である。たとえば誰もがアクセスできる街路，公園，広場を「公共空間」として，そのあり方がグローバリゼーション下でどのように変容したかを論じる原口（2005）；スミス（2003）や，公民館や図書館等の活動にともなって生じる市民の討議空間を「公共空間」とする佐藤（2018）などがある。

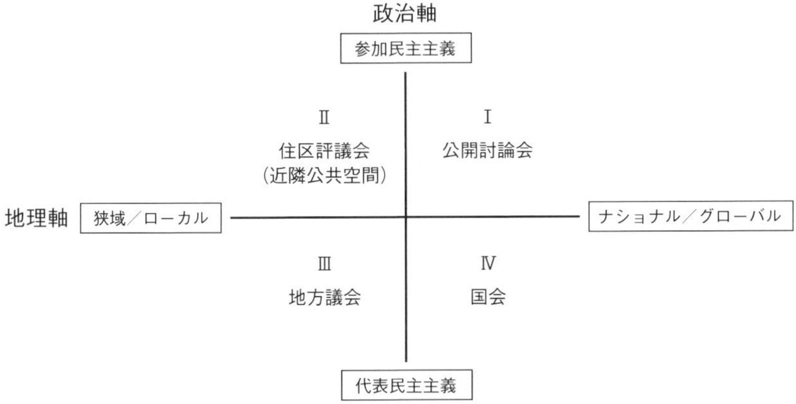

図 8-1　公共空間の地理的次元と政治的次元（出所：筆者作成）

の経済民主化に向かおうとするなら，国際規模の公共空間を構築しなければならないと指摘する。それがオルター・グローバリゼーションの運動であるが，この公共空間はネットワークによる組織化とフォーラムによる討議で成立する。したがって空間を構成するのは自律的個人のゆるやかな結びつきであり，その運営ルールは参加民主主義によって組み立てられた代表制になるという。こうして国際規模の公共空間も，今日的価値規範に裏打ちされた新しい存在様式で機能することが確認される。ただしそうした高度な民主主義的訓練も，土台になるのは身近な生活レベルでの民主主義である。

以上のことから，リール市の参加民主主義が近隣公共空間を活性化させ，ESS の発展を支えているかどうかを考察する視点は，第一に近隣公共空間が保育や介護等のニーズを顕在化させ，実際のサービスを構築しているか，第二に近隣公共空間において様々なステーク・ホルダーたちが交流と調整を行なっているか，第三に近隣公共空間において市民の民主主義力量が発達しており，「新しい豊かさ」にかかわる今日的価値規範が共通善《ビヤン・コマン》として共同構築されているか，ということになろう。このうち第一の点については，すでに他の章が，また第二についても第 4 章が多様な活動状況を明らかにしている。したがって本章では第三の視点を中心に考察を深めることにしたい。

以下ではまず第 2 節においてフランスの地方分権改革と参加民主主義制度の成立過程を整理し，そこにおけるリール市の位置を把握する。リール市の参加民主主義の特性はフランス全体の制度を背景にした時に，より把握できると考えるからである。第3節では，私たちの調査結果にもとづいて，リール市の参加民主主義の制度内容と活動事例を紹介する。フランスの参加民主主義制度が，日本ではあまり知られていないため，できるだけ具体的に述べるようにしたい。その上で，上記第三の分析視角にもとづいて評価を行う。第4節では，近隣公共空間を活性化するリール市の参加民主主義の要点について考察する。最後に第5節においては，若干のまとめと今後の課題を述べる。

2 フランスの地方分権過程とリール市

2-1 地方分権改革と参加民主主義

フランスでは地方分権改革の中で地域民主主義の制度体系が構築され，そのなかに参加民主主義が位置づけられてきた。周知のように，ナポレオン以来の中央集権国家を自認してきたフランスでは，1970年代まで地方行政の自治性は重視されていなかった。たとえば国が中央官僚である地方長官（プレフェ）を県に派遣し（官選県知事制），その知事がコミューン行政に対して事前の後見監督を行うなどである。そのためコミューンの事業は予算段階で地方長官の適法性審査を受けねばならず，自治権もさることながら行政効率の悪さは相当なものであった。そうした旧制度を廃して，県議会の長を県知事に，州を地方自治体に格付けしたのが1982年の地方分権法[8]である。そして翌1983年には地方へ権限と財源を移譲する権限移譲法[9]が成立した。

しかしこの段階では地方公共団体としての自治度を高めたものの，参加民主主義までは着手されていない。1992年の地方行政指針法[10]において初めてそれが明文化され，同法第10条は次のように述べた。「コミューンにかかわる諸問題について

8）正式名は「コミューン，県および州の権利と自由に関する1982年3月2日の法律第82-213号。Loi n° 82-213 du 2 mars 1982 relative aux droits et libertés des communes, des départements et des régions」。通称「ドフェール法」と呼ばれている。

9）正式名は「コミューン，県，州及び国の権限配分に関する1983年1月7日の法律及び同年7月22日の法律第838号。Loi n° 83-8 du 7 janvier 1983 relative à la répartition de compétences entre les communes, les départements, les régions et l'Etat」。

10）正式名は「共和国の地域行政に関する1992年2月6日基本指針の法律第92-125号。Loi n° 92-125 du 6 février 1992 relative à l'administration territoriale de la République」。

情報を知り，決定に意見を求められるのは住民の権利であり，自治体行政の自由と不可分に結びついた地域民主主義の１つの原理である」。ここから「施策の透明性原理」として情報公開制度が，また「参加原理」として住民投票制度が導かれた。ただしこの時点での住民投票はまだ諮問型であり，決定型となるには後述の憲法改正まで待たなければならなかった。

いずれにしても，その後，1995 年のバルニエ法[11]，2000 年の都市連帯刷新法[12]などにおいて参加民主主義制度が拡充され，一連の改革基本図に最後のワンピースをはめ込んだのが 2002 年の近隣民主主義法であった（図 8-2 参照）。ちなみに，日本の地方自治制度は「団体自治」と「住民自治」を柱にするが，図 8-2 が示すのもまさにそうした構造としてみることができよう。つまり地域民主主義（＝地方自治）が自治体行政の自由（＝団体自治）と参加民主主義（＝住民自治）を柱に成立しているわけで，参加民主主義を住民により身近な生活空間で具体化したのが住区評議会制度ということになる。

こうして 1982 年から 20 年を費やしてできあがった地方分権の枠組に，最高法規による正統性をあたえ，内容的にも深化させたのが 2003 年の憲法改正[13]であった。すなわち，共和国の基本理念を示す第１条に「共和国は地方分権化された組織である」という一文を加えたこと，州を憲法上の位置に格上げしたこと，自治体行政について「補完性の原則」をうたったこと，財政自主権を強化したこと，住民の請願権・住民投票による決定を明文化したこと等の全 12 条である[14]。

しかしながら，なぜ図 8-2 の基本構図ができるまでに 20 年をも要したのだろうか，また，なぜ冒頭に述べたように 2002 年近隣民主主義法は，住区評議会の名称・構

11）正式名は「環境保護の強化に関する 1995 年 2 月 2 日の法律第 95-101 号。Loi n° 95-101 du 2 février 1995 relative au renforcement de la protection de l'environnement」。その時の環境相の名前をとってバルニエ法とも呼ばれる。たとえば TGV 整備計画のような大規模な事業に対し，構想段階において誰でも参加できる公開討論を制度化した。

12）正式名は「都市の連帯と刷新に関する 2000 年 12 月 13 日の法律第 2000-1208 号。Loi n° 2000-1208 du 13 décembre 2000 relative à la solidarité et au renouvellement urbains」。都市開発計画の策定段階で住民との事前協議を義務づけた。

13）憲法院 HP の文書を参照のこと。*Texte intégral de la Constitution du 4 octobre 1958 en vigueur* 〈http://www.conseil-constitutionnel.fr/conseil-constitutionnel/francais/la-constitution/la-constitution-du-4-octobre-1958/texte-integral-de-la-constitution-du-4-octobre-1958-en-vigueur.5074.html（最終閲覧日：2018 年 6 月 8 日）〉

14）詳しくは（門 2003；自治体国際化協会 2003; 2007）を参照されたい。

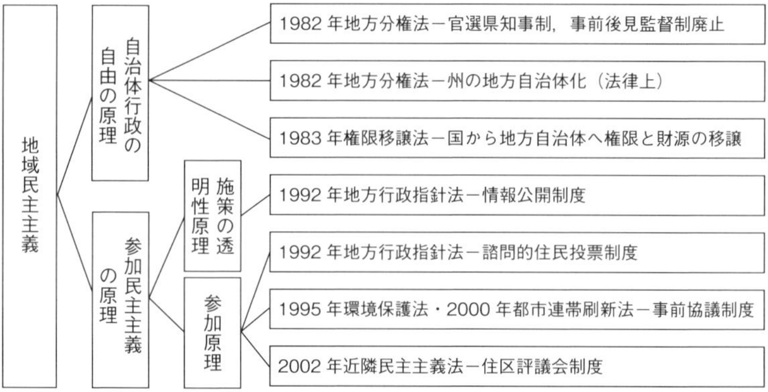

図 8-2　地域民主主義をめざす地方分権改革の基本構図（出所：筆者作成）

成・活動様式について当該コミューンに一任したのだろうか。これらの問いかけの中から，実はリール市の位置と特性が浮かび上がってくる。

2-2　参加民主主義の深化をめぐる政治過程

表 8-1 に示したように，1981 年から 2002 年にかけて，フランスの地方分権改革が進んだ時期の国政は，コアビタシオン[15]をふくめて社会党・左派陣営が主に担っていた。出発点となった 1982 年の地方分権法を用意した主要人物は次のとおりである。大統領がフランソワ・ミッテラン（社会党），首相がピエール・モーロワ（社会党），内相兼地方分権担当大臣がガストン・ドフェール（社会党）である。このうち，モーロワはリール市長を，ドフェールはマルセイユ市長を兼職[16]していた。しかも閣僚の大部分が「リールおよびノール地方の県議会議員経験者」であったため，地方分権の「立法化を迅速に進め得た」といわれている（久邇 2004: 157）。ある意味では，地方の有力政治家が国政の場で自ら地方分権を進めたともいえる構図である。ところが中田（2015: 67-68）によると，このフランス特有の公職兼任が一方で参加民主主義制度の阻害要因になったという。

すなわち，国会の 90％以上を占めていた兼職議員[17]にとって，国の権限を地方に委譲することは，地方議員としての自分の基盤を強化することになるため，民主

15）コアビタシオン cohabitation は同棲の意。フランスで，大統領が，異なる党派に属する首相を指名することで，保革共存で政権運営にあたる体制をいう。

表 8-1　1980 年代から 2007 年までのフランス政権（出所：筆者作成）

注：※印はコアビタシオン内閣

大統領	首相
フランソワ・ミッテラン（社会党） 1981–1988 年	ピエール・モーロワ（社会党） 1981–1984 年
	ローラン・ファビウス（社会党） 1984–1986 年
	ジャック・シラク（共和国連合）※ 1986–1988 年
フランソワ・ミッテラン（社会党） 1988–1995 年	ミシェル・ロカール（社会党） 1988–1991 年
	エディット・クレッソン（社会党） 1991–1992 年
	ピエール・ベレゴヴォワ（社会党） 1992–1993 年
	エドアール・バラデュール（共和国連合）※ 1993–1995 年
ジャック・シラク（共和国連合） 1995–2002 年	アラン・ジュペ（共和国連合） 1995–1997 年
	リオネル・ジョスパン（社会党）※ 1997–2002 年
ジャック・シラク（共和国連合） 2002–2007 年	ジャン=ピエール・ラファラン（国民運動連合） 2002–2005 年
	ドミニク・ド・ビルパン（国民運動連合） 2005–2007 年

主義の名分と自益が一致して賛同しやすい。しかし国なり地方の議会権限に市民を参加させる制度は，議員としての自分の基盤を弱めることになるため，代表民主主

16）こうした地方議員と国会議員の兼職について，久邇（2010）は，「公職の兼任がフランスの政治的慣習であった」といい，政治ジャーナリストのピエール・ビアンソン=ポンテの「非常にまれな例外を除いて，上院議員になるためには，県会議員でなければならず，県会議員になるためには，市町村長でなければならない。下院議員になるためには，必須条件ではないが，市町村長または県議員になっていた方が有利である」という言葉を伝えている。ただし在日フランス大使館 HP によると，2017 年の総選挙から兼職禁止の範囲が拡大され，国民議会議員は市長，区長，市長代理，助役，州議会・県議会の議長・副議長，独自税源を有する市町村間協力公施設法人（EPCI）議会の議長・副議長を兼職できなくなった〈https://jp.ambafrance.org/article11518（最終閲覧日：2018 年 5 月 8 日）〉。

17）国民議会での兼職比率は 1993 年が 93%，1997 年が 92% であった（久邇 2004: 152）。

義の正統性を唱えて抵抗するのである。加えて1970年代までの住民運動は，問題ごとのアソシアシオンや住区に組織した住区委員会 comité de quartier を交渉窓口として，コミューン当局に異議申し立てを行う性格が強かった。代表例としてグルノーブル市周辺のGAM[18]（基礎自治体活動グループ）があるが，そうしたところでも参加が進むことへの疑念は大きかったという[19]。こうして1982年の改革では，国政の場でも地域の場でも機が熟さず，参加民主主義の制度は棚上げされることになったのである。

ところがその後の20年間で，各地の市民参加は多様な形で広がり出す。中田（2015: 71–73）によると，住民運動は異議申し立てにとどまらず政策過程への参画をめざすようになり，またコミューン当局も，「社会的紛争を処理するための経営技術」として住民運動を「包摂」するようになったという。どちらの側にも，そうする方が政策実現にとって効率的だと思えたからである。こうして参加民主主義の法制化への地ならしが進み，2002年近隣民主主義法が成立した時の政権は，大統領がジャック・シラク（共和国連合），首相がリオネル・ジョスパン（社会党）というコアビタシオンであった（表8-1参照）。

ジョスパン内閣は，まず1999年に超党派の「地方分権化の将来に関する委員会」を設置し，元首相のピエール・モーロワを委員長に任命した。このモーロワ委員会が2000年7月に世論調査を行い，同年11月の報告書に住区評議会の設置を提案したのである。後にモーロワ自身が回顧したように，この提案はリールモデルの都市内分権を全国に広げようとするものであった（中田 2015: 101）[20]。しかし人口2万人以上のコミューンを対象に，法案として国会に提出されると，二つの方向から異論が相次いだ。一つはそもそも住区評議会の必要を認めないとする代表民主主義至上の議論，もう一つは参加民主主義の深化という目的には賛成するが，リールモデルの方法論に賛成できないという議論である。後者には，パリ，マルセイユ，リヨン，グルノーブルを拠点にするCARNACQ[21]（住民団体と住区委員会の全国連絡協

18）正式にはGroupe d'Action Municipale。

19）労働運動における「労資協調」に対する批判と同様に，住民運動においてもコミューン当局と協同することに対して「取り込まれる」という批判があった。また市民意識の中には，「参加」することによって用事が増えるという警戒心も強かった。

20）モーロワは委員会報告書を提出した直後の雑誌インタビューにおいて，住区評議会制の全国化に関して「私はリール市で（…）市長職にあった30年間の大部分を住区への分権化に費やしてきただけに，確信をもってこれを語っているのです」と答えている。

議会）による批判も含まれている。こうして，法案は同制度の義務化対象を8万人以上に引き上げ，住区評議会の名称・構成・活動様式はコミューン議会に一任することになった。

2-3　フランスにおけるリール市の政治的位置

上述した経過のなかで二つの点が注目される。第一に，リール市長のピエール・モーロワが地方分権と参加民主主義の法制化に主導的役割を果たしたことである。これをもっぱら個人の力量として捉えるのでは不十分だろう。根底には，リール市を社会党・左派陣営の全国的な拠点にしてきた歴史的な「地域パワー」がある[22)]。リール市では，フランスに政党が生まれだした頃の1881年から，今日（2018年）にいたるまでの138年間のうち，125年にわたって社会党・左派陣営の市長が市政を担ってきた。非左派は，第二次大戦中のナチス支配期におけるヴィシー派と戦後すぐのドゴール派だけである。そうした労働者・都市中間層・知識人を中心にした「地域パワー」が有力政治家と連携して，労働者的政策を国政レベルで多く実現してきた。そのことが全国におけるリール市の政治的位置を高めているのである。

第二に，2002年近隣民主主義法で焦点となったリールモデルの都市内分権が，各地で行われていた市民参加モデルに比べて独自色が強かったということである。当時の多数派モデルは，住区委員会などの住民団体がコミューン当局と交渉・調整する方式を土台にしていた。理由の大部分は，市民イニシアティブとコミューン当局の距離感にある。ところがリール市では，上述したような政治環境のもとで，市民イニシアティブとコミューン当局が協働関係をつくっている。そのため，様々な利害調整に関して話し合いで解決できる条件を備え，かつそうした経験を蓄積していた。それゆえに1970年代から「都市内分権」として住区評議会を構想できたのである。これは一方の勢力が他方を取り込む関係となりがちな「協調路線」とも，一見戦闘的な「対決路線」とも異なる，「水平の協働関係」である。代表民主主義と参加

21）正式にはCARrefour National des Associations d'habitants et Comités de Quartiers。

22）久邇（2004: 168）は「市長職の中でも，特にリヨン，マルセイユ，リールなど大都市の市長は，国家レベルで知名度が高く，彼らはスーパー名望家supernotablesと呼ばれる」と紹介している。しかし首都であるパリ市を除いて人口規模でいうなら，マルセイユ市約81万人，リヨン市約45万人に次ぐのは，トゥールーズ市約40万人，ニース市約35万人，ナント市約28万人などであり，リール市の約11万人は12位にすぎない（1999年国勢調査）。つまりリール市長職の知名度を全国ベスト3にまで高めたのは，人口規模というより，政治的な特色や実績にあると考えるべきだろう。

民主主義をバランスさせる上でも，市民の主体性と行政の専門性を結合する上でも，こうした協働関係は重要な意味をもっているといえよう。

以上，リール市の参加民主主義を理解するために，その背景について確認してきた。次にリール市の参加民主主義制度そのものについて紹介したい。

3 リール市の参加民主主義制度

3-1 全体的構図

リール市の参加民主主義制度の特徴は，都市住民が自分の住区または都市全体にかかわる整備計画に，意見を述べることができる点にある。政治の民主化として位置づけられている。発言の場は諸種の評議会であり，基軸となる地域別の「住区評議会」の他に，年齢階層別の「子ども評議会 Conseil municipal d'enfants」・「リール青年評議会 Conseil lillois de la jeunesse」・「リール高齢者評議会 Conseil lillois des aînés」，様々なアソシアシオンや団体を糾合する「コミューン団体評議会 Conseil communal de concertation」，そしてリール市に選挙権をもたない住民の「外国人評議会 Conseil des résidents étrangers」という六つの組織がある。つまり住区評議会をタテ糸とすれば，分野別の評議会がヨコ糸となり，市域全体をカバーする参加民主主義のネットが編み上がる構図である（図 8-3 参照）。これらの中でも，子ども評議会は参加民主主義の初等教育的要素が，青年評議会はインターン・シップ的要素が強くみられる。そうした点で，リール市の参加民主主義は現実の課題に多角的・多層的・実効的に対応する機能とともに，担い手育成機能を重視した設計といえよう。

上記の評議会は市の予算で運営され，12 人の市職員が事務局業務を担っている[23]。なお，フランスの自治体では，管理職以外の職員は自分が希望する場合を除いて職場異動しない。参加民主主義の事務局業務は，マニュアル化された機械的処理になじまず，住民や地域アクターとの継続的関係が必要になる領域であり，日本の自治体に多い 3 ～ 5 年周期の異動システムよりも自治力向上に適合していると思われる。

ところでこうした参加民主主義を新しく導入する場合，必ず議論になるのが既存の市議会との権限関係である。日本の市議会は住民投票に政策決定権を与えることに反対することがほとんどであるが，フランスでも代表民主主義の正統性にこだわり，

23）職員数については 2015 年時点のデータである。

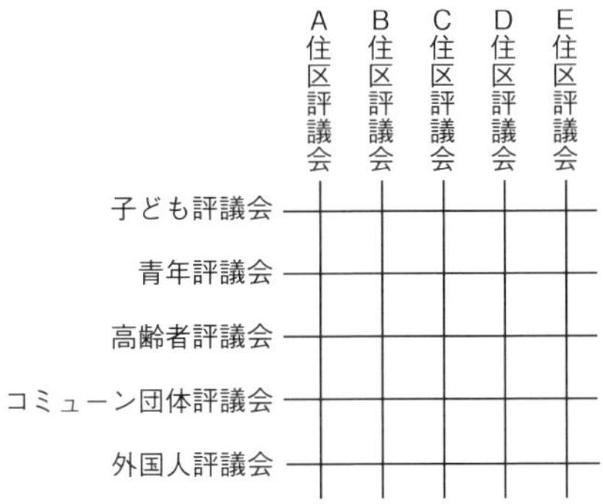

図 8-3　リール市の市民参加制度の構図（出所：筆者作成）

参加民主主義を補完的な役割にとどめようとする傾向が強い。また評議会のような機関については，メンバー構成が地域母集団の社会的属性を正しく反映できるのか，選出過程が透明・公正かといったことが問われるのが通例である。そうした点にも留意しつつ，以下，具体的に各評議会の制度と活動を見ていくことにしよう[24)]。

3-2　住区評議会

a）構　　成

リール市には約 2 万人を目安にした人口規模と歴史にもとづく 10 の住区[25)]があり，それぞれに市役所の支所と住区評議会が置かれている（図 8-4 参照）。評議会は議長と評議員によって構成されるが，議長に就くのは市長が任命した市議会議員[26)]である。そのことに加え，評議員の任命も市議会によって行われるところに，参加民主主義に対する代表民主主義の優位が示されている。評議員の定数は全住区で一律 30 人である[27)]。任期は再任可能な 3 年で，市議会の任期終了とともに任期切れになる。また評議員の身分はリール市の無償協同者 collaborateur bénévole であり，下記三つのカテゴリーから規定の人数が選出される。

24）各評議会の記述は 2015 年調査の情報を基本にしているが，本章執筆時点（2018 年 5 月）で変更が確認された数字，人名，制度の仕組等については更新している。

25）この 10 区以外に，リール市とコミューン連合を組んでいるエレム町（フィーヴの東側）とロム町（ボワ・ブランの西側）が，11 番目，12 番目の住区のように活動している。

26）ボワ・ブラン以外の住区は助役が議長に就いている。

図 8-4　リール市の住区と人口（出所：筆者作成）

注：カッコ内の人口は 2015 年の概数。

・ボランティアの市民 citoyens volontaires（15 人）：コミュニティ活動に参加しているアソシアシオンや団体のメンバーを対象にした区分で，応募または住区評議会議長が指名したリスト（16 才以上[28]）から任命する。なおここでいう「市民」には，リール市以外に居住しつつリール市で社会的または非営利の専門的活動を行なっている人が含まれる。

・市議会政治会派代表 représentants des groupes politiques（5 人）：市議会に占める政治会派の議席割合に応じて，会派代表の議員を選任する。

・抽選住民 habitants tirés au sort（10 人）：リール市の選挙人名簿（18 才以上）から無作為抽出する。ただしマーストリヒト条約によって，EU 加盟国の国民は EU 内のどこに居住していても地方議会の選挙権をもつため，この区分から抽出される住民はフランス国籍に限らない。

27）2017 年までは，住区の人口規模に応じて 24 ～ 39 人までの幅があったが，合計の定員数 300 は変わっていない。そのため 2018 年から，人口最小のボワ・ブラン住区がおよそ 230 人に 1 人の評議員であるのに対して，人口最多のリール・サントル住区ではおよそ 920 人に 1 人の評議員というように，比率差が拡大している。

28）2017 年までは 18 才以上であった。年齢の引き下げは，民主主義の担い手育成の意味とともに，失業等における特に若年層の深刻さを反映させたものと思われる。

私たちが訪問した2015年時点においては，上記カテゴリー枠の定数は1：1：1の比率であった。この場合，住区評議会に占める市民比率は66.6％である。ところが2017年の市議会決議で3：1：2へと改定されたことで，2018年以降の市民比率は83.3％に上昇した。ここに，代表民主主義に対して参加民主主義の実質をバランスさせようとする意思を見てとれる。また評議員の3分の1を無作為抽出にしているのは，できるだけ地域の姿を映したミニ・パブリクスに近づけようとしたものであろう。さらに，「住区評議会内規（以下，「内規」）」[29]では，評議員構成における男女比の平等性や住区内の地理的分布の均等性について定める（第2条）など，参加民主主義の基礎的機関にふさわしく構成上の公平性に留意されている。

b）役割と活動

住区評議会は年に2回以上の公開会議を開く（たとえば2015年のリール・サントル住区であれば7回の会議が開かれている）。そこでは，「内規」第5条に基づき，下記事項について話し合い，議事録提出の形で意見表明する。

- 当該住区に関するリール市議会の決議案。
- 当該住区でのみ活動するアソシアシオン（活動分野を問わず）への助成金割当案。
- 当該住区でのみ活動する組織等の，市に対する代表者の指名案。
- 当該住区の全域または一部にかかわる公的調査計画案。
- 市の土地利用計画もしくは施設整備計画が当該住区の全域または一部にかかわっている時，その計画の立案・見直し・修正案。
- 当該住区の全域または一部に予定されている改良活動計画案。
- 当該住区支所の予算配分と活用（例：学校施設の修繕，アソシアシオン等への助成，住区独自のプロジェクト）。

文字にすると以上だが，これだけではイメージしにくいかもしれない。そこでリール市が発行する住区評議会の活動便覧集（2014～16年）[30]からフィーヴ住区の具体例を紹介しよう。フィーヴは図8-4にあるようにリール市の東端に位置し，かつて繊維，鉄鋼，機械の工場と労働者の街であった。産業衰退後は官民の再生活動

29）参考しているのは2014年版である。

が活発に行われ，最近では住宅地として人気が上昇してきた。人口は約2万人で，その半数が30才未満である。また貧困層が半数を占める地区でもある。住区評議会の議長は，リール市第24助役のセバスチャン・デュエムが務めている。評議会には三つのワークショップがあり，「イベント・団体活動推進・文化・歴史遺産」「健康・連帯・環境・教育」「住区および公共空間の質改善」というテーマに分かれている。2015年の団体助成は，9団体に合計1万6780ユーロ支出された。内訳はロジャー・サレンゴ・ソーシャルセンター[31]以外，キッズ・ストリート・イベント[32]をはじめ，8件ともイベントないしフェスティバル系である。

市の計画に対する住区評議会の意見表明は5点に集約される。第一がフィーヴを輝かせ，印象をよくするために活動しているアソシアシオンへの助成金について，第二が住区の土地・建物をリール市が購入・売却・移転・再投資する事業について，第三が都市再開発における土地台帳の小区画廃止について，第四が道路・照明・建築などの都市再開発計画について，第五が共用庭園・広場・施設・道路など公共スペースの場所や名前の変更について，といったようである。

住区の独自プロジェクトは2つ実施されている。一つは「健康・連帯・環境・教育」のワークショップが担当した共用庭園プロジェクトである。これはロンポ通りのフレミークルベ庭園に緑の生活空間を増やす取り組みで，多くのベンチ，子どもの遊具を設置したことからファミリー層に喜ばれた。同時にここは，高齢者，若者，ソーシャルセンターの利用者が交流する空間になっている。二つ目は伝統の「フィーヴ祭」（6月）を現代風に復活させるプロジェクトである。たとえば旧工場の労働者を模した巨大人形の山車がアフリカのパーカッションのリズムとともに練り歩いたり，大道芸や音楽イベントなどが街中で繰り広げられたりした。これは土地の

30）Ville de Lille. *Mémento-bilan 2014–2016 des conseils de quartier* 〈https://www.lille.fr/Participer/La-democratie-participative/Conseils-de-quartier/Conseils-de-quartier-bilan-2014-2016（最終閲覧日：2018年6月9日）〉

31）子ども，青少年，大人のための活動とサービスを提供する。4才から16才までの託児サービス，障害者スポーツ，青年のための文化活動，職業訓練，近隣の食事会など，その活動は多彩である。

32）子ども評議会やアソシアシオンが共同して行うキッズ・ストリートのイベント。住区の一街路を「歩行者天国」状態にして，子どもから老人までがゲームをしたり，パブリック空間で子どもの意見を聞いたりして，様々なワークショップが行われる。子どもと両親・家族・近隣の人びとが親しみの時間を共有する。2015年，2016年は10月に行われた。

記憶である製造業とそこに労働者として迎えたアフリカ系移民の文化を融合させた，新しいアイデンティティづくりを意図したものであろう。助成金を受けたイベント系アソシアシオンの多くは，こうしたプロジェクトを担っている。

3-3　分野別評議会

a）子ども評議会

子ども評議会は1999年に創設された。9～12才までの170人で構成され，任期は2年間である。選出は学校と地区の福祉センターを単位に行われ，各住区に分かれて活動する。リール市の政策について子どもとしての意見を発表したり，リサイクルのキャンペーン活動や世代間交流として施設の高齢者とくじ引きゲームをしたりする。「全国子ども・青年評議会（ANACEJ：Association Nationale des Conseils d'Enfants et de Jeunes）」というネットワークに加わり，フランス各地の若者と会議，交流ができるようにしている。またフランスで有名な，食料品を配給する公益事業アソシアシオンの「心のレストラン Les Restos du Cœur」と協力して，マーケットに来たお客に食料品を少し分けてもらう活動もしている。また2011年からは，セネガルのサン・ルイ市子ども評議会と姉妹提携し，交流を始めた。

b）リール青年評議会

青年評議会は2009年に設立され，16才から25才までの在住・在勤・在学の青年で構成されている。人数に制限はなく（2015年は60人），任期は2年である。任務はまちづくりについてプロジェクトを起ち上げ，市長や市議会に青年層の意見を提出することである。彼ら／彼女らは9月から翌年6月までワーキンググループに分かれて活動するが，そのテーマは柔軟に設定される。会合は二週毎の18時から開かれる。その上で3ヶ月毎の総会で，全体としての活動や運営について情報共有と意見交換を行う。また，子供評議会と同様，全国子ども・青年評議会を通じた交流も行う。プロジェクト例は以下のようである。

・フィーヴ住区の緑地再生協議（2013～14年）：放置されていた緑地を再生するために，青年が住民にいくつかの原案を示して討論を行なった。
・賢い消費者を育てる活動：品質や包装など，エコロジカルな食品開発と消費を推奨するために，旧貨物駅舎をリノベーションしたサン・ソヴール文化センターで模擬店舗を運営した。

・持続可能な発展についての映画と討論（2013年）：「海の危機」を上映して環境問題の討論会を行なった。討論者はリール市外から招いた専門家である。
・誰でも文化にアクセスできる活動：文化から遠ざけられている人たちを対象に，メトロの駅を利用してダンスなど文化行事を行なった。

c）リール高齢者評議会

高齢者評議会は2010年に創設された。60才以上の退職もしくは在職の60人で構成している。任期は3年で，希望により一回の再任ができる。テーマ別の三つの委員会とワーキンググループに分かれ，毎月会合する。総合的な文化活動や高齢者向けの交通案内などに取り組んだ。

d）コミューン団体評議会

コミューン団体評議会[33]は1996年に創設された。アソシアシオンや団体・機関の評議会であり，プロジェクトは起ち上げない。全部で182の議席が以下のように配分されている。

・114議席：リール市・エレム町・ロム町に本部を置くか活動しているアソシアシオンまたは団体。
・32議席：商工会議所・労働組合・大学・病院などの法人組織。
・36議席：リール市・エレム町・ロム町のソーシャルセンターと参加機関（リール外国人評議会，リール住区評議会，リール青年評議会，リール高齢者評議会，ロム住区委員会，エレム住区評議会）。

当評議会には5つの常設委員会があり，テーマ別に意見をとりまとめる。たとえば，安全で静かな夜の生活を送れるように騒音をなくすこと，反EU主義を防ぐためにどうするか，世代間交流ができる参画型住宅開発などの意見が提出される。各委員会のテーマは以下のとおりである。

33）Conseil communal de concertationは直訳すると「コミューン協議評議会」だが，諸種の団体が対象であることを強調するために，ここでは「コミューン団体評議会」とした。

・経済活動委員会：商業，手工業，工業，サービス業の幅広い課題を扱う。
・対外関係と輝き委員会：EU 統合との関わりや地域内の多文化問題を討議。
・社会政策，生活環境と公共サービス委員会：地域の連帯と紐帯の問題を検討する。
・設備とインフラ委員会：都市計画，交通手段，地域計画などに取り組む。
・文化とスポーツ活動委員会：文化・スポーツに関連するあらゆるテーマを討論。

e）外国人評議会

外国人評議会は 2010 年に創設され，EU を除く各国から来たリール市，エレム町，ロム町に居住する外国人が参画する。メンバーは 80 人で，任期は 3 年，選挙権がないことをカバーするための機関である。個人およびアソシアシオンが参画する。外国人住民の地域生活を向上させるために，「市民」，「日常生活」，「文化・コミュニケーション・スポーツ」という 3 つの委員会がある。出身地の地理的区分は，サハラ以南のアフリカ／マグレブ・中近東／アジア・コーカサス／ EU 以外の欧州／太平洋および米州・カリブ海，となっている。活動例としては，外国人がリールに来たときの行政手続き案内，移民の高齢化に対処する問題，市議会に対する外国人選挙権の問題などに取り組んだ。

以上，リール市の参加民主主義について，制度と活動のあらましを紹介してきた。大きな特徴は，コミューン団体評議会を除き，どの評議会にも「情報」と「権限」と「実践」が備わっていることである。重要なのは，それによって，参加民主主義の活動がマネジメントにいう PDCA（Plan-Do-Check-Act）サイクルを実行できることである。各評議会の討議・決定・実践のサイクルは，事業を持続的に発展させるだけでなく，学習の効果を通じて，参加した市民の民主主義に対する理解の深化や実践能力も成長させうる。本章の主な視点として，近隣公共空間における市民の民主主義を支える力の発達と今日的価値規範の共同構築をあげたが，少なくとも民主主義力量の発達については，それを推進する仕組みとして参加民主主義のための制度を位置づけることが可能である。

それでは今日的価値規範の共同構築に関してはどうだろうか。次節ではリール市の参加民主主義を機能させている要点をとりあげる。その中で「新しい豊かさ」にかかわる今日的価値規範が共通善《ビヤン・コマン》として共同構築されていることが鮮明になるはずである。

4 近隣公共空間を活性化する参加民主主義の要点

4-1 人の結びつきの上に築く

リール市では各住区や分野別の評議会が，様々なイベントを活発に行なって，市民同士の親睦を深め，価値観の共有を広げようとしている。そのことの民主主義上の意味を確認しておきたい。アリストテレスは，古代ギリシャのポリス（都市国家）の適正人口について，「一目でよく見渡しうる数の範囲内」という要件をあげた。理由は市民が「お互いにどのような性質のものであるかということを知り合っていなければならない」ことにある（アリストテレス：287）。つまり，統治する者と統治される者が適切に入れ替わるような善きシステムのためには主体者である市民の相互理解が欠かせず，そして相互理解のためには見えることが欠かせないというのである。

この考えに従えば，現代の参加民主主義においてもまた，市民の相互理解は欠かせない要件であるといえる。互いに結びつかず一個の原子のように存在している人間がどれだけ「参加」しても，参加民主主義は真の効果を発揮できない。相互理解によって結びついた人間の関係性においてこそ，参加民主主義はその統治活動の質を高め，参加した人間の民主主義力量とコミュニティの機能を向上させられる。産業の衰退によって人々のつながりが崩れ，貧困層や移民の社会包摂が課題となったリール市においては，参加型イベントを通じて，共に汗を流し，共に楽しむ過程で，相互理解が進むことが期待されていると考えられる。それは，コミュニティ再構築活動であるとともに，参加民主主義の土台構築としての意味を有しているのである。

4-2 多様なアソシアシオンを土台にする

リール市は参加民主主義の土壌をいわば耕す存在としてアソシアシオンを重視し，二つの方策を講じている。一つはアソシアシオン自体の育成・支援プログラムである。2007 年からはエレム町，ロム町と連合して，新しくアソシアシオン・センター Maison des Associations を運営し始めた。支援内容は，会場の貸出，技術・情報提供，資金援助，法律・税務相談，ネットワーク支援などである。リール市は歴史的にアソシアシオン活動の活発な地域であるが，センターの登録団体数は 2017 年 6 月時点で 1,023 を数えた[34)]。活動テーマは，表 8-2 にみるとおり，文化，近隣連帯・

社会包摂，市民権・人道活動など，そのほとんどが地域生活を改善し，「新しい豊かさ」を築こうとする内容である。このように共通の地域的関心事に自由な意思で参加し，顔の見える関係のもとで民主的な運営を経験できるため，アソシアシオンは「民主主義の学校」[35] とみなされてきた。

もう一つの方策は，前節で紹介したように，アソシアシオンを公式な参加民主主義の制度に組み込むことである。その意義について，時代背景は違うが，トクヴィルが興味深い指摘をしている。すなわち1830年代前半のアメリカとフランスのアソシアシオンを比較した彼は，アメリカが討議型であるのに対しフランスは戦闘型であるとし，討議型は個人の意思と理性を活用するが，戦闘型は軍隊のように個人の自由意志を義性にすると指摘する。そして，こうした違いを生んだ最大の理由として，アメリカには普通選挙が存在することをあげた。トクヴィルによれば，普通選挙という変革手段と言論出版の自由があれば，アソシアシオンは討議型になれる

表 8-2　主なテーマ別登録団体数（2017 年）（出所：リール市 HP から筆者作成）

注：同一団体が複数のテーマに数えられるため，合計は 1023 を超える。

活動テーマ	団体数
文化	493
近隣連帯・社会包摂	265
市民権・人道活動	231
スポーツ	177
健康（介護支援）	134
レジャー	129
職業教育・訓練	95
持続可能な環境	81
社会連帯経済	24

34）リール市 HP〈https://www.lille.fr/Participer/S-engager-dans-la-vie-associative/L-annuaire-des-associations（2018 年 6 月 6 日最終閲覧）〉

35）次でも述べるが，フランス 7 月革命にも参加した社会思想家であり，判事，国会議員もつとめたアレクシ・ド・トクヴィルは民主主義の学校として地方自治，陪審，アソシアシオンを位置づけた（小山 2006）。なかでもアソシアシオンについてはアメリカのそれに感嘆し，『合衆国旅行記』では「人々は通商のために，また政治・文学・宗教への関心から，相互に共同（協同・団結・一致協力・連携・結社）する。人々が成功を求めるのは，上位の権威に頼ることによってではなく，個々人が力を合わせることに訴えることによってである」（小山 2006: 281）と，新鮮な驚きを表明している。

という（トクヴィル 2005；小山 2006）。もちろん今日のフランスにおいてそれらは自明の前提であり，ひるがえって，アソシアシオンは，参加民主主義機関の中で適切に位置づけられるならば，「民主主義の学校」としての機能を高めることになると考えられる[36]。

4-3　政治・経済・文化の民主化を一体的に進める

参加民主主義を構築する上で，最も悩ましいのが市民の主体的参加を高めることである。その点で効果が大きいのは，参加による「実益」と精神的充足感がともに得られるようにすることである。「実益」は自分の住む地域の再開発であったり，社会連帯経済（ESS）による財・サービスの供給であったりするので比較的みえやすい。しかし精神的充足感は，参加民主主義から得られるであろうもの，たとえば一般的権利を守ることや，人と結びつくことや，住区の自治やエコロジーに寄与することに対して，自分として価値を見出すか否かに関わってくる。いうなれば，地域社会がどれだけ民主主義的価値を共通善《ビヤン・コマン》として構築できているかが鍵となり，その実現はかなりハードルが高い。

そのためリール市では，行政および市民イニシアティブによる「新しい豊かさ」や民主主義的な地域づくりについての学習・発信・理論研究などが様々な場面を活用して行われている。これはものの見方・考え方という哲学にかかわる取り組みであり，その面で「文化の民主化」といえる。ラヴィル（2012）はESSを構成する次元として政治的次元と経済的次元を区別するが，さらにその中から本章の文化的次元を析出すれば，次のような3つの民主化の相関関係を浮き彫りにすることができる。すなわち，参加民主主義（＝政治の民主化）は近隣公共空間を活性化してESS（＝経済の民主化）の発展条件を高め，ESSは参加民主主義に近隣サービスのような「実益」を返す。そして連帯経済や「新しい豊かさ」にかかわる価値規範づくり（＝文化の民主化）は，前二者を可能にするとともに活動に関与する人々に対して精神的充足感を供する関係である。したがって，3つの民主化を一体化して取り組むことが相乗効果を高める方法になる。そうした実際例を次に紹介しよう。

36）パットナムもまた，アソシアシオンをソーシャル・キャピタルとして捉え，「民主主義がうまくいくための鍵となる重要な要素である」（パットナム 2001: 231）という。民主政がうまく機能するためには，互酬性の規範と市民的積極参加のネットワークが必要であり，それを体現しているのが水平型秩序のアソシアシオン（たとえばスポーツ・クラブ，協同組合，相互扶助協会，文化団体，自発的労組）であるとしている。

現在，フィーヴ住区にある旧フィーヴ・カイユ・バブコック Fives Cail Babcock（FCB）社の工場[37]をリノベーションする，25ha のグルメ市場プロジェクト[38]が進行している。フードコート（1,150m^2・20 店舗・350 席・イベント会場）／連帯キッチン（230m^2・調理設備・教育・レクリエーション活動・食による市民交流）／インキュベーター・キッチン（230m^2・食の ESS 的起業支援）／農業用温室（150 m^2・都市農業の経済モデル実習・教育活動）のほか，食料品の販売コーナー，手づくり農産物コーナー，屋内体育館などを備えたもので，2019 年 9 月開設予定である。プロジェクトの目的は地元の雇用創出および住民活動による地域の社会的結びつき形成などとなっており，EU の欧州地域開発基金「都市イノベーティブ・アクション」事業[39]にも認定されている。すでにこのエリアには 2016 年にオープンしたホテル経営者の養成学校があり，新たに 1,200 戸超の住居を建設して 3,000 人の住民をむかえる計画もある。

一見して分かるように，これは，社会的連帯とエコロジー的食文化をテーマにした，参加民主主義の一大実験プロジェクトであり，政治・経済・文化の民主化が一体化された姿になっている。

4-4　行政当局と市民イニシアティブが水平の協同関係を築く

第 2 節で述べたように，リール市ではコミューン当局と市民イニシアティブが水平の協同関係を築いている。通常，関係が水平であるためには行政側と市民側の双方に一定以上の力量が求められる。集中的な情報と権限を有し事業執行にも習熟した行政側が，あえて上位に立とうとしないためには，民主主義の育成という市民社会的価値を職員が共有し，参加民主主義の事務局としてアニメーター的専門性[40]を高めることが必要である。そして市民イニシアティブの側には，行政と太刀打ち

37）1861 年から 1997 年まで操業していた機械・鉄鋼・セメントの工場である。ここで 2,000 台の機関車，パリのオルセー駅舎の鉄骨構造，エッフェル塔のエレベーターなどが製造された。そのため，この工場はフィーヴ住民のアイデンティティとなっていた。

38）リール市 HP〈https://www.lille.fr/Actualites/Halle-Gourmande-manifestez-votre-interet（最終閲覧日：2018 年 6 月 6 日）〉

39）「都市イノベーティブ・アクション Urban Innovative Action」とは，衰退地域を抱えた都市において，まだ実験されていない革新的な方法で持続可能な発展に取り組む提案型事業のこと〈http://www.uia-initiative.eu/en/about-us/what-urban-innovative-actions（最終閲覧日：2018 年 6 月 5 日）〉。リール市は 11 のパートナーとともに，“Tast'in Fives” の事業名で応募し，2017 年に採択が決定された。

できるだけの政策力，交渉力，発信力，組織力が求められる。ここで発信力，組織力というのは，民主主義のもとでは多数者の賛同を得ることが力になるからである。特にそれは，議会選挙で多数を形成した党派が首長をはじめ自治体執行部の任に就く「議院内閣制」のような制度を採るフランスでは効力を発揮する。

たとえば，リール市の例ではないけれども，行政当局と市民イニシアティブの協同が実際に力を発揮した例を，2012 年の APES インタビュー[41]から紹介しよう。旧ノール=パ・ド・カレ州は ESS を育成する目的もあって，公共調達の入札条件に企業の公益性を加えていた。ところが EU は自由競争を規約にうたっているため，EU 委員会はノール=パ・ド・カレ州政府に対して競争原則に反するとして，是正を求めてきた。それが受け入れられないと，今度はフランス政府に対して訴訟を起こした。しかし州政府と市民イニシアティブは EU 規約が労働による社会包摂もうたっていることを根拠に反論し，結局，州側の勝訴となって，EU 規約が書き換えられた。これなどは市民イニシアティブに政策力，交渉力，発信力・組織力がなければ成功しえないものといえよう。

参加民主主義において行政当局と市民イニシアティブの水平的協同関係が大切になるのは，どちらかが優位に立つと，そこに「支配」が生まれるからである。非対称的関係のもとでは，民主主義は手続き上の形式に陥りやすい。一定の緊張を含むような水平関係でこそ切磋琢磨になることを，リール市の例は語っている。

5 まとめにかえて

ここまでの考察でたどり着いたのは，リール市の参加民主主義が近隣公共空間を活性化させ，そこにおける社会連帯経済（ESS）の発展条件を高めているという結論であった。活性化の要点は上に述べたとおりであるが，まとめると，人間の多様な結びつきをつくり，結びつきの中で人びとの民主主義力量を発展させ，その力で事業をなしとげる，ということになるだろう。リール市第 1 助役のピエール・ド・サンティニオン Pierre De Saintignon 氏は「ESS は人間を経済活動の中心に置くこ

40）フランス語のアニメ animer には「命を吹き込む」という意味があり，会議等を生き生きさせるコーディネート役をアニメーターと呼ぶ。有資格の専門職にもなっている。
41）インタビュー No.12：2012 年 8 月 29 日訪問。
42）インタビュー No.31：2016 年 3 月 19 日訪問。

とで，社会的問題の解決に取り組むことができる」[42]と改めて私たちに語ったが，そこに通じるように思われる。

本章はリール市の参加民主主義について，できるだけ具体的に伝えつつも，制度の形式的紹介に終わらないように，むしろポリシーとそれを生みだす背景の分析に力を傾けてきた。それも近隣公共空間の活性化にかかわっての視角にしぼってである。しかしリール市の事例は，参加民主主義論それ自体としての掘り下げにも，豊富な資料と視点を提供している。特に代議制民主主義と直接民主主義の関連性，諮問型の参加民主主義と自治型のそれとの対比，市民イニシアティブの形成と研究者の関わりなどは，興味深い知見をもたらすだろう。そこに挑戦するのが，次の課題になる。

【文　献】

アリストテレス著, 山本光雄訳 1969. 政治学. 山本光雄編, 山本光雄・村川堅太郎訳.『アリストテレス全集 15　政治学　経済学』1–413. 岩波書店.

池上洋通 2003.「平成の市町村合併」から地方制度改革へ―国策の展開と自治体の反応. 加茂利男編著『「構造改革」と自治体再編―平成の大合併・地方自治のゆくえ』70–71 自治体研究社.

岡田知弘 2006. 地域づくりと地域自治組織. 岡田知弘・石崎誠也編著『地域と自治体　第31集　地域自治組織と住民自治』22–25. 自治体研究社.

小山 勉 2006.『トクヴィル―民主主義の三つの学校』筑摩書房.

門 彬 2003. フランスの憲法改正―新たな地方分権改革法の制定.『調査と情報』425. 国立国会図書館.

久邇良子 2004.『フランスの地方制度改革―ミッテラン政権の試み』早稲田大学出版部.

久邇良子 2010. フランスの政治過程への女性参画―男女同数制導入の成果と限界.『日本政治學會年報政治學』61(2): 68–85.

佐藤一子 2018.『「学びの公共空間」としての公民館―九条俳句訴訟が問いかけるもの』岩波書店.

自治体国際化協会 2003. フランスの新たな地方分権　その 1.『クレア・レポート』28. 財団法人自治体国際化協会.

自治体国際化協会 2007. フランスの地方分権施策における国・地方の政治的イニシアチブ.『クレア・レポート』30. 財団法人自治体国際化協会.

スミス，N. 著, 原口剛訳 2014.『ジェントリフィケーションと報復都市―新たなる都市のフロンティア』ミネルヴァ書房. Smith, N. 1996. *The new urban frontier: Gentrification and the revanchist city*. New York: Routledge.

トクヴィル，A. 著，松本礼二訳 2005.『アメリカのデモクラシー　第一巻（下）』岩波書

店. Tocqueville, A. 1835. *La démocratie en Amérique.*

中田晋自 2015. 『市民社会を鍛える政治の模索—フランスの「近隣民主主義」と住区評議会制』 御茶の水書房.

西尾 勝 2007. 『行政学叢書 5　地方分権改革』 東京大学出版会.

原口 剛 2005. 公共空間の変容—ジェントリフィケーションから報復の都市へ.『現代思想』33(5): 142–155.

パットナム, R. D. 著, 河田潤一訳 2001. 『哲学する民主主義　伝統と改革の市民的構造』 NTT 出版. Putnam, R. D. 1993. *Making democracy work: Civic traditions in modern Italy.* Princeton, NJ: Princeton University Press.

フレッス, L. 2012. 連帯経済の政治的次元. ラヴィル, J.-L. 編, 北島健一ほか訳 2012. 『連帯経済—その国際的射程』240–271. 生活書院. Laville, J.-L. ed. 2007. *L'économie solidaire: Une perspective internationale.* Paris: Hachette Littératures.

森 裕亮 2018. 自治体内分権と地域自治. 金川幸司編著 2018. 『公共ガバナンス論—サードセクター・住民自治・コミュニティ』160–164. 晃洋書房.

山口 定 2003. 新しい公共性を求めて—状況・理念・基準. 山口 定ほか編 2003. 『新しい公共性　そのフロンティア』1–28. 有斐閣.

ラヴィル, J.-L. 編, 北島健一ほか訳　2012. 『連帯経済—その国際的射程』 生活書院. Laville, J.-L. ed. 2007. *L'économie solidaire: Une perspective internationale.* Paris: Hachette Littératures.

Morel, S. Proximité（Démocratie de）2004. In *Dictionnaire de science politique et sociale.* Eds. D. Alcaud et al., 276–279, Sirei. 〈https://www.acadie-cooperative.org/publications/txt245.pdf（最終閲覧日：2018 年 4 月 25 日）〉

ノール=パ・ド・カレ州における就業構造の変容と社会連帯経済

小川　亮・花木完爾

09

1　はじめに

フランス北部の旧ノール=パ・ド・カレ州 Nord-Pas-de-Calais（以下，NP 州と略称）[1] は，フランスの中でも人口が多く集積している地域である。18 世紀後半から州都のリールを中心とした都市圏域では繊維工業が栄え，また，リールの南方に位置する東西一帯はバサン・ミニエ bassin minier（炭鉱地域）と呼ばれ，石炭とその関連業（鉄鋼等）が勃興して国内外から多くの労働者を吸収した地域である。

図 9-1 は，1801 年からの NP 州の人口成長率を表す。二度の世界大戦の混乱期を除き，人口は安定的に成長してきたが，1960 年代頃から鈍り始め，1980 年代頃にはほぼ止まるまでに低下した。この背景として，この地域の繊維工業が国際競争で劣勢に立たされ衰退したこと，また，戦後に政府の管理下におかれた石炭業が，エネルギー革命によって斜陽化し，政府補助が打ち切られるなどリストラの対象となったことがあげられる。このように NP 州では，鉱業や製造業といった第二次産業の凋落ぶりが著しく，フランス本土の中でも失業率が非常に高い地域になった[2]。そのため，フランス政府や欧州連合 EU から産業構造転換政策の重点対象地域と位置づけられ，脱工業化の先進モデル地域のひとつとみなされている[3]。このような公

1）2016 年に旧ノール=パ・ド・カレ州と旧ピカルディ州が統合し，オー・ド・フランス州になった。本章は，中長期的な構造の推移に着目するため，旧ノール=パ・ド・カレ州を対象地域にする。

2）フランス共和国内務省地方自治体総局の報告書（Direction générale des collectivités locales 2015）によれば，NP 州の 2013 年の失業率は 12.8% であり，フランス本土の州のなかで 2 番目の高さである。

3）小田（2001）は，脱工業化が進むフランス北部地域の産業転換政策や地域開発を調査分析している。また，高橋・手塚（2000）は，リール大都市圏の人口や産業の地域構造が EU 統合を機に変わる姿を分析している。

図 9-1　NP 州の人口成長率（1801 ～ 2012 年）

（出所：INSEE, *Recensements de la population* を基に年幾何平均値を算出して筆者作成）

的部門による取組みの一方で，民間部門による公益的な取組みである社会連帯経済（ESS）セクターが活発な地域でもある。近年，ESS は環境や不平等，貧困といった現実の公益的課題に具体的な解答をもたらす，フランスの新しい経済システムとして紹介されている[4]。このように ESS の地域雇用への影響には期待が寄せられている[5]。

本章では，この地域の脱工業化や ESS の実態を定量的に把握することを目的とする。そのために NP 州およびその中の主要都市（コミューン単位）における就業構造の動態や失業情勢の推移，そして，ESS セクターの雇用動向について統計データを用いて分析する。本章の具体的な作業は，以下の三つになる。

第一に，産業と職種という二つの側面から地域や都市の就業構造の変遷についてデータで客観的にとらえる。脱工業化の定義・解釈では，産業構造上の単なるサービス経済化にとどまらず，知識・情報が製品・サービスの高付加価値化に大きな役割を果たすようになることにも着目される。この場合，サービス業だけでなく，い

4）たとえば，経済産業省（2015）を参照。

5）リールではビタミン T（従業員 3,000 人），SOS グループ（従業員 10,000 人），クレディ・コオペラティフ（従業員 2,000 人）のような大企業も ESS 企業として展開し，地域の雇用にも貢献している（フランス外務省 2013）。

わゆる「2.5次産業化」といった用語にも表れているように製造業の中のサービス化も脱工業化の広義的解釈に含まれる。このとき，高度な知識や情報の処理能力を必要とする職種の集積の具合が，地域や都市における広義の脱工業化の進捗度を測る上で手がかりとなりうる[6)]。幸い，フランスの国勢調査 recensement de la population で採用している「社会職業分類」は，職種分類という概念に相当すると考えられる[7)]。本章では，産業分類だけでなく職種（社会職業）分類からも就業構造の推移を分析することから，NP 州の脱工業化の姿を複眼的に明らかにしていきたい。

第二に，地域や都市の失業情勢がどのように推移したかについて明らかにする。脱工業化が進むとすれば，その恩恵は一部の産業や職種にとどまったのか，または，経済の連関を通じてほかの産業・職種にも広く波及したのかについては，学術的ならびに政策的に重要な関心といえる。本章では，NP 州および各主要都市における就業成長率と失業率との関係の変遷を観察することから，地域失業の情勢に関する特徴を浮き彫りにする。

第三に，民間部門における公益的な取組みである ESS セクターの活動が NP 州でどの程度盛んであるのかについて，関連する雇用データを用いて明らかにする。フランスでは，2014 年に社会連帯経済関連法が可決されたことによって ESS に関する統計整備が近年，進んでいる。本書のほかの章でもそうだが，フランスや NP 州の ESS 活動に対しては，これまでフィールドワークによる調査が中心であった。これに加えて，統計的アプローチからの実態把握も急がれており，本章では 2000 年代以降のデータをもとに分析を試みる。

本章の残りは以下の構成となる。第 2 節は，NP 州の脱工業化の実態を，産業および職種からみた就業構造の変化でとらえる。第 3 節は，就業・失業情勢についての地域的特徴を確かめる。第 4 節は，ESS の近年の状況を定量的に把握する。最後に第 5 節は本章のまとめとする。

2 就業構造の地域的変容

本節では，NP 州の地域・都市における脱工業化の姿を明らかにするために，就

6) 長尾（1996）は，わが国の製造業の脱工業化（1970 年代・1980 年代）を職種構造の変化に着目して分析している。

7) 杉森（1983; 1991）は，フランスの社会職業分類に関する考察をしている。

業数に関して産業と職種という二種類の層別データを用いて分析する。経済の脱工業化が進むことは，産業分類の面でみると，付加価値や就業数の比重が，製造業を中心とした第二次産業から金融サービスや対事業所・対個人サービスなどを含む第三次産業へと移る現象に一般的に解される。ただし，上述のように脱工業化がこのような産業構造の転換だけでとらえきれるほど単純なものではなく，各産業で付加価値を生み出す工程のなかで知識・情報・サービスの寄与する部分の重要性が高まっていることも脱工業化の広義に含まれるとすれば，たとえば製造業であっても脱工業化という現象がみられうる。これをとらえる手段として，職種分類の面から就業構造をみることがあげられる。たとえば，製造業では工場のラインで働くブルーカラー層から，本社や支所での管理・企画・研究開発部門などで働く，高度な専門的技術が要されるホワイトカラー層へと付加価値や就業数の比重が移ることが，広義の脱工業化の姿に合致すると考えられる。

本節が用いる具体的なアプローチとしては，就業数の産業別構成比および職種別構成比の推移について，地域間でどのような違いがあるかをみることになる。そこでは，その違いをより客観的にとらえるために特化係数という指標を用いる。これは，全国のある産業（またはある職種）のシェアに対する，ある地域の同一産業（または同一職種）のシェアの比にあたる。これが1を超えることは，地域における当該産業（当該職種）のシェアが全国のそれよりも大きいことになり，その地域が全国の平均の姿と比べて当該産業（当該職種）に特化していることを意味する。また，この値の推移をみれば，その地域が当該産業（当該職種）に特化している程度の変化が確かめられる。

以下では，まず産業別分析を行う。ここでは，単純な産業構造転換の進捗具合を地域間比較によって確かめる。対象とするエリアは，NP州全体およびその中の人口が集積している主要な都市（コミューン単位）になる。特にここでとりあげた都市は，リール欧州メトロポールMELにあるリール，トゥールコワンTourcoing，ルーベRoubaixと，バサン・ミニエ（図9-2の濃い灰色のエリア）にあるドゥエDouai，ヴァランシエンヌValenciennes，ベテューヌBéthune，ランスLensの7つのコミューンになる[8)]。

次に職種別分析を行う。まず，国勢調査で職種の分類に相当する「社会職業分

8）本章が用いる都市の地理的範囲は，国勢調査で入手可能な行政単位であるコミューンになる。

図 9-2　旧 NP 州の地図

（出所：地域平等一般委員会 HP から抜粋・加筆[9)]）

類」を概説し，その分類に基づいて職種別特化係数に関する脱工業化の仮説を提示する。そしてこの仮説を産業別分析が対象とした同じエリアで検証していく。

2-1　産業別分析：州全体

ここでは，農業 agriculture，工業 industrie，建設・公共事業 bâtiment et travaux publics，サービス業 tertiaire という 4 つの産業に分類されたフランスの国勢調査にある就業数データを使う。工業のシェアが下がり，サービス業のシェアが上がる傾向が産業面でみた脱工業化の仮説になる。そして，全国平均よりも脱工業化の進展が速ければ，工業の特化係数が低下傾向になる一方でサービス業の特化係数が上昇傾向になると考えられる。

図 9-3 は，フランス全国と NP 州における就業数（25 ～ 54 歳）の産業別構成比の推移（1968 年，1975 年，1982 年，1990 年，2009 年，2014 年）になる。

特徴としては，NP 州のほうで工業のシェアが大きく縮小した点にある。1968 年

9）Commissariat général à l'égalité des territoires の HP〈https://www.cget.gouv.fr/territoires-enjeux/engagement-renouveau-bassin-minier（最終閲覧日：2019 年 10 月 2 日）〉

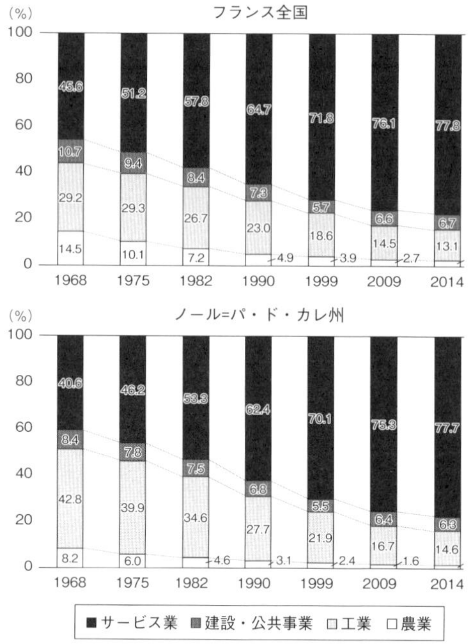

図 9-3　全国と NP 州における就業数（25 ～ 54 歳）の産業別構成比の推移

（出所：INSEE, *Recensements de la population* を基に筆者作成）

に全国では 29.2%だったのに対して，NP 州のほうは 42.8%と大きく凌駕していた。その後，両エリアでシェアが低下するのだが，2014 年に全国が 13.1%であるのに対して NP 州が 14.6%となり，NP 州の工業シェアが全国の値と同程度になるほど急減したことがわかる。

一方，サービス業のシェアが上がったこともみてとれる。このとき，両エリアでこのシェアは同程度の水準で推移している。つまり，1968 年において 40%台だったのが，2014 年には 70%台になり，両エリア共に 2 倍弱ほどにシェアが伸びた。

この NP 州の特徴を特化係数により鮮明にとらえたい。図 9-4 から，工業の特化係数をみると，1968 年が 1.5 で 1 を大きく上回り，NP 州が全国と比べて工業に大きく特化していたことが確認できる。しかし，その後は低下傾向にあり，2014 年では 1 の近くまでに低下し，かつての特徴が薄れてしまったこともわかる。

一方，サービス業や建設・公共事業の特化係数は，1968 年に 1 を少し下回っていた水準が，その後上昇していき，1999 年以降ではほぼ 1 の近くにとどまるようにな

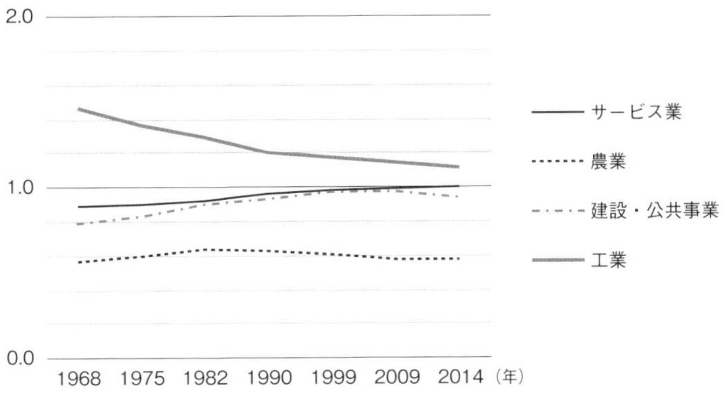

図 9-4　NP 州における就業数（25 ～ 54 歳）の産業別特化係数の推移

（出所：INSEE, *Recensements de la population* を基に筆者作成）

った。

総じていえば，NP 州の地域全体（平均）における就業の産業構造は，かつて工業に特化していたものが，この約 50 年間において，農業を除けば，全国平均の姿へと近づいていったことがわかる。

2-2　産業別分析：都市別

この傾向は州内の各主要都市でも同じなのか。図 9-5 は，NP 州内の主要都市に関する就業数の産業別特化係数の推移をまとめたものである。

まず，リール欧州メトロポール MEL の主要都市をみてみる。トゥールコワンとルーベは，1968 年において特化係数が 1.6 を超えるほどに工業に対し強く特化していた。このエリアは繊維工業が集積していたことがその背景にあると考えられる。一方，同年のリールでは 1 をやや下回る程度であったため，リールの工業は全国平均と同じぐらいの構成比だったといえる。リールは NP 州の中心都市（州都）であるため，繊維工業だけでなく，後述するサービス業にも集積があったことがこの背景にあると考えられる。

これら 3 つのコミューンにおける工業の特化係数は，その後，急落していく。2014 年には，リールでは 0.5 近くまで下がった。トゥールコワンでは 1 をやや上回るあたりまでに下がった。ルーベは，トゥールコワンよりもさらに急激に下がり，1 を下回って 0.8 ぐらいとなった。

一方，サービス業の特化係数の傾向については，トゥールコワンとルーベでは，

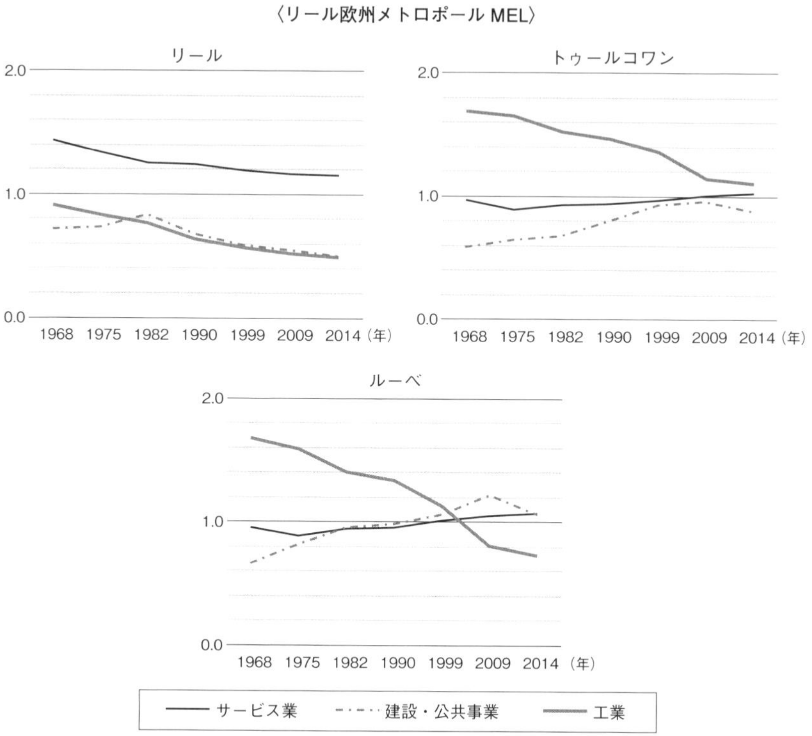

図 9-5　NP 州の主要都市における就業数（25 ～ 54 歳）の産業別特化係数の推移

（出所：INSEE, *Recensements de la population* を基に筆者作成）

注）農業は値が小さいため割愛。

1975 年に 1 を下回っていたのが，その後上昇していき，2014 年で 1 あたりの（または越える）水準にきている。特筆すべきは，リールの動きである。1968 年に 1.4 を超えていたのが，1999 年に 1.2 まで低下して，その後も低下傾向で 2000 年代に 1.1 を下回っている。

次に，バサン・ミニエの主要都市をみてみる。1968 年においては，ドゥエ，ヴァランシエンヌ，ランスで工業の特化係数が 1 を大きく超えていたが，その後は，1999 年まで低下傾向にあった[10)]。しかし，2000 年代以降では，係数値が上昇あるいは横ばいとなった。特に，ヴァランシエンヌの V 字反転は顕著である[11)]。ベテューヌについては，1968 年の時点で特化係数がやや 1 を下回る程度だった[12)]。その後，特化係数では 1 の付近にとどまり，大まかに見て横ばいでの推移であった。

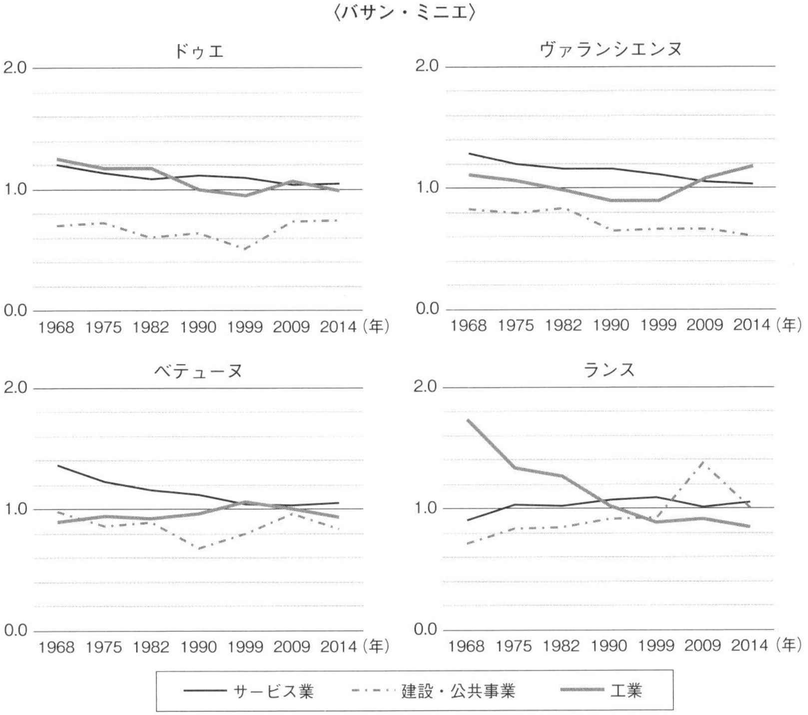

図 9-5　NP 州の主要都市における就業数（25 ～ 54 歳）の産業別特化係数の推移（続き）

（出所：INSEE, *Recensements de la population* を基に筆者作成）

注）農業は値が小さいため割愛。

これはシェアの下がるスピードが，全国平均と同様であったことを意味する。

サービス業については，ドゥエ，ヴァランシエンヌ，ベテューヌは 1 の近くまで低下し，ランスは 1 あたりで横ばいとなった。このことは，サービス業の構成比自体は，どのコミューンでも拡大しているのだが，そのスピードが全国平均と比べて遅いことを意味する。

10）工業の構成比は，1968 年にドゥエ，ヴァランシエンヌが 30％を超え，ランスは 50％もあったが，その後，1999 年まで低下傾向にあった。

11）これは，自動車産業の集積が背景にあると考えられる。

12）ベテューヌの工業の構成比は，1968 年の時点で 26.3％であり，フランス全国をやや下回るほどであった。

以上をまとめると，リール欧州メトロポールMELでは，トゥールコワンとルーベは，工業だけに大きく特化するなどかつての偏りのある産業構造が，各産業の特化係数が1に収束していったことからわかるように，全国平均の姿に近寄っていく傾向であった。この点は，NP州全体の産業構造の推移と似ている[13]。一方，リールの動きは特異である。つまり，工業からサービス業へといった単純な産業構造の転換が全国と比べるとはっきりみられない。工業の特化係数が1あたりから半減したことは，もともと全国平均なみの構成比だった工業が，全国よりもシェアを大きく低下させていったことになり，この点は産業面でみた脱工業化の姿に一部合致する。しかし，サービス業では，（元来強く特化していたためか，）全国のサービス化のスピードよりも緩やかだったことから特化係数が1に向かって低下するトレンドにあった。

バサン・ミニエの主要都市では，ベテューヌ以外の3つのコミューンで工業への特化が1990年代頃まで薄らいでいったが，2000年代以降では特化の程度が横ばい，ヴァランシエンヌに限っては上昇傾向だったことがわかった。また，ランスを除いた3つのコミューンでサービス業に特化していた状況が次第に薄らいでいったことがわかった。このように，脱工業化にともなう工業シェアの低下およびサービス業シェアの上昇は，全国平均と比べると大きくは進んでいないといえる。

2-3　職種別分析：州全体

次に，職種別就業数のデータを用いて分析する。フランスの国勢調査では，就業の職種に相当する分類として「社会職業分類」がある。表9-1は6つの社会職業の内容をまとめたものである。

これらの社会職業のうちブルーカラー労働者ouvriersについては，脱工業化が進む中で，そのシェアが低下すると考えられる。同時に，シェアが上昇するのはホワイトカラー層だと考えられるが，この層に相当するのは，幹部（カードル）・高度知的職業cadres et professions intellectuelles supérieuresと中間専門職professions intermédiairesと職員employésであると考えられる[14]。特に，各産業において知識・情報・サービスが重要な役割を果たすような機能が成長・集積する現象にも脱

13）ただし，ルーベの工業集積が，特化係数が1を下回るほどに縮小した点は，NP州全体の動きとは少し異なる。

14）職人・商人・企業経営者と農業経営者は，本章の分析の対象外にする。

表 9-1　国勢調査での社会職業分類

（出所：INSEE, *Recensements de la population* を基に筆者作成）

分類名		内　容
農業経営者	Agriculteurs exploitants	
職業・商人・企業経営者	Artisans, commerçants, chefs d'entreprise	職人，商人，従業者 10 人以上の企業経営者
幹部（カードル）・高度知的職業	Cadres et professions intellectuelles suprérieures	自由専門職（弁護士，コンサルタント，建築家，医者など），公務員の幹部，教授・学術的専門職，情報・芸術・エンターテイメント専門職，企業幹部
中間専門職	Professions intermédiaires	教育・医療・公務それに類するものの中間専門職，事務・営業に関連する中間専門職，技術者，職工長・現場監督
職員	Employés	公務員，企業の事務職員・販売職員
ブルーカラー労働者	Ouvries	熟練労働者，未熟練労働者，農業労働者，対人サービス従業者

工業化の解釈に含まれるならば，上記のホワイトカラー職種のうちでも，幹部（カードル）・高度知的職業の動きに注視すべきである。以上を踏まえ，職種（社会職業）の面でみた脱工業化の進展に関する仮説を以下のように掲げる。

- 地域経済において，脱工業化が，全国平均よりも速く進んでいるのであれば，その地域の総就業内におけるブルーカラー労働者のシェアの低下スピードが全国平均のそれよりも速い，つまり，それらの職種の特化係数が低下する。
- 地域経済において，知識・情報・サービスが重要な役割を果たすようになる脱工業化が，全国平均よりも速く進んでいるのならば，その地域の総就業における幹部（カードル）・高度知的職業のシェアの上昇スピードが全国平均のそれよりも速い，つまり，それらの職種の特化係数が上昇する。

これらの仮説を以下，実際のデータで検証していく。

まずは，NP 州の地域全体について全国と比べながら確認する。図 9-6 は，全国と NP 州のそれぞれの就業数（25 〜 54 歳）の職種別構成比を 1968 年から 2014 年までの期間についてグラフにしたものである。

NP 州におけるブルーカラー労働者のシェアは，1968 年に 47.6％と，NP 州の総就

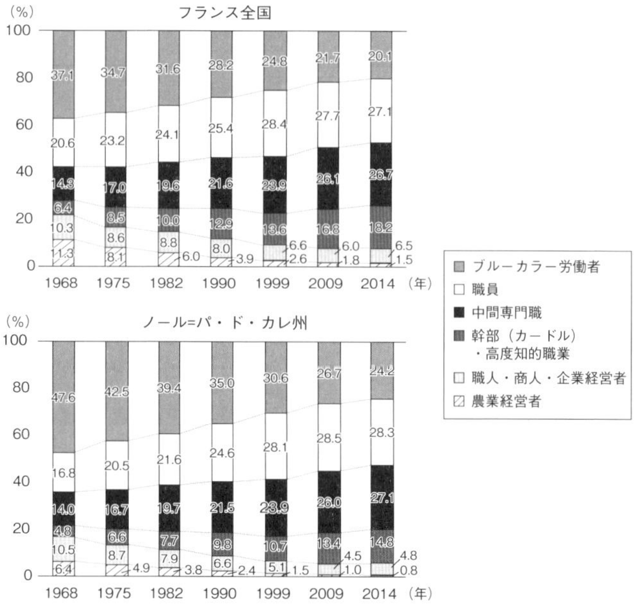

図 9-6　全国と NP 州における就業数（25 ～ 54 歳）の社会職業別構成比の推移

（出所：INSEE, *Recensements de la population* を基に筆者作成）

業の半分弱を占めていた。しかし，その後は低下して 2014 年に 24.2%となり，1968 年と比べてシェアが半分ほどに減った。一方，幹部（カードル）・高度知的職業は，1968 年に 4.8%だったのが 2014 年には 14.8%となり，この期間でシェアが約 3 倍増えた。また，中間専門職の場合は，1968 年に 14.0%だったのが 2014 年には 27.1%となり，2 倍ほど増えた。職員の場合は，1968 年に 16.8%だったのが 2014 年には 28.3%となり，1.7 倍ほど増えた。

このように職種構成をみるに NP 州で脱工業化が 1968 年から 2014 年にかけて進んでいる。この進展のスピードが全国平均と比べて顕著なものだったのか，あるいは，全国平均に比べると遅れたものだったのかを次に確かめる。つまり，全国の構成比データも踏まえたかたちである特化係数という指標でみていく。図 9-7 は社会職業別の特化係数の推移をまとめたものである。

ブルーカラー労働者の特化係数は，1968 年から 2014 年にかけて 1.2 台の横ばいである。上述のように NP 州のブルーカラー労働者のシェア自体は同期間において低下傾向であった。しかし，全国平均でも同様のスピードでブルーカラー労働者の

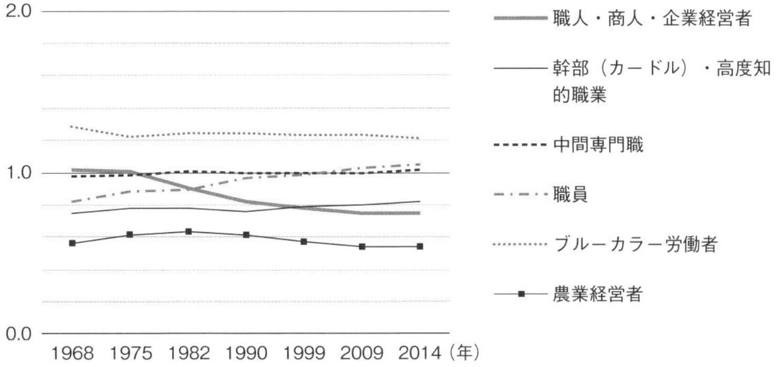

図 9-7　NP 州における就業数（25 ～ 54 歳）の社会職業別特化係数の推移

（出所：INSEE, *Recensements de la population* を基に筆者作成）

シェアの低下があったことから，全国と比べたこの職種への特化の程度はこの期間でそれほど変わらなかったことになる。産業別分析でみたように，NP 州における就業の産業構造のひとつの特徴として，工業の特化係数が同期間中に低下した。同時に，（脱工業化仮説の検証上では考察の対象としなかったが，）建設・公共事業の特化係数は上昇傾向である。この産業の特化係数の動きを併せて解釈すると，同期間において，工業から建設・公共事業のほうへと，ブルーカラー労働者のなかの産業シェアが移った可能性が示される。

幹部（カードル）・高度知的職業と中間専門職についても，特化係数はほぼ横ばいの動きになる。すなわち，前者は 0.8 あたり，後者は 1.0 あたりを，1968 年から 2014 年にかけて推移している。

職員の特化係数は上昇傾向にあった。1968 年に 0.8 と 1 を下回っていたのが，その後上昇していき，1999 年以降では 1 近くにとどまるようになった。産業別分析でみたように，NP 州における産業構造のひとつの特徴として，サービス業の特化係数が，1968 年に 1 を少し下回っていた水準が，その後上昇していき，1999 年以降ではほぼ 1 の近くにとどまるようになったことがあげられる。この産業の特化係数の動きを併せて解釈すると，NP 州の産業構造上，サービス業に対する比重を全国並みに高める中で，ホワイトカラー層のなかの職種のうち職員がそれに沿った動きをしたといえる。

以上から NP 州全体の平均的な姿として，職員のシェアの上昇スピードが全国より上回る点に違いがみられるものの[15]，脱工業化に関係するその他の職種ではおおむね全国平均と同程度のシェアの推移だったといえる。

2-4 職種別分析：都市別

図9-8は，NP州の主要都市における就業数の職種別特化係数の変化をまとめたものである。

まず，リール欧州メトロポールMELの主要都市をみてみる。ブルーカラー労働者の特徴は，トゥールコワンとルーベの2つのコミューンとリールとの間で大きく異なる。トゥールコワンとルーベでは，1968年から2014年の間，特化係数の値が一貫して1を大きく上回り続けている。具体的には，1999年までは上昇した後，2000年代に入ってからは低下傾向に移ったが，それでも2014年には1.4～1.5あたりの水準にあり，強い特化状況は今も変わらない。産業別分析では，工業の特化係数は大きく下がっていったと同時に，建設・公共事業のほうでは特化係数が上がっている。つまり，上述のNP州全体の考察と同様に，この2つのコミューンにおけるブルーカラー層は，工業から建設・公共事業の産業に推移したと推察される。一方，リールでは，1968年に1をやや下回っている。そして，その後も，さらに値は下がっていき，2014年では0.6を下回っている。これは，産業別分析により工業と建設・公共事業の両産業で特化係数が下がっていることから，その傾向と整合する。

幹部（カードル）・高度知的職業についても，大まかにみてトゥールコワンとルーベの2つのコミューンとリールとの間で異なる。トゥールコワンとルーベでは，特化係数の低下が続き，1999年に0.8を下回るほどになり，その後，2000年代では上昇傾向に転じたが，2014年に0.8ぐらいになっている。一方，リールでは，1968年に1.6近くだった特化係数がその後上がり続けた。特に1990年代に大きく上昇し，2014年には1.9あたりまでの値になり，全国のシェアの約2倍という，非常に強い特化状況になった。

中間専門職については，いずれのコミューンでも，特化係数が大まかにみて横ばいの動きであった。具体的には，リールは1.0～1.2の間，トゥールコワンは1975年以降0.8～1.0の間，ルーベは1975年以降0.6～0.8の間で推移している。

次に，バサン・ミニエの主要都市についてみてみる。ブルーカラー労働者の特化係数の動きは，どのコミューンでみてもあきらかに低下傾向にはない。1999年まで

15）本章の脱工業化仮説の検証において注目していないが，職人・商人・企業経営者のシェアのスピードが全国よりも低い点でも違いがみられる。

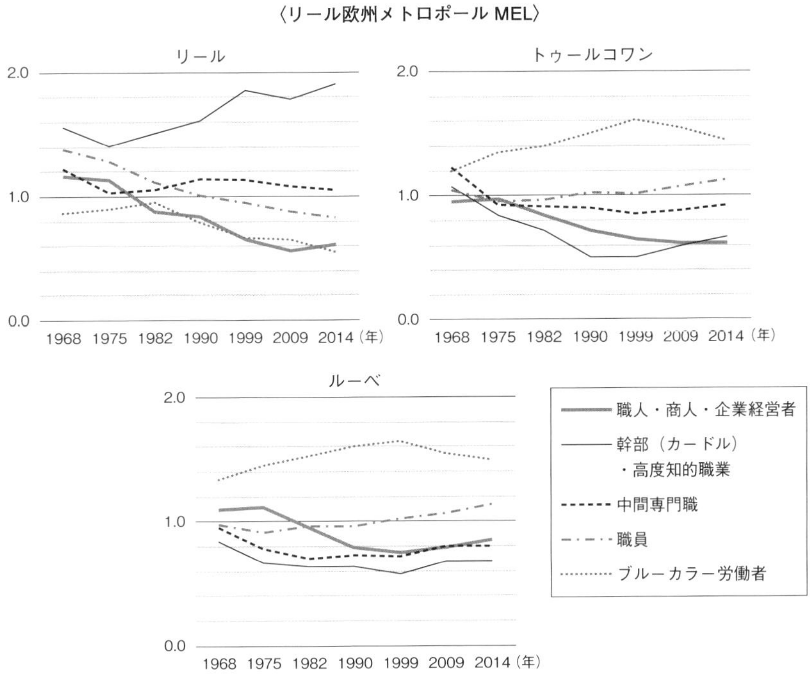

図 9-8　NP 州の主要都市における就業数（25 ～ 54 歳）の社会職業別特化係数の推移

（出所：INSEE, *Recensements de la population* を基に筆者作成）

注）農業経営者は値が小さいため割愛。

ほぼ横ばいに推移し，コミューンによっては 2000 年代以降ではむしろ上昇傾向となった。

幹部（カードル）・高度知的職業の特化係数についても，どのコミューンでも大まかにみて上昇傾向にはない。1968 年から 1975 年にかけてドゥエとランスの特化係数が上昇したこともあったが，大きな流れとしてはどのコミューンでも低下傾向であった[16]。

中間専門職の特化係数についても，大まかに見て上昇傾向にあるコミューンはなく，横ばいか減少の動きをしている。

16）ただし，ヴァランシエンヌだけは，1990 年代に上昇し，その後は横ばいの動きに変わった。

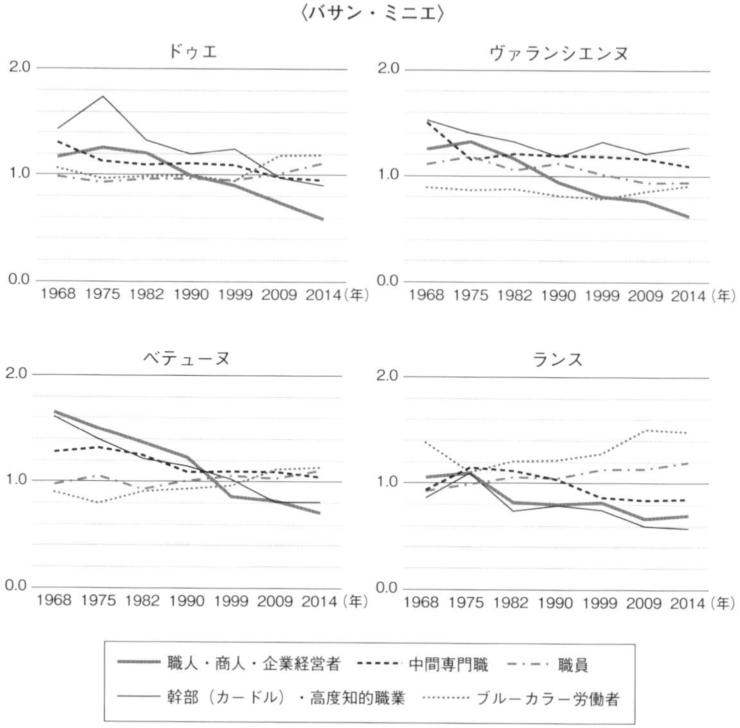

図 9-8　NP 州の主要都市における就業数（25～54 歳）の社会職業別特化係数の推移（続き）

（出所：INSEE, *Recensements de la population* を基に筆者作成）

注）農業経営者は値が小さいため割愛。

以上の職種別分析の結果，特筆すべきは，リールだけが，ブルーカラー労働者のシェア低下と同時に幹部（カードル）・高度知的職業のシェア上昇のテンポが全国平均よりも速かったことにある。つまりは，知識・情報・サービスが重要な役割を果たすようになる「高度」な脱工業化が急速に進んだといえる。一方，トゥールコワンとルーベでは，ブルーカラー労働者および中間専門職のシェアの推移が全国平均と同様にあり，幹部（カードル）・高度知的職業は全国平均を下回る動きであった[17]。

17）職種別の観点からの脱工業化仮説では対象としなかった職員について，トゥールコワンとルーベではその特化係数が上昇傾向にあった。これは産業別でみたサービス業の特化係数の上昇傾向と整合する。

バサン・ミニエ地域の4つの主要都市では，脱工業化の動きが全国平均と比べて遅いことがいえる。むしろブルーカラー労働者については，特化係数が2000年代に増えるという傾向がみられた。ただし，ヴァランシエンヌについては1990年代以降の幹部（カードル）・高度知的職業の特化係数の上昇・横ばいの動きの点から，これらのコミューンの中でも全国平均の脱工業化のテンポに近づいたほうといえよう。

3　地域失業の情勢

前節では，NP州における脱工業化の姿を，就業の産業別および職種別の特化係数で確認した。結果，州全体では脱工業化の進捗スピードが全国とそれほど変わらなかったが，7つの主要都市（コミューン）単位でみると，リールだけが脱工業化のテンポが全国平均よりも速く，そのほかの6つの都市は全国よりも遅れていることがわかった。このことは職種別分析で明確にとらえられた。つまり，高度な知識や情報処理能力が要される職種がリールだけで突出したスピードで集積していることがみられた。

このように脱工業化の進捗スピードが都市間で異なるなかで，地域全体あるいは各都市の失業の情勢はどのように移り変わっただろうか。本節では，フランスの国勢調査から得られる就業数と失業数のデータを用いて確認していく。

3-1　州全体

図9-9は，NP州と全国における就業数の伸びと失業率の推移を表す。

就業数（左図）については，両エリア共に1968年を基準に100とした場合，2014年に全国が170近くであるのに対し，NP州では150を下回る状況である。失業率

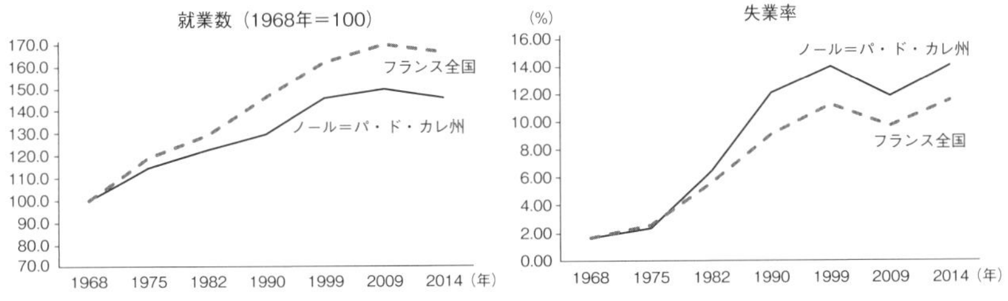

図9-9　NP州と全国における就業数と失業率の推移

（出所：INSEE, *Recensements de la population* を基に筆者作成）

注）失業率は，失業数÷（就業数＋失業数）で計算。

（右図）については，1968 年と 1975 年では両エリアでほぼ同じ水準（約 2%）であったのが，その後，NP 州が全国を上回るようになった。2014 年では，全国が 11%台なのに対して，NP 州は約 14%と全国の値を 3%ほど上回っている。

次に，期間ごとに就業数と失業率との関係の推移をみていく。ここでいう期間とは，図 9-9 にある 7 時点の両隣時点間，すなわち，1968 ～ 1975 年（Ⅰ期），1975 ～ 1982 年（Ⅱ期），1982 ～ 1990 年（Ⅲ期），1990 ～ 1999 年（Ⅳ期），1999 ～ 2009 年（Ⅴ期），2009 ～ 2014 年（Ⅵ期）の 6 つの期間になる。

就業数の変化は，就業成長率（＝期間中の就業数の変化分÷期首の就業数）を用いるが，各期間の年数が統一されていないため，年平均（幾何平均）をとる。失業率の変化は，期間中の変化分を用いる。ただし，これについても同様の理由から年平均（算術平均）をとる。さらに，景気等による全国的な共通ショックを少しでもコントロールし，地域独自の動きをより取り出すために，全国平均との差分を用いる。就業成長率（幾何年平均）の場合は，地域の値から全国の値を引いた値とする。これを地域における「就業の相対的改善度」と呼ぶ。一方，失業率の変化分（算術年平均）については，全国の値から地域の値を引いた値とする。これを地域における「失業の相対的改善度」と呼ぶ。

図 9-10 は，NP 州全体に関するものである。横軸は就業の相対的改善度，縦軸は失業の相対的改善度になる。

1970 年代および 1980 年代におおよそ相当するⅠ期からⅢ期の間では，NP 州にとって就業情勢が全国に比して相対的に悪化した時期といえよう。就業の相対的改

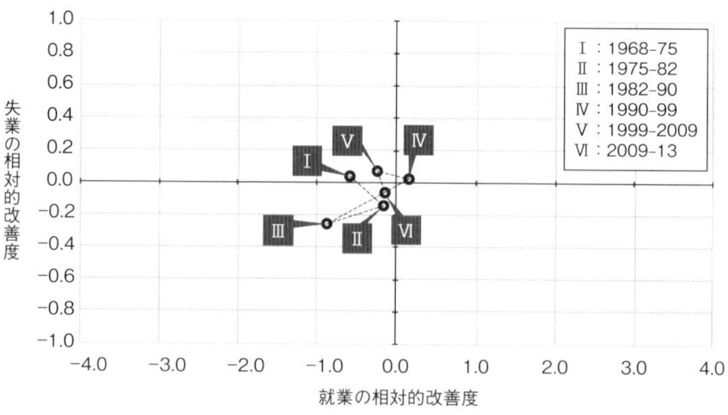

図 9-10　NP 州における就業と失業の相対的改善度の関係の推移

（出所：INSEE, *Recensements de la population* を基に筆者作成）

善度は3期連続でマイナスであり，失業の相対的改善度も，ゼロに近い正の値であったⅠ期から，Ⅱ期・Ⅲ期ではほかの期間と比べて大幅なマイナスとなった。

1990年代にあたるⅣ期では，一転して就業の相対的改善度がプラスとなった。しかし，失業の相対的改善度は，プラス値だがほぼゼロという状態であった。

2000年代と2010年代前半におおよそ相当するⅤ期とⅥ期では，就業の相対的改善度が再びマイナスになる。失業の相対的改善度も，ゼロ付近にとどまっている。

以上から，NP州でみると，就業成長率の改善度はこの50年間において1990年代を除くと全国を下回る状況が続いたといえる。また，失業率の改善度については，全国と比べて相対的に悪化している時期（1970年代後半から1990年代にかけての期間と，2010年代前半の時期）がある一方で，それを解消するほどの相対的改善の程度がほかの時期でみられなかったという結果だった。

3-2　都市別

図9-11は，主要都市ごとの就業の相対的改善度と失業の相対的改善度の関係の推移を表している。

まず，リール欧州メトロポールMELの主要都市をみてみる。トゥールコワンはⅠ～Ⅴ期，ルーベは全ての期間において，就業の相対的改善度はマイナスであった。また，その期間において，失業の相対的改善度はマイナスであり，プラスの期間（トゥールコワンならばⅠ期，ルーベならばⅤ期とⅥ期）であってもほぼゼロに近い値となっている。

リールは，Ⅰ～Ⅲ期まで就業の相対的改善度はマイナスであり，失業の相対的改善度もその期間は，ゼロ付近からマイナスへと推移している。しかし，Ⅳ期にはプラスに転じ，それ以降はⅤ期，Ⅵ期とプラスを維持している。失業の相対的改善度は，Ⅴ期以降プラスであるが，かつての大きなマイナス幅を解消するほどの大きなプラス幅は実現していない。

次に，バサン・ミニエ地域の4つのコミューンをみてみる。1970年代および1980年におおむね相当するⅠ～Ⅲ期では，どのコミューンにおいても就業の相対的改善度はマイナスであった。同じ期間で失業の相対的改善度も，Ⅰ期を除いては，マイナスであった。

1990年代にあたるⅣ期になると，就業の相対的改善度はプラスに転じる[18)]。失業率の相対的改善度については，そのⅢ期までと比べてマイナス幅が縮小したが，プラスには転じていない。

〈リール欧州メトロポール MEL〉

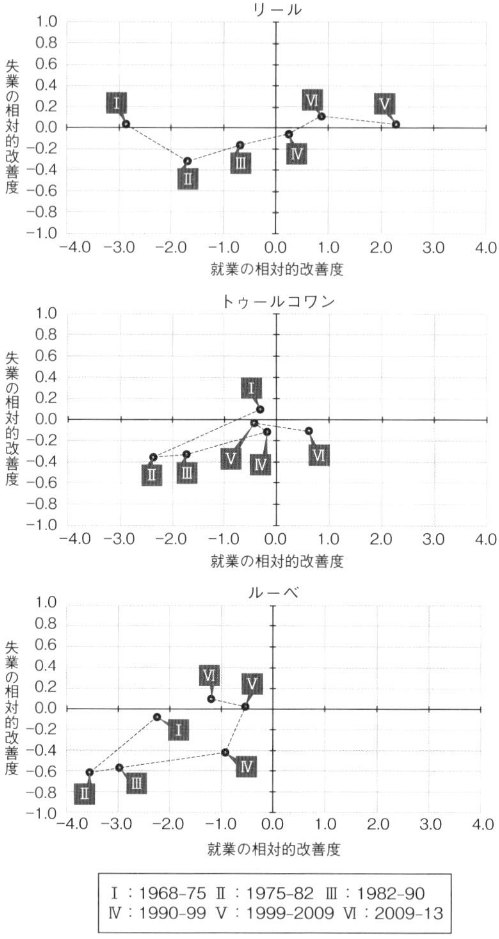

図 9-11　NP 州の主要都市における就業と失業の相対的改善度の関係の推移

（出所：INSEE, *Recensements de la population* を基に筆者作成）

Ⅴ期の 2000 年代は，すべてのコミューンにおいて，就業の相対的改善度は再びマイナスになっている。ただし，失業率の相対的改善度はゼロ付近にある。

18）ドゥエのⅣ期は，プラスといってもゼロ付近であるが，Ⅲ期までの大きなマイナスに比べれば，大きな改善といえる。

〈バサン・ミニエ〉

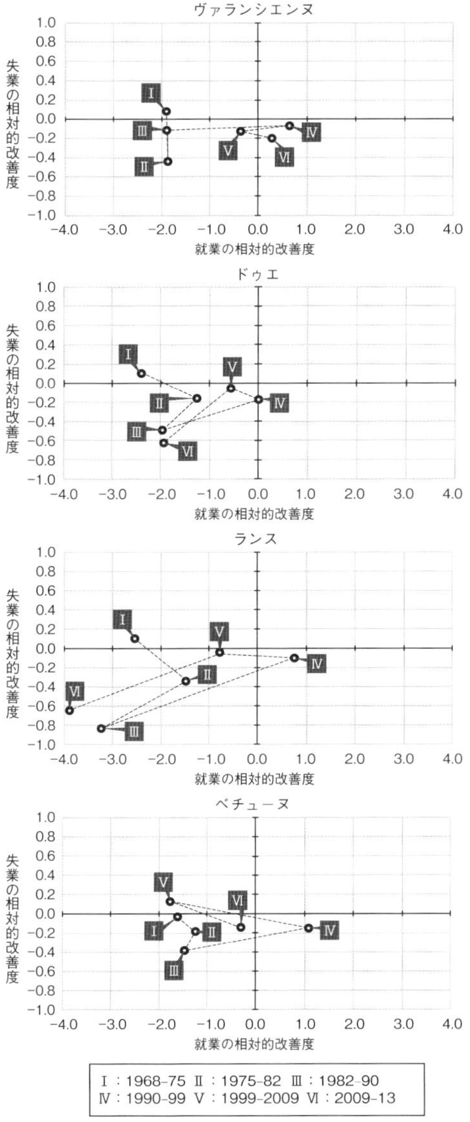

図 9-11　NP 州の主要都市における就業と失業の相対的改善度の関係の推移（続き）

（出所：INSEE, *Recensements de la population* を基に筆者作成）

Ⅵ期の2010年代前半は，ヴァランシエンヌだけプラスに再び転じているだけであった。失業率の相対的改善度は，マイナスであった。特に，ドゥエとランスのマイナス幅の拡大は著しい。

3-3 リールの職種別

以上から，リールだけにおいて，1990年代以降に就業の相対的改善が継続的にみられたことが，上記のデータ観察から明らかになった。確かに，第2節でも述べたように，リールだけが職種の観点からみた脱工業化のスピードが全国と比しても速く，特に，1990年代以降に幹部（カードル）・高度知的職業の特化係数が大きく伸びたことが，上述した就業の相対的改善の背景にあると考えられる。しかし，失業の相対的改善がほかの主要コミューンと同様に芳しくないという特徴も同時に伺えた。このことを踏まえて，リールにおける就業と失業の相対的改善度を職種別でより詳しくみてみたのが図9-12である。

幹部（カードル）・高度知的職業については，おおよそ1980年代以降に相当するⅢ期以降で，就業の相対的改善度がプラスになり続けている。さらに，1990年代以降では+2%付近の比較的大きなプラス値をキープしている。その一方で，失業の相対的改善度は，全期間にわたって，大きなマイナスを記録してはいないが，1999年代にあたるⅣ期の+0.2%を除けば，ゼロ付近のプラスまたはマイナスの値にとどまっている。

中間専門職については，およそ1980年代以降に相当するⅢ期以降で，就業の相対的改善度がプラスになり続けている。ただし，2000年代のⅤ期の+2%を除けば，0の付近のプラス値である。その一方で，失業の相対的改善度は，全期間にわたって，大きなプラスは記録していない。さらに，1990年代および2000年代に相当するⅣ期とⅤ期は-0.2%程度の比較的大きなマイナスを記録している。

職員については，およそ2000年代に相当するⅤ期での大きなプラスを除けば，マイナスの期間が続いた。ただし，マイナス幅は近年になるほど縮小している。一方で，失業の相対的改善度は，Ⅰ期を除けば，マイナスを記録しつづけている。

ブルーカラー労働者については，およそ2000年代に相当するⅤ期での大きなプラスを除けば，マイナスの期間が続いた。一方で，失業の相対的改善度は，Ⅰ期とⅤ期を除けば，マイナスであり，ほかの職種と比べてより大きなマイナスを記録している期間も多い。

以上をまとめると，リールでは，職種別にみると幹部（カードル）・高度知的職業

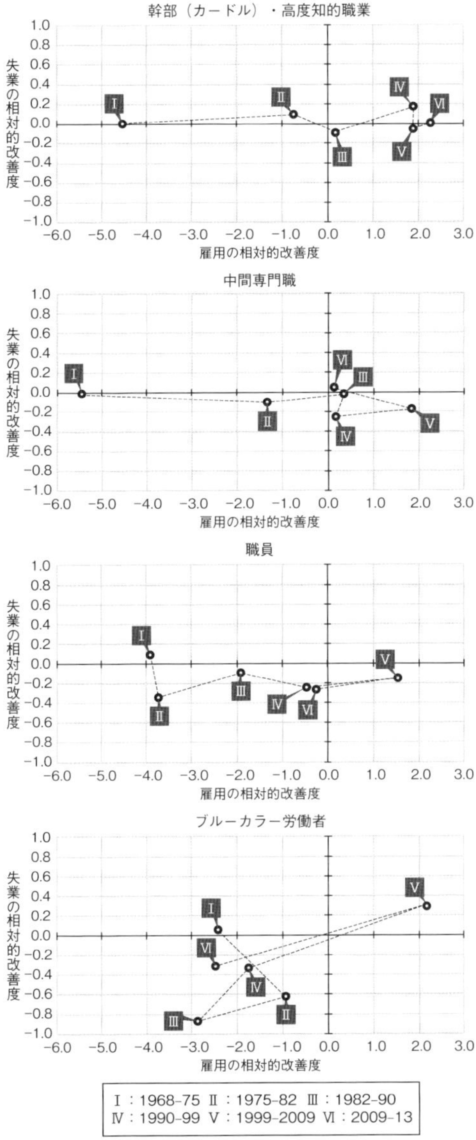

図 9-12　リールにおける職種別にみた就業と失業の相対的改善度の推移

（出所：筆者作成）

注）農業経営者と職人・商人・企業経営者は割愛。

と中間専門職が1980年代以降，全国よりも高い就業成長率を達成していたが，同期間の同職種の失業率の変化分については，全国を大きく上回るような改善はみられず，むしろ全国と比べて相対的に悪化しているという状況であった。

4 社会連帯経済（ESS）セクターの雇用

これまでの節では，NP州の各主要都市における脱工業化のスピードの違いが確かめられた。また，就業・失業情勢の改善度（就業成長率と失業率変化分）についても全国平均と比べながらその特徴をとらえたが，どの主要都市（コミューン）でもおしなべて失業の改善度が全国と比べてよくないことがわかった。とりわけ，州都のリールにおいては，1990年代以降，脱工業化が進む中で就業成長率が全国よりも上回ったものの，失業の改善度はほかの主要都市と同じく，全国に比してあまり芳しくない状況にあったことが明らかとなった。このように，NP州の主要都市では構造的な失業問題を抱え続けてきた。そこでは公共部門が供給する労働・福祉サービスに対するニーズだけでなく，民間部門の社会連帯経済（ESS）セクターによるサービスに対するニーズも潜在的に高いと考えられる。本節では，ESSに従事する雇用数に関するデータから，NP州およびその中のリール欧州メトロポールMELのエリアでのESSセクターの近年の実情を定量的にとらえる。

4-1 州全体での概要

図9-13は，全国とNP州におけるESS活動に従事する雇用数の推移を表す。具

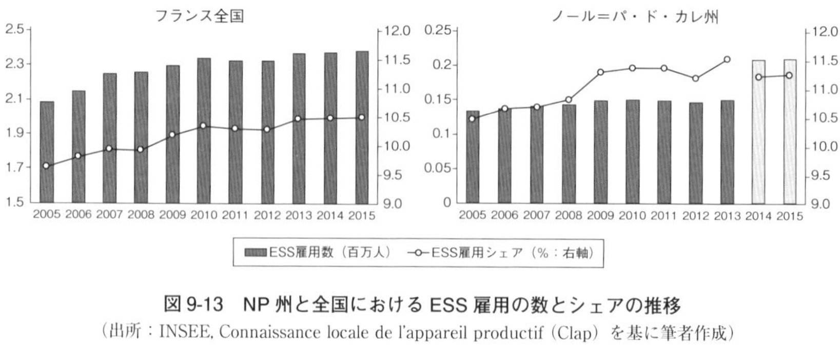

図9-13 NP州と全国におけるESS雇用の数とシェアの推移
（出所：INSEE, Connaissance locale de l'appareil productif（Clap）を基に筆者作成）

注）ESS雇用シェアは，地域の総雇用数に占めるESS雇用数の比率になる。フランス全国の数値には海外地域圏も含まれている。2014年以降のNP州のデータは，オー・ド・フランス州になる。

体的には，棒グラフ（各図の左軸）がESS雇用数（百万人）の推移になり，折れ線グラフ（各図の右軸）がESS雇用シェア（%）の推移を表す。

この図から以下の特徴が伺える。まず，全国のESS雇用数は，2005年から2010年にかけて増加傾向にあり，その後は横ばいである。NP州も似たような傾向にある（2014年からは統計の地理的範囲が変わっていることに留意）。一方，ESS雇用シェアの推移をみると，全国とNP州は共に増加傾向にあることがわかる。つまり，2005年以降でみる限り，総雇用のなかでのESSのウェイトが全国とNP州で共に高まっていることがいえる。また，NP州のシェアの方が全国よりも一貫して高いことも特徴といえる。

表9-2は，総雇用密度（面積1km^{2}あたり総雇用数）が全国平均以上である6つの州に関するESS雇用シェアをまとめたものである。なお，上から総雇用密度が高い順に並んでいる。6つの州のなかで，NP州のESS雇用シェアが最も高いことがわかる。このことは，雇用が密集しているという意味で似ている州のなかでは，NP州がESSに対する必要度が相対的にとても高い地域である可能性を示している。

NP州のESS雇用は全国平均の姿と比べてどのような業種に特化しているのか。表9-3は，2011年から2013年にかけてのNP州におけるESS雇用数の業種別のシェアと特化係数（対全国）を表す。3か年平均でみて，官公庁・教育・医療・社会福祉のシェアが最も大きく72.3%である。その中でも社会福祉が46.1%と大きく，次に教育が18.9%である。また，これらの業種は特化係数が1を超えている。つまり，

表9-2　各州におけるESS雇用シェアと総雇用密度（2013年）

（出所：INSEE, Connaissance locale de l'appareil productif（Clap）と Ministère de l'Intérieur, Les collectivités locales en chiffres 2015を基に筆者作成）

注）総雇用密度は，総雇用数÷面積で計算。総雇用密度が全国平均を上回る州だけを掲載。

州	ESS雇用シェア（%）	総雇用密度（人／km^2）
イル・ド・フランス	7.2	451.8
ノール=パ・ド・カレ	11.5	104.9
アルザス	10.8	78.6
ローヌ・アルプ	10.8	52.1
プロヴァンス・アルプ・コートダジュール	10.0	51.9
オート=ノルマンディー	9.4	48.6
フランス全国	10.5	41.1

表 9-3　NP 州における ESS 雇用数の業種別構成比と特化係数（2011 ～ 2013 年）
（出所：INSEE, Connaissance locale de l'appareil productif（Clap）を基に筆者作成）

	シェア（%）				特化係数（対全国）			
	2011	2012	2013	3 カ年平均	2011	2012	2013	3 カ年平均
農業・林業・漁業	0.3	0.3	0.3	0.3	0.57	0.67	0.52	0.59
工業・建設業	2.0	2.0	1.9	2.0	0.91	0.89	0.84	0.88
商業・輸送・宿泊飲食業	1.5	1.9	1.8	1.7	0.38	0.47	0.47	0.44
金融業・保険業	7.1	7.6	7.6	7.4	0.65	0.68	0.69	0.67
情報通信業・不動産業・対事業所サービス	5.5	5.1	5.2	5.3	0.93	0.88	0.88	0.89
官公庁・教育・医療・社会福祉	72.9	72.0	72.1	72.3	1.18	1.18	1.17	1.18
うち教育	19.0	19.0	18.6	18.9	1.28	1.31	1.26	1.28
うち医療	8.5	6.7	6.6	7.3	1.13	0.90	0.90	0.98
うち社会福祉	45.4	46.2	46.8	46.1	1.16	1.18	1.19	1.18
その他サービス	10.8	11.1	11.2	11.0	0.72	0.74	0.75	0.74

官公庁・教育・医療・社会福祉が 1.18，内訳では，教育が 1.28，社会福祉が 1.18 である[19)]。

以上より，NP 州の ESS セクターの雇用は，総雇用に占める割合が全国のそれよりも高く，また，社会福祉や教育といったサービスに対してほかの州よりも強く特化していることがわかる。構造的な失業問題を抱える NP 州では，所得再分配の要素が強いサービス業種を中心としながら，ESS 活動がフランスのほかの人口密集が高い州と比べても相対的に盛んであることがいえよう。

4-2　リール欧州メトロポール MEL での詳細

次に，対象地域をリール欧州メトロポール MEL に絞って，ESS 雇用の特徴をさらにみていく。図 9-14 は，ESS の組織形態シェア（雇用数ベース）および一事業所あたりの雇用数（2012 年）を表す。ESS に取組む組織の形態は，協同組合

19）さらに，州間で特化係数（2013 年）を比べると，NP 州における官公庁・教育・医療・社会福祉の特化係数は 1.17 と最も大きく，2 位はロレーヌ Loraine の 1.10 になる。そのうち社会福祉は 1.19 であり，ロレーヌの 1.20 に僅差で 2 番目の大きさになる。また，教育については 1.26 となり，3 番目の高さとなる。

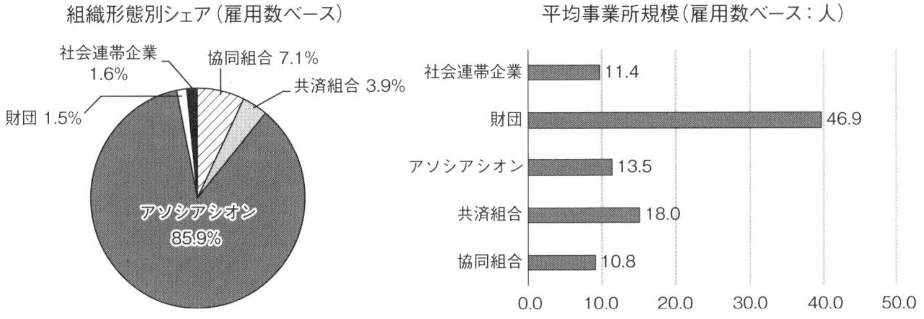

図 9-14　リール欧州メトロポール MEL における ESS セクターの組織形態別シェアと平均事業所規模（2012 年）

（出所：INSEE（2015）の付属データから筆者作成）

注）平均事業所規模は，1 事業所あたりの ESS 雇用数である。

coopérative，共済組合 mutuelle，アソシアシオン association，財団 fondation，株式会社等の資本会社（物的会社）の資格をもつ社会連帯企業 entreprises sociales et solidaires avec statut de société de capitaux に分類される。左図のシェアをみると，アソシアシオンが 85.9％なのに対してほかの組織形態が一桁台である。このことから，アソシアシオンがリール欧州メトロポール MEL における ESS セクターの主流の組織形態といえる。また，一事業あたりの雇用数をみると，アソシアシオンは，3 番目の 13.5 人になり，平均的に見て小さな事業所規模のものが多いと考えられる。

図 9-15 は，組織形態ごとの ESS 雇用数の業種別シェアを表している。主流であるアソシアシオンでは，ほかの形態と比べて教育・医療・社会福祉の分野に特化し

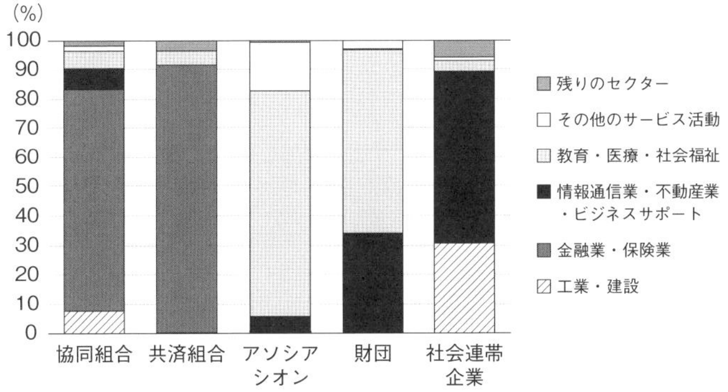

図 9-15　リール欧州メトロポール MEL における組織形態ごとの ESS 雇用の業種別シェア（2012 年）

（出所：INSEE（2015）の付属データから筆者作成）

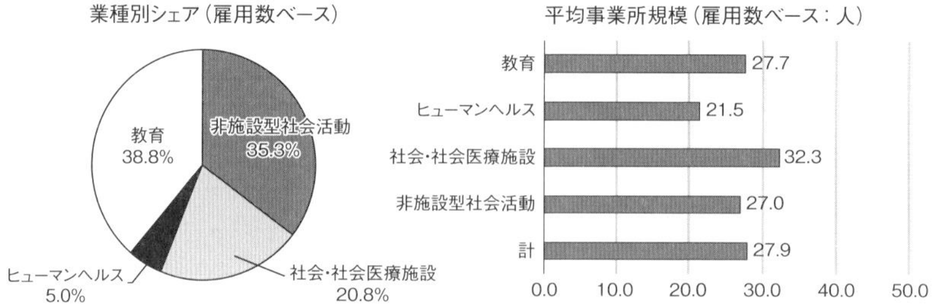

図 9-16　リール欧州メトロポール MEL でのアソシアシオンが担う 教育・医療・社会福祉における業種別シェアと平均事業所規模

（出所：INSEE（2015）の付属データから筆者作成）

ていることがわかる。

さらに，アソシアシオンにおける教育・医療・社会福祉の中のより細かい業種のシェアをみたのが図 9-16 の左図になる。教育と社会福祉・医療あるいは，施設型と非施設型のそれぞれにバランスよく ESS 雇用者が従事しているのがわかる。また，右図は，これらの分野別の平均事業所規模になる。社会・社会医療施設の一事業所当たり 32.3 人が一番大きく，それ以外は教育（同 27.7 人），非施設型社会活動（27.0 人），ヒューマンヘルス（21.5 人）の順になる。

最後に，ESS の雇用契約の特徴についてみてみる。図 9-17 の上図は，ESS 雇用のうちパートタイムが占めるシェアを組織形態別でまとめている。アソシアシオンが 41.3%のシェアであり，ESS セクターの組織形態の中でもっとも高いことがわかる。また，民間セクターの 21.4%に比べると，倍近くの高さである。一方，下図は，正規雇用契約のシェアになる。アソシアシオンが 76.8%であり，ESS セクターの組織形態の中でも最も低い。また，民間セクターの 80.7%よりもやや低い状況にある。このようにアソシアシオンの ESS 雇用において雇用契約の面で不安定さがみられる。

最後に，図 9-18 の労働時間あたり賃金の中央値（2012 年）をみると，アソシアシオンの賃金は 10.8 ユーロと確かに ESS セクターの組織形態の中でもっとも低いが，民間セクターの 11.1 ユーロとほとんど同じ値ではある。

以上をまとめると，リール欧州メトロポール MEL に対象地域が限られるものの細かい属性情報が利用できるこのデータからは，ESS セクターの組織形態はアソシアシオンが主流であり，そのアソシアシオンがほかの組織形態と比べて教育・医療・社会福祉といった分野に強く特化していることが確かめられた。また，アソシアシオンでは，パートタイム雇用契約率が高いこと，正規雇用契約率が低いことか

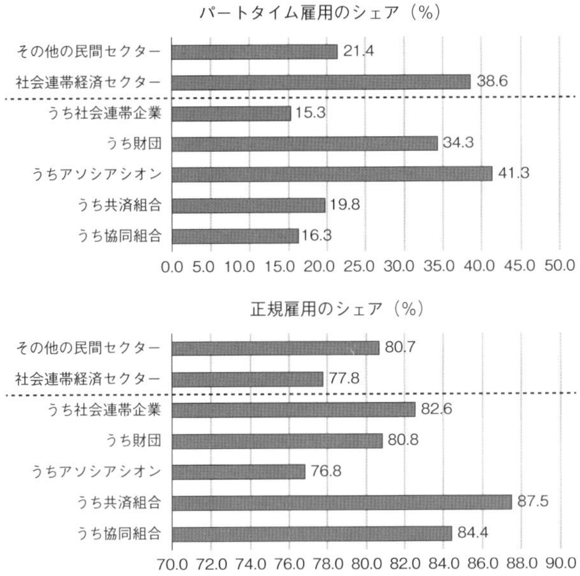

図 9-17　リール欧州メトロポール MEL におけるパートタイム雇用と正規雇用のシェア（2012 年）
（出所：INSEE（2015）の付属データから筆者作成）

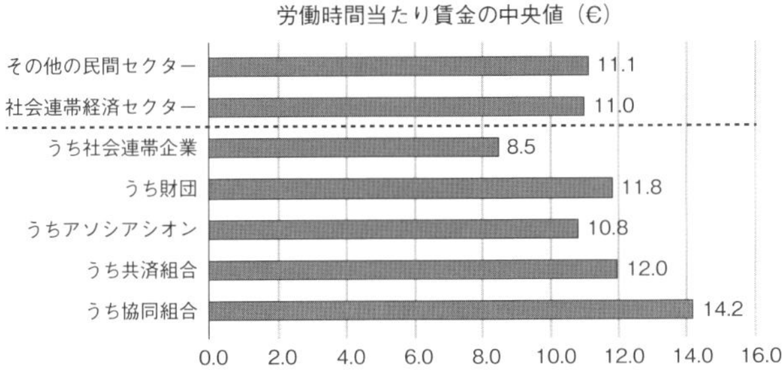

図 9-18　リール欧州メトロポール MEL における労働時間あたり賃金の中央値（2012 年）
（出所：INSEE（2015）の付属データから筆者作成）

ら，雇用契約の面では不安定さがあった。ただし，賃金水準は中央値でみる限り民間セクターと同じであることもわかった。

5 おわりに

本章では，1970年代から2010年代前半までの約50年間にかけたNP州全体およびその主要都市における脱工業化の実態と変遷を，産業および職種の就業構造の推移からとらえ，また，その裏で起こっている失業の情勢の推移を追った。さらに，この州での社会連帯経済（ESS）活動についても，当該活動に従事する雇用のデータからその特徴をとらえることを試みた。

まず，NP州における脱工業化の特徴を，就業数にかかる産業別と職種別の特化係数で確認した。結果として，地域全体では脱工業化の進捗スピードが全国とそれほど変わらなかったが，7つの主な都市（コミューン単位）でみると，リールだけが脱工業化のテンポが全国平均よりも速く，そのほかの6つのコミューン（トゥールコワン，ルーベ，ドゥエ，ヴァランシエンヌ，ベテューヌ，ランス）はむしろ全国よりも遅れていることがわかった。このことは産業別よりも職種別の分析の方で明瞭にみられた。特に，リールでは，幹部（カードル）・高度知的職業の特化係数が，1960年代にもともと1を大きく超えていたのが，その後さらに上昇し，2014年には1.9あたりとなった。このことは，リールにおいて，知識・情報・サービスが重要な役割を果たすようになる機能の集積が全国に比しても急激に進んだことを伺わせる。

次に，同期間における各エリアの就業成長と失業率の推移を全国と比較するかたちで確認した。特に，リールでは，1990年代以降において就業の相対的改善がみられるが，失業の相対的改善がほかのコミューンと同様に芳しくない状況であったことがわかった。さらに，職種別にリールの就業成長と失業率の関係をみたところ，高度な脱工業化の影の部分として構造的な失業が存在し続けるというリールの構造的問題が浮き彫りとなった。

最後に，失業問題が存在し続ける主要都市を抱えるNP州にとって，ESSセクターの必要性や実際の活動量はどの程度であるかを，その活動に従事する雇用のデータを用いて観察した。結果，社会福祉や教育といった所得再分配の要素が強いサービスにおいて，NP州はほかの州よりもESS雇用に強く特化していることがいえた。リール欧州メトロポールMELに絞った上で，より細かなESS雇用の特徴としては，アソシアシオンが主流の組織形態であること，そのアソシアシオンが教育・医療・社会福祉の分野に特化していること，雇用契約の面でアソシアシオンは不安定さはあるが，賃金水準は民間セクター並であること，がわかった。

以上の分析から，NP州では，特に州都のリールにおいて高度な職種の集積がみられたが，その裏では失業問題が依然として解消されていない事実も確かめられた。そして，このような就業構造的に厳しい地域においては，ESS による下支えに対して多くの期待が寄せられていることも伺われた。

【文　献】

小田宏信 2001．フランスにおける衰退産業地域の再生―ノール・パドカレ地域の事例研究．『人文地理学研究』XXV: 273-301.

経済産業省 2015．『海外における社会的企業についての制度等に関する調査報告書』.

杉森滉一 1983．雇用者の社会職業分類と団体協約．『岡山大学経済学会雑誌』15(1): 55-75.

杉森滉一 1991．『人口分類と階級分析―フランスの社会職業分類』御茶の水書房.

高橋伸夫・手塚 章 2000．EU 統合下におけるリール大都市圏の構造変容．『人文地理学研究』XXIV: 131-168.

長尾謙吉 1996．製造業における雇用成長の地域差―拡張シフトシェア分析を用いて．『地理学評論』69A(5): 303-326.

フランス共和国外務省 2013．『アクチュアリテ・アン・フランス』41.

Direction générale des collectivités locales 2015. *Les collectivités locales en chiffres 2015.*

INSEE 2015. L'ESS au sein de la Métropole Européenne de Lille: Une économie au service des habitants. *Insee Analyses Nord-Pas-de-Calais*, N° 12.

コラム6　リール地域における産業の歴史・変遷[1]

リール地域における伝統的な工業は，リール，ルーベ，トゥールコワンを中心とする北部地域に繊維産業が立地し，石炭産業と鉄鋼業などの重工業がリール南東部のかつての炭田地帯の上に立地しているのが特徴である（図1）。

まず，リールの繊維産業は，産業革命以来，フランス繊維産業の重要拠点として繁栄した。染色・潜在・糊つけなどの関連工程から化学産業を派生させるなど，リールの地域経済にとって重要な役割を果たした（高橋・手塚 2003）。しかし，第二次世界大戦後には，資金不足による設備近代化の遅れ，地域外のグループ企業による企業買収，工場の地方分散，海外製品との競争，工場閉鎖によって著しい衰退を経験する。その結果，衣服・繊維産業の従業者数は，1954年の190,000人から，2006年には11,000人にまで減少してしまった。もっとも，リール地域が位置するノール=パ・ド・カレ州の繊維産業は雇用数では著しく低下しているが，フランス全体に占める割合では未だに18.5%を占めている。

リール地域の繊維産業は劇的な縮小を経験する一方，技術力を高め高機能の製品開発への重点化を図ってきた。今では衣服・繊維産業に従事する企業のおよそ20%が，イノベーションを重視する高機能繊維の開発に携わる。リール地域では，2005年にはじまったフランス版産業クラスター政策である「競争力の極」政策の指定を2019年現在で9つの産業分野で受けるが，繊維産業も「Up-Tex（高機能繊維と衣服のクラスター）」（2019年からエコ化学素材の「Matikem」と統合され，「EuraMatérials」となった）という名称で指定を受けている。Up-Texの拠点はルーベであるが，リールのフランス繊維衣服研究所や，ルーベ，トゥールコワン，カレの教育機関・学習センター・技術高校が，研究開発活動を支える。また，当該地域には関連産業の蓄積があり，素材の取引，教育ネットワーク，最終製品の流通，等々の面で優位性を有している。

関連産業の創出という面からは，繊維産業から多種のサービス産業が生み出され，特に，通信販売業ではフランスで最も集積の進む地域に成長している。実に，フランスの総合通信販売業の80%がルーベ，トゥールコワンに集積する。さらに派生的に，印刷業，カタログ業，広告メッセージ産業が発展したことで，フランスのグラフィック産業の第二の集積地域となった。フランス各地で目にする総合スーパー「オーシャン Auchan」をはじめ，大規模流通業が育ってい

1）ここでの記述は，立見（2012）の一部を加筆修正したものである。

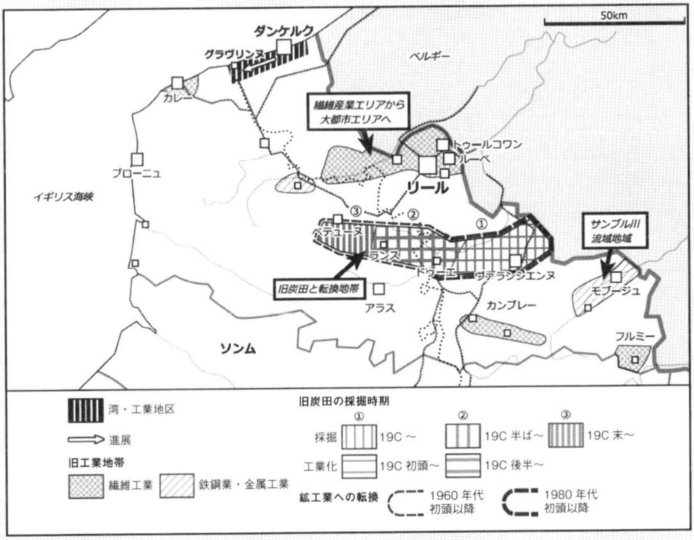

図１　リールの工業地域

（出所：Boyer et al（2009: 218）より筆者作成）

る。

次に，残り二つの伝統的産業について見てみよう。図１の中でヴァランシエンヌ，ドゥーエ，ランス，ベテューヌなど中規模都市にまたがって東西に広がる一帯（長さ 110km，幅 10 ～ 15km）は旧炭鉱地帯にあたる。1720 年代にヴァランシエンヌ付近で石炭の採掘が開始され，その東西に炭鉱地域が拡大していった。石炭産業から，コークス加工業，ガラス工業，火力発電，石炭化学工業などの関連産業が派生し，また石炭産業に支えられてこの一帯で鉄鋼業が発展した。石炭産業については，1950 年代までフランスの石炭の 3 分の 2 を供給し続けたが，1960 年代から石油や電力との競合の激化で衰退を始め，1990 年 12 月に最後の炭鉱が閉鎖される。これに伴い石油化学工業が崩壊し，コークス加工業と火力発電が活動を停止する。鉄鋼業もまた，1960 年代に西部の湾岸部へと拠点が移行したことで衰退する。こうした一連の産業の衰退過程で，かつての炭鉱街ではとりわけ深刻な社会問題に直面し，労働組合と共産党支持の強い地域から，移民排斥で知られる極右政党の国民戦線（FN）の支持地域へと変貌してしまう。

しかしながら，これらの地域においても歴史的に培われた産業的基盤の上に産業の多様化が試みられてきた。鉄鋼業からの素材供給をもとに機械金属工業が発展し，さらにその基盤の上に輸送産業（造船・自動車・鉄道車両）が発展している。1960 年代からの積極的な誘致政策もあり（小田 2003），同地域には，Alstom や Bombardier といった鉄道車両を製造する世界的な大企業の工場と，主要な自動車メーカーの工場が立地する。

ところで，産業クラスターに指定される 9 分野のうち，先端繊維素材の開発を強化する「Up-Tex」はすでに触れたが，繊維産業以外でも，通信販売や大規模流通業は商業の一大拠点を目指す「Picom」として，輸送産業は陸上輸送産業のイノベーションを目指す「I-Trans」としてクラスターを形成するに至っている。また，栄養摂取－健康－高齢化の複合分野である「Clubster NSL」，エコロジーに寄与する持続可能な使用に耐えうる素材・アプリケーション開発の「MATIKEM（旧 MAUD）」（UP-TEX と統合され「EuraMatérials」となった）では，いくつかの産業分野の連携によるイノベーションが目指されている。

「Clubster NSL」では，研究機関，バイオ／健康産業，食品加工産業が連携して，機能食品や栄養サプリメント，老化を予防する食品の開発を行う。また，「MATIKEM」は，化学と素材開発の技術を生かして，テーブルウエア，印刷産業，包装・容器の分野でのイノベーションを促進する。これらのいずれも，リールの伝統的な産業構造のなかで蓄積されてきた技術や支援機関を生かし，また融合させながら展開している点で，地域に賦存する多様な資源を関連させ正の外部性を生み出している例であるといえよう。

（立見淳哉）

【文　献】

小田宏信　2003．ノール・パドカレ地域における産業転換過程．高橋伸夫ほか編著『EU 統合下におけるフランスの地方中心都市－リヨン・リール・トゥールーズ』231–254．古今書院．

高橋伸夫・手塚 章　2003．リール大都市圏の構造変化と発展戦略．高橋伸夫ほか編著『EU 統合下におけるフランスの地方中心都市－リヨン・リール・トゥールーズ』67–110．古今書院．

立見淳哉　2012．仏・リールにおける産業構造の転換と文化振興の役割．大阪市立大学大学院創造都市研究科編『創造経済と都市地域再生 2』37–43．大阪公立大学共同出版会．

Boyer, J.-C., et al. 2009. *La France: Les 26 régions.* Paris: Armand Colin.

経済政策と社会連帯経済

「第３次産業革命」の理念とローカルな実践への展望

10

長尾謙吉

1 はじめに

近年,「産業革命」というフレーズを目にすることが増えた。とりわけ，ドイツの産業政策として発信された「インダストリー 4.0」に由来する「第 4 次産業革命」に関する書物や論評は多い（日経 BP 社 2015)。この文脈での産業革命は,「第 1 次」は蒸気機関を活用した工業生産のこと,「第 2 次」は電気エネルギーが普及し移動式組立ラインを活用した大量生産のこと,「第 3 次」はコンピュータを利用した生産の自動化のこと,「第 4 次」は IoT（Internet of Things）や AI（Artificial Intelligence）などを活用して，カスタマイズされた生産やサービスの提供，既存の資源や資産の効率的な活用，従来人間によって行われていた労働のロボットやコンピュータへの代替などが可能となることをさしている（内閣府政策統括官 2017)。

「第 4 次産業革命」の他にも，産業革命を論じるものは少なくない。たとえば，山形（2015）では,「第 3 の産業革命」をインターネットが革命をもたらすのかという観点から多方面にわたって検討がされている。同書では，トレンドの単なる追跡ではなく，変革が生じているのかを見定めるという検討を通して，革命というべき変化が短期では生じていないことが示されている。

本章では，多様な「産業革命」論があるなかで，ジェレミー・リフキンによって提唱された「第 3 次産業革命」（リフキン 2012）とその影響を受けて実践が試みられようとしているリールを中心とするノール=パ・ド・カレ州における構想や議論について検討する。2016 年 1 月のオー・ド・フランス州発足以前が主たる考察対象となる。第 2 節で紹介するように，ジェレミー・リフキンの提唱する「第 3 次産業革命」は「革命」についてエネルギーを軸とする観点で捉えるものである。第 3 節では，ノール=パ・ド・カレ州における構想の概要を紹介するとともに特徴を検討する。第 4 節では,「第 3 次産業革命」の試みと空間の再構築と経済・社会の再編成について展望を述べる。本章は，地域的な経済政策を「供給と需要の結合構築」（立見 2018）という本書を通じた課題との関わりで検討することにもなる。

2　第３次産業革命：ジェレミー・リフキンの提唱

本節では，ジェレミー・リフキンの提唱する「第３次産業革命」について紹介する。リフキンは文明批評家として多数の著作があり，多くの国や欧州委員会のアドバイザーを務めてきた。彼の「第３次産業革命」については，2011 年に刊行された著書が翌 2012 年に日本語に翻訳されている（リフキン 2012）。

日本語版に向けて，「第３次産業革命のインフラは，比喩的にも文字通りにも『力パワー』をめぐる関係のあり方の大転換を象徴するものとなる」（リフキン 2012: 14）と述べられているように，第３次産業革命はエネルギー転換を基軸としつつ，あわせて大企業を中心とした垂直型社会からの変化という展望をもつものである。

まずは，リフキンが産業革命の歴史をどのように把握しているのか図 10-1 を参照しつつ確認しておきたい。ここで第１次と位置づけられる最初の産業革命は，18

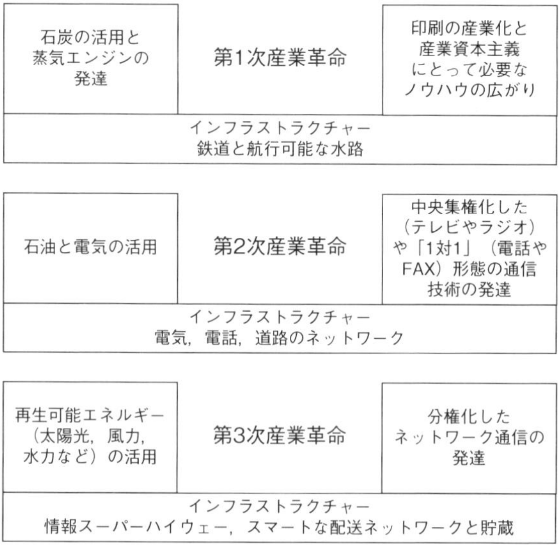

図 10-1　リフキンによる３つの産業革命の要点

（出所：Region Nord-Pas de Calais（2013: 11））

世紀に蒸気機関の開発により動力源が刷新され工場制機械工業や交通機関に大きな変化が生じたことである。第2次産業革命とは，「20世紀の最初の10年で，石油を動力源とする内燃機関と電気通信が一体化し，第二次産業革命が起きた。工場の電化により，量産品の時代が到来した。なかでも最も重要なのが自動車だった。ヘンリー・フォードはガソリンで走るモデルT自動車の製造を開始し，社会の空間的・時間的構造を変えた」（リフキン 2012: 63）ことである。これら二つの産業革命は,「垂直型の構造をとり，少数の有力企業が経済活動への中央集権的でトップダウン型の管理を掌握するのに適していた」（リフキン 2012: 14）のである。

第3次産業革命は二つの産業革命に匹敵する重大な影響を社会に与えると考えられており，その5つの柱は次のとおりである（リフキン 2012: 65）。

①再生可能エネルギーに移行すること。
②全大陸の建物を小型発電所に変えて，再生可能エネルギーを利用現場で収集すること。
③すべての建物とインフラ全体に水素などの貯蔵技術を配備して，間欠的に生じるエネルギーを貯蔵すること。

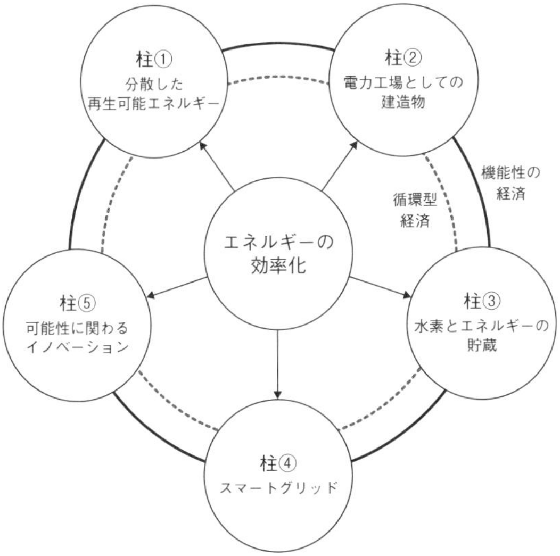

図10-2 「第3次産業革命」の柱
（出所：Region Nord-Pas de Calais（2013: 12））

④インターネット技術を利用して，すべての大陸の電力系統をインターネットと同じように機能するエネルギー共有インターグリッドに変えること。
⑤輸送車両を，大陸規模の双方向型スマート電力系統で電力を売買できるプラグイン電気自動車や燃料電池自動車に切り替えること。

図 10-2 に示されているように，5 つの柱はエネルギー効率化を軸に，機能性の経済（function oriented economy）と循環型経済という点でつながり，「柱を同時に打ち立てないと，革命の土台が持ちこたえられない」（リフキン 2012: 64）ことが強調されている。

持続可能性を意識して再生可能エネルギーへの転換を奨励するものは，世界各地で多数のものがある。2015 年 9 月にニューヨークで開催された国連サミットにおいて採択された「持続可能な開発のための 2030 アジェンダ」に記された 2016 年から 2030 年までの国際目標である「持続可能な開発目標（SDGs: Sustainable Development Goals）」を意識してより活発に展開されようとしている。

リフキンが提示した「第 3 次産業革命」の①と②の柱は，地域分散型エネルギーシステムの特徴とほぼ同様のものである。エネルギーの地域分散型システムと集中型システムの特徴は表 10-1 のようになる（高橋 2016）。

リフキンによる「革命」の特徴は，上記の③④⑤により強く表れている。これらの方向性は，昨今議論されている「スマートシティ」と類似しているところもある。スマートシティは，その捉え方に若干の幅があるものの，「都市の抱える諸課題に対

表 10-1　エネルギーの地域分散型システムと集中型システムの特徴

（出所：高橋（2016: 30））

	地域分散型システム	集中型システム
エネルギー源	分散型エネルギー中心	集中型エネルギー中心
事業主体	多様な主体＋系統運用者	発送電一貫電力会社
政策主体	地方自治体＋国	国
原理	競争・市場＋自律・協調	独占・計画：規模の経済性
ネットワーク	開放・メッシュ状	発電と一体・階層構造
消費者の役割	能動的・多様化：プロシューマー	受動的・限定的
環境適合性	高い：低炭素，安全，自然調和的	低い：廃業制約（放射能，炭素）
地域との親和性	高い：農林水産業との相乗効果	低い
経験・歴史	短い：不確実	長い：確実

して，ICT 等の新技術を活用しつつ，マネジメント（計画，整備，管理・運営等）が行われ，全体最適化が図られる持続可能な都市または地区」（国土交通省）であり，エネルギーやモビリティ（可動性，移動性）の新しい技術を活用して「スマート」な社会の構築を目指すものである。

リフキンの「第３次産業革命」は，分散型エネルギーの導入にあわせて，社会を中央集権的なものから分権的なものへと移行を図るという大きな展望をもっている。それゆえに，「第３次産業革命のマスタープランは，生活空間に関する革新的な新しい考え方にもとづいている。前に私が，新しいエネルギー体制が新しい通信メディアと一体化したときに，空間構造のとらえ方が根底から変わると言ったのを思い出してほしい」（リフキン 2012: 124）ことから，空間の再構築も大きな鍵となっているのである。

提唱者であるリフキンが，経済学の思考様式に大きな疑問をもっていることは注目すべきである。彼の批判的観点は，「第３次産業革命」の取組みが社会連帯経済（ESS）と一定の親和性をもつ背景となっている。リフキンは著書の中で，「運動中の物体に関するニュートンの法則は，実は私たちが経済活動の作用を理解するのにあまり助けとならず，経済学全体をつなぎとめる細い糸にすぎない。それどころか時間の経過と出来事の不可逆性を考慮していないせいで，経済活動が展開する仕組みについて間違った認識を与えさえする」（リフキン 2012: 284）と述べ，第７章のタイトルが「アダム・スミスとの決別」とつけられているように，物理学に原理やメタファーを求める観点での理論構築を疑問視する。とりわけ「エネルギーや物質資源を確保し，変換し，利用し，消耗し，廃棄するといった行為を元に戻すことはできない」（リフキン 2012: 284）ゆえに「出来事の不可逆性」を考慮して経済活動を捉えることの重要性を意識している。

さらに，経済学が想定する原子論的人間像については，「質の高い生活という夢は，集団でのみ実現することができる。孤立して他者を排除した状態では，質の高い生活は享受できない」（リフキン 2012: 323）と述べ，個人化に対する警鐘を鳴らしている。また，「啓蒙主義経済学者は，「幸福」と「よき生活」が「個人の富の蓄積」と同義だと確信してきた」（リフキン 2012: 323）ことへの懐疑は，一時期各国で流行した「グリーン成長戦略」と一線を画すものとなっている。

リフキンは，産業革命の経路を，「勤勉」モードから「協働」型への生活様式の移行との関連を捉えており，「「産業の」を意味するインダストリアルという言葉自体が「勤勉な」を意味するインダストリアスという言葉に由来し，近代的な市場経済に付随し経済をうまく動かすのに不可欠となった精神のあり方を指し」（リフキン 2012: 340），「勤勉な行動を特色とする時代と，協働的行動を特色とする時代」（リフキン 2012: 374）とを対比している。『資本主義の新たな精神』（ボルタンスキー・シャペロ 2013）ほどに包括的かつ批判的観点を有しているとは言い難いが，ESS による「もう一つの経済」に向けた試みとの親和性ある視点を有している。

3 ノール=パ・ド・カレ州における構想

「第3次産業革命」は，ノール=パ・ド・カレ州内においてリフキンを中心とするチームによって作成されたマスタープランに基づいて実施に向けた2050年を目指すロードマップ（工程表）が示されている。

地域における「第3次産業革命」に向けて，フランス・ノール商工会議所とノール=パ・ド・カレ州議会が中心となり，地域のビジネスリーダー，政治的リーダー，教育研究機関，労働組合，社会運動体，環境運動体などを巻き込み展開していくことが企図された。2013年1月と2月の準備段階を経て，第1段階の3月から5月にかけてリフキンのチームとの共同作業を開始し5月には3日間の集中セミナーでマスタープランに向けた雛型を示した。それに続く第2段階では，リフキンのチームがマスタープランの第1版を作成し，関係組織との検討を行うとともに7月8日から11日にかけてリール・メトロポール LMCU において「市民集会」を開催してより広範な人々の意見を聞いた。それらを受けて第3段階では，マスタープランを改訂して最終版を10月25日にリール世界フォーラムにおいて発表した。

マスタープラン作成にあたっては，ノール=パ・ド・カレがこの革命に取り残されるのではなく，世界の中で先導する役割を担うことを目指す問題意識をもっていた。こうした問題意識は，当地が「第1次産業革命」においてヨーロッパ大陸を先導したことの影響もある。エネルギーと通信の技術発展を活かし，地域を再活性化させるために，「みんながエネルギー」「みんなが情報発信」「地域と人に重きをおく」という意識の改革を図る。エネルギーについて，狭い範囲での循環を高めること，経済活動に価値観を取り込むこと，エネルギー転換の枠に止まらない社会の再構築を視野に入れている。

ロードマップに描かれている2050年のノール=パ・ド・カレの姿をみてみよう。エネルギーの生産と消費に関して，2015年に約160,000GWh（ギガワット時）である地域の電力消費を2050年には約60,000GWh にまで効率化を進め減少させるとともに，再生エネルギーによる発電を約60,000GWhとして「自給自足」状態とする。地域土地利用計画と持続的発展計画に主として基づく消費の効率化を図るとともに，「第3次産業革命」の柱①に基づいての再生エネルギーへの積極的投資と柱②に基づいての都市再生プログラムによる建造物や近隣地区の小型発電所への転換が手段となる。

分散型のシステムを支えるため，柱③に基づいて建物とインフラに水素などの貯蔵技術を配備してエネルギーを貯蔵し，柱④に基づいてインターネット技術を利用したスマートグリッドへの公共投資を商工会議所などが奨励し，柱⑤に基づいて人や物の輸送に関して再生可能エネルギーを活用した輸送車両を使用しインフラストラクチャーを整備する。これらの取り組みは，民間投資と公共投資を通じて経済活動を活性化させ，165,000人ほどの雇用を生み出すとしている。ノール=パ・ド・カレが世界で最も効率的で，生産的で，持続的な地域になり，「第3次産業革命」を他地域に拡散していく先駆的事例となるというシナリオを描いている。

ノール=パ・ド・カレにおいて，2008年時点のエネルギー消費の約半分は鉄鋼業を中心とした製造業が占めていることから，シナリオで検討されていることとともに「斜陽工業地域」における製造業の動態が目標数値に影響を与えることも考えられよう。製造業の縮小がエネルギー消費の低下に貢献するからである。再生エネルギーについては，太陽光・風力・バイオマスといういわば「定番」が並んでいるが，工場跡地などのブラウンフィールドと海を活用した風力が当地域独自の強みを発揮できるのかの鍵となりそうである。柱③④⑤に関わる部分は，期待を抱いた構想段階のものであり，技術開発の拠点となり世界各地にスキームや技術を「輸出」する拠点となるという目標は，多くの地域で類似の構想をもつであろうものである。

商工会議所をはじめ「第3次産業革命」を推進する組織や主体は，「フランスの工場」であった当地域だからこそ実践の価値を見出しているようである。「第3次産業革命」でロードマップに取り上げられていることは，「目新しい」ものばかりではなく既に進みつつあることもあり，「非現実的なユートピアではない」と考えられている[1)]。

資金については，「下からの力を創造していくことが重要」であることから，州などは補助金をだすのではなく，住民を通した資金調達を強調している。住民からの

1）2015年3月13日（金）商工会議所，州議会への調査時の発言から（インタビューNo.21，No.22）。

資金調達は「協働的行動を特色とする時代」における取り組みとしても重要な観点となる。しかし，実質的にはEUの構造基金などへの依存度が高くなろう。EUの地域政策である構造政策を実施するための構造基金において当地域は移行地域に地域指定されており（岡部 2016），オー・ド・フランス州が措置を受け入れる地域となり2014年からのプログラムでは「低炭素地域への移行」「持続可能な交通インフラの整備」などのテーマが関連することになる。

資金調達の内訳に関しては，Credit coopératif（信用協同組合）が開設した「第三次産業革命貯金口座」が一つの資金源となっている[2]。オー・ド・フランスだけではなく全国の口座保有者が，投資先として「第3次産業革命」を選択することで，広く資金調達を行うことができる。2018年3月時点で1,600万ユーロが集まり，関連プロジェクトに参加する中小企業に融資がなされた。また，2015年末にノール県商工会議所と州議会が立ち上げた「CAP3RI」は，12プロジェクトに資金援助を行う。この組織には，州，クレディ・アグリコル，欧州投資銀行，欧州地域開発基金（ERDF）など，フランスならびにヨーロッパの私的／公的金融機関が参加し，およそ4,000万ユーロの資金を準備している。このほか，クラウドファンディングの「Kiss Kiss Bank Bank」などの参加型の資金調達手段との連携もなされている。「第3次産業革命」全体の把握は難しいが，おそらく5億ユーロ程度が動いていると予想される。

4 産業革命と社会－空間の再構築：むすびにかえて

日本語版『第3次産業革命』の帯には孫正義による「脱原発後の世界が目指すべきビジョンが，ここに」という推薦メッセージが載せられている。エネルギー転換を軸に持続可能性を模索する試みが世界各地で数多いなか，リフキンの提唱した「第3次産業革命」のロードマップに基づきノール=パ・ド・カレにおいて「非現実的なユートピアではない」試みが行われようとしている。

「第3次産業革命」は，エネルギー転換を軸に社会の行方を論じている。エネルギー転換や社会変革を目ざすものはユートピア的発想に止まるものも少なくない。技術決定論の色彩が濃い場合には，そうした傾向はより強くなる。決定論に陥ら

2）資金調達に関する記述は，2018年3月にオー・ド・フランス商工会議所Cédric Van Riel氏に対して行なったインタビュー（No.38）による。

ずに，技術，組織，領域（地理）の「三位一体」的なアプローチ（Storper 1997）が，エネルギー技術の活用を考える場合にも必要な視点となるであろう。垂直型組織から水平的組織への移行は，組織についてだけでなく市場のあり方の変化を伴う。「供給が需要を生み出す」という古典派的経済学の観点に疑問をもち，また「原子論的」な人間像から距離を置き，協働型で経済活動に価値観を取り入れようという試みは，「供給と需要の結合構築」という方向性とも近いものがある（リフキン 2012）。

本書の他章で論じられているように「供給と需要の結合構築」を図る場合には，近隣サービスをはじめ一定の地理的近接性が求められる。分散型とはいえ，エネルギーの場合は技術の特性と規模を無視することもできない。地域における人口や経済活動の密度とエネルギーの密度という，二つの密度を抜きにしたエネルギー転換のシナリオは「不都合な真実」に目を向けていないものと評価できる（シュミル 2012）。ノール=パ・ド・カレは炭鉱隆盛の時代には地理的には分散型であったが，産業構造の変化やリスケーリング（コラム7「リールをめぐるリスケーリング」参照）のもとリールという中心都市の役割は大きくなり経済活動密度の偏在度は高まっている。規模の大きな都市への戦略の具体化も求められよう。また，原子力発電への依存度が高いフランスにおいては，国と地域のスケールにおいて，いかに原子力発電を「店じまい」していくのかというシナリオの検討も併せて必要となろう。

エネルギー政策をめぐっては，地理的多様性への対応について，地域分散型エネルギーシステムでエネルギーの「地産地消」を絶対的な目標とするのではなく，地域特性に応じた戦略が求められる（長尾 2016: 58–59）。エネルギーや環境問題をめぐって，「グローバルに考え，ローカルに行動する」という標語は人気があるが，この標語のもとでは「ローカルに考える」ことが忘れられがちである（水岡 2002: 374–375）。エネルギーは，皆にとってアクセス可能な共通財《ビヤン・コマン》として必要不可欠である。共通財の供給と消費を共通善《ビヤン・コマン》に寄与するようにするには「ローカルに考え行動すること」が求められ，かつローカルよりも大きな地理的スケールにおける共通善との整合性を考えることが求められる。ノール=パ・ド・カレは，「第1次産業革命」と「第2次産業革命」で石炭および繊維の産地として大きな変動を経験してきた。「第3次産業革命」への期待の高さは，化石エネルギーへの依存度や失業率の高さと相関している面もあろう。斜陽工業地域でエネルギー転換を軸にして社会と空間の再構築がどのように図られていくのか，今後に注目しておきたい。

【文　献】

岡部遊志　2016．ヨーロッパの地域政策．山﨑 朗ほか『地域政策』238–253．中央経済社．
シュミル, V. 著，立木 勝訳　2012．『エネルギーの不都合な真実』エクスナレッジ．Smil, V. 2010. *Energy myths and realities: Bringing science to the energy policy debate*. Washington, D.C.: AEI Press.
高橋 洋　2016．地域分散型エネルギーシステムを定義する．植田和弘監修，大島堅一・高橋 洋編『地域分散型エネルギーシステム』17–37．日本評論社．
立見淳哉　2018．フランスにおける社会連帯経済の展開―「もう一つの経済」に向けた試み．『経営研究』69(2): 19–39.
長尾謙吉　2016．エネルギー問題と地域の選択肢．『地域経済学研究』32: 55–59.
日経BP 社　2015．『まるわかりインダストリー 4.0 第 4 次産業革命』．
ボルタンスキー, L.・シャペロ, E. 著，三浦直希ほか訳　2013．『資本主義の新たな精神（上）（下）』ナカニシヤ出版. Boltanski, L. et Chiapello, E. 1999. *Le nouvel esprit du capitalism*. Paris: Gallimard.
水岡不二雄編　2002．『経済・社会の地理学』有斐閣．
山形浩生監修　2015．『第三の産業革命』KADOKAWA．
リフキン, J. 著，田沢恭子訳　2012．『第三次産業革命―原発後の次代へ経済・政治・教育をどう変えていくか』インターシフト．Rifkin, J. 2011. *Third industrial revolution: How lateral power is transforming energy, the economy, and the world*. New York: Palgrave Macmillan.
Region Nord-Pas de Calais 2013. *NORD-PAS DE CALAIS: La Troisième Révolution Industrielle en Marche!*
Storper, M. 1997. *The regional world: Territorial development in a global economy*. New York: Guilford.

国土交通省「スマートシティに対する取り組み」〈https://www.mlit.go.jp/toshi/tosiko/toshi_tosiko_tk_000040.html（最終閲覧日：2020 年 12 月 21 日）〉
内閣府政策統括官（2017）『日本経済 2016–2017―好循環の拡大に向けた展望』内閣府〈https://www5.cao.go.jp/keizai3/2016/0117nk/index.html（最終閲覧日：2020 年 12 月 21 日）〉

コラム７　リールをめぐるリスケーリング

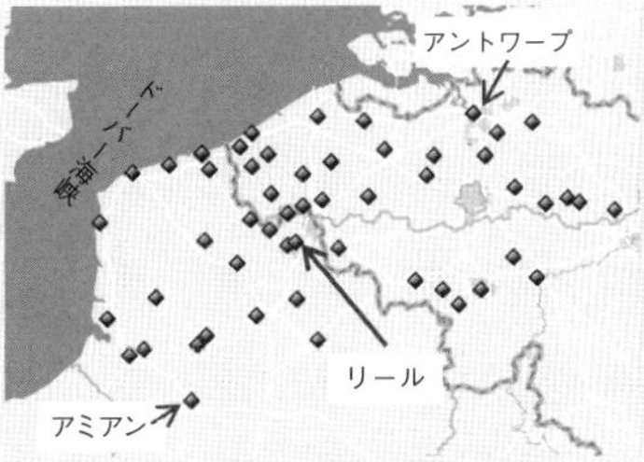

図１　フランドル地方の鐘楼群
（出所：ユネスコの HP から筆者作成）
https://whc.unesco.org/en/list/943/（最終閲覧日：2019 年 11 月 28 日）。

リール地方はフランスの北東国境に背中を接し，産業衰退期には「行き止まりの陰鬱な工業都市」とか「180 度の街」などと，マイナスイメージでいわれていた。しかし EU 統合を契機に，リールは二つのリスケーリングによって 360 度の発展戦略を展開している。

その一つは歴史的な関係が深いフランドルスケールであり，もう一つは EU 単一市場によって新しく拓けたヨーロッパスケールである。11 世紀頃，リールはフランドル伯爵領の首都であり，その範囲は現在のリール・メトロポール LMCU のエリアとほぼ重なっていた。その後，伯爵領の首都はベルギー北部に移っていったが，リールは一貫してフランドル都市群の一員として産業的・文化的に重要な役割を担っていた。その位置関係は，世界遺産に登録されたフランドル地方の鐘楼分布（図 1）からも確認できる。そうした歴史性の上に，リールを中心とするノール地方の都市は隣接するベルギーの都市と多面的なつながりをもちつづけた。たとえば，繊維産業が興隆していた時期のリール，ルーベ，トゥールコワンに多数のベルギー人労働者が移住もしくは国境を超えて通勤していたことなどである。

こうした経緯から，ピット（2003）によれば，ノール地方の住民はパリ人よりもベルギー人に文化的な親近感を抱き，またノール地方の祭りや古物市にはフランス人と同じくらい多数のベルギー人が詰めかける関係になったという。その基盤の上に 1990 年代初頭から，EU のプログラムを活用した国境間協力事業が実施されるようになった。たとえば欧州文化首都事業である「リール 2004」は，主会場であるリール・メトロポール LMCU の他に，アントワープなどベルギーの各都市も参加して行われた。またリール－コルトレイク－トゥルネ・ユーロメトロポール事業では，2008 年から国境を超えた鉄道・バス路線の延長整備や両国共通の下水処理場建設などを進めており，人口規模 210 万人の大都市圏が，国境をはさんで形成されつつある。

こうしてみると，ある地理的スケールを実質化しようとすれば，少なくとも域内交通網と，利益共通と，文化的一体感の成立が欠かせないことが分かる。

ではそれらの点でヨーロッパスケールの方はどうなっているだろうか。まず交通網は，リール・メトロポール国際開発局（APIM）[1] が「ヨーロッパの中心にあなたの拠点を」と外国企業を誘致するように，ユーロスターやTGVなどの高速鉄道によって，リールはパリ，ロンドン，ブリュッセルをつなぐ「ヨーロッパの十字路」（図2）になった。また陸上輸送を支える高速道路網の整備も進んでいる。

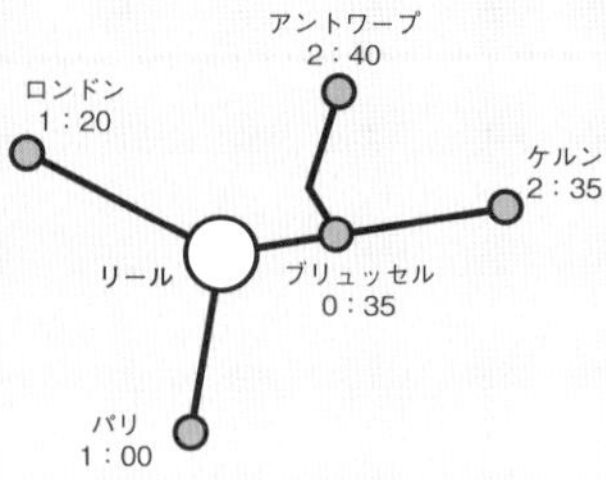

図2　ヨーロッパの十字路
（出所：筆者作成）

二番目の利益共通については，ノール=パ・ド・カレー州（当時）の単位[2] で見た2009年の貿易実績からみよう。輸出先を金額順にならべると，1位ベルギー62億€，2位ドイツ37億€，3位イギリス22億€となっており，上位10カ国のうち8カ国がヨーロッパである。輸入元も同様に1位ベルギー47億€，2位ドイツ38億€で，3位に中国25億€が入るけれども，やはり10位中8カ国がヨーロッパである。つまり図2の交通網で結ばれた範囲を中心にヨーロッパスケールの利益共通が成立しているといえよう。ただし移民排斥などに現れているように，個人レベルでの利益衝突が拡大していることは見ておかなければならない。

三番目の文化的一体感については，まだ途上である。リール市舞台芸術音楽局長のフロランス・ラリー（2008）がいうように，「リール2004」は市民に自信を取りもどさせ，地域発展の原動力を生みだした。その後，文化事業は「リール3000」として継続され，多様な民族，世代，階層の社会的包摂を促せるようにテーマや担い手の参加も工夫されている。そのおかげで，イギリス人やベルギー人のリールに対する評価はフランス人よりも高くなっているが，ヨーロッパスケールの一体感を醸すところまではまだ届いていないように思われる。

ただいずれにしても，リール地方が二つのリスケーリングによって，新しい発展の可能性を広げているのは確かである。

（三浦純一）

1）APIM（Agence pour la Promotion Internationale de lille Métropole）はリール・メトロポールLMCU，グラン・リール商工会議所，ノール県が運営する。

2）リール・メトロポールLMCUそのものではないが，ノール=パ・ド・カレ州（当時）経済の80%をリール・メトロポールLMCUが占めるため，傾向として同じである。

【文　献】

ピット, J. -R. 2008. EU 統合とフランス. 高橋伸夫ほか編『EU 統合下におけるフランスの中心都市―リヨン・リール・トゥールーズ』157–170. 古今書院.
ラリー, F. 2007. リール「欧州文化首都 2004」で得た市民の自信.『をちこち：遠近』20: 30–33.

社会連帯経済の可能性によせて

立見淳哉・長尾謙吉・三浦純一

11

本書では，リール地域の経験を中心に，フランスにおける社会連帯経済（ESS）をめぐる諸概念ならびに刻々と変わる現実の一端を明らかにしてきた。もちろん，ESSの全体像を紹介するためには，全国的な展開状況やESSが活発なトゥールーズやマルセイユなどオー・ド・フランス州とは異なる特徴をもつ地域の状況にも対象を広げる必要がある。また今回は調査対象をESSを組織する側にしぼったが，サービス利用者や出資者の視点や，資本主義的市場経済との関係であるとかも具体的に俯瞰する必要があるだろう。

そうした領域の拡張と掘り下げが今後の課題として残されているにせよ，全体を通じてESSの輪郭を描くことができたのではないかと考えている。本書で扱ったのはリール地域の限定された経験である。しかしながら，この地域は，フランスにおいて連帯経済に関わる挑戦をリードしてきた先駆地域であることから，ビヤン・コマン（共通財／善）の民主的ガヴァナンスに基づく「もうひとつの経済」の実像を理解し，その可能性について考える格好の素材であると確信している。

リール地域の経験は，ビヤン・コマンの生産に向けた経済の仕組みだけではなく，資本主義的市場経済との関係についても重要な示唆を与えてくれる。リール地域においては，第4章の社会的企業や第7章で詳述した空間の再編に端的に現れているように，通常の市場経済との関係の中でESSの振興が行われていた。これは，第6章の補完通貨や第10章で描いた気候変動への対応を主軸とする第3次産業革命の試みにも該当する。リール地域全体としては――そもそもこれもESSの特徴なのかもしれないが――，一方ではESSを振興しながら他方では企業誘致や産業クラスター政策など「旧来的な」産業政策も行うなど，産業／経済の多様性の担保ないしはハイブリッド化を行なっている。そしてこうしたハイブリッド性は，地域産業や地域経済を専門としてきた執筆者たちにとって，不確実性の増す今日において非常に現実味のある戦略に映るのである。

ただし，ESS内部においても従来型の社会的経済や連帯経済と，より市場経済に近い社会的起業家の活動との間に距離があるように（コラム2「連帯経済と社会的起業家」参照），様々な経済領域間の，つまり異なる関心や利害をもつ集団間の力の均衡は容易ではないだろう。リール地域の実験は，最終的には連帯的価値に準拠することで，緊張と妥協を内包しつつも，そうした力の均衡を成立させてきた。第2章の議論を想起すれば，社会連帯経済がマクロ制度的布置において影響力を発揮し，移ろいやすい力の綱引きにおける錨となり得ているといえる。

ところで本書を読まれた方はすでにお気づきのように，フランスのESSは日本の「社会的経済」（日本では公式な概念としてまだ確立していないため「」を付ける）とかなり様相を異にしている。それ自体の制度的仕組みだけでなく，政府の考え方や運動の歴史が違うことが大きい。ESSを日本に浸透させる上でも，いくつかのポイントについて現状における日仏の違いを改めて理解しておくことが肝要である。

第一に法制度に関して，フランスのESSは，その構成要素の全体が一つの仕組みをもった「経済」となることが目指されている。第2，第3，第4章で詳しく述べたように，フランスのESSは2014年社会連帯経済関連法（以下，2014年法）によって理念，内容，形態のほか支援システムも含めて体系的な制度がつくられている。そして，従来の社会的経済，連帯経済，市場経済に出自をもつ多様な事業主体が一つの系を構築するに至っている。このような多様性が刺激しあう系に創造とイノベーションの可能性が生まれることは，想像に難くない。対して日本の場合は，協同組合，共済組合，NPO等はそれぞれが事業ごとの個別法の下で縦割りにされており，全体の連携を促す基本法的なものは存在しない。消費生活協同組合法や労働金庫法などは，「社会的経済」が市場において組織間の競争を圧迫しないように，その活動をむしろ制限してきたのである。

第二に，第一の点ともかかわるが，フランスでは自治体の地域経済計画の中にESSが公式に位置づけられている。たとえば2014年法の制定前であるが，リール・メトロポールLMCUが作成した経済開発プロジェクト計画（2011～2014）の中には，企業支援などの項目とともにESSが重点に組み込まれている。また第3章にあるように，2014年法では第1条にESSが経済発展の一形態であることを定義している。日本の場合は，経済政策の中でソーシャル・ビジネスやコミュニティ・ビジネスを新しい領域として促すことはあるが，「社会的経済」という制度的枠組みをつくったり，その発展を促すことはこれまで行なっていない。

第三に経済の民主化に対する意識である。フランスは「経済の民主化 la démocratisation de l'économie」を社会的に重要な課題として公式に位置づけ，ESS がそれに貢献することを認定している。リール市の ESS 発展計画（2016 ～ 2020）は，ESS が社会的効用を生みだし，持続的発展に貢献するとともに経済の民主化を進めると価値づけている。また第 3 章や第 5 章でふれたように，2014 年法は ESS 企業の実践を不断に向上させるために，経営陣が年次総会に民主的ガヴァナンスに関して進捗状況を報告するよう義務づけているが（第 3 条），そのチェック項目はまさに上記の目的に沿った内容である。日本では，戦後の占領政策以外に「経済の民主化」が国の政策課題になったことはない。

第四に市民社会の特質である。第 5 ～第 10 の各章に示されているように，フランスの ESS は市民の自律的で活発なイニシアティブに支えられている。それはフランス革命以後の「個人」の強さとともに，19 世紀からつづく労働者・市民の協同組合運動などの歴史に裏打ちされたものである。ESS の多様な担い手が多数存在し，そのネットワークが地域別，課題別に重層的に構築されていることで，そうしたイニシアティブの活力がもたらされている。日本の場合は，市民による自律的活動は限定的で，協同組合等の役割に対する評価も高くはない[1)]。またそうした諸主体間のネットワーク活動も十分に育まれているとはいえない。

第五にアソシアシオンの蓄積の厚みとその役割である。フランスの ESS に大きな比重を占めるアソシアシオンは，第 8 章が述べているように「民主主義の学校」としての機能を果たしている。フランスでは 1791 年のル・シャプリエ法以来，労働者や市民の結社は長らく禁止されていた。しかし 19 世紀以降の労働運動の強まりや，1848 年の二月革命，1871 年のパリ・コミューンなどをへて，ようやく 1901 年にアソシアシオン法として結社の自由が回復した。アソシアシオンにはもともとこうした民主主義運動の歴史がある上に，ESS に参加する場合は，民主的ガヴァナンスが法的にも義務づけられる。これに対してアソシアシオンにおよそ相当する日本の NPO は，法律上，ボランティア活動を中心にした社会貢献を使命にしており[2)]，

1）2018 年 11 月に実施された全労済協会の「勤労者の生活意識と協同組合に関する調査」によると，社会問題や暮らしの向上に熱心な団体として認知されているのは（3 つ選択），地方自治体 45.7%，国・政府 29.5%，NPO 法人 25.3%，大手企業 18.8%，町内会・自治会 15.9%，中小企業 11.4%，財団・社団法人 9.3%，労働組合 8.7%，協同組合 5.8% という状況であった。調査はインターネットで行われ，3 万 6,454 人に依頼し，4,871 人から回答を得た。

「社会的経済」に参入する場合も特に民主的ガヴァナンスが義務づけられることはない。

日本において以上のような違いを個別具体的な文脈に即してどう理解し，どう乗り越えていくべきなのか，別途真剣に考えいく必要があるだろう。

§§§§

さて，本書が各章にわたって述べてきたように，リール地域のESSは新自由主義的色彩を色濃くしつつある資本主義経済から排除された人々，あるいは「もう一つの経済」を希求する人々に対して，雇用はもちろん多様な形の社会参加の場と財・サービスを提供している。また大規模化するとともに私的利益にプライオリティを置く経済が破壊した自然環境の保全・回復や地域の社会的紐帯の再創造にも取り組んでいる。それらが一定の効果を上げていることは，第9章が述べているように，ノール=パ・ド・カレ州の雇用全体に占めるESS雇用の比率が全国値よりも高いことや，ESS企業の賃金水準がボランティアレベルではなく民間企業と同等であることに示されている。そうしたことからすると，リール地域のESSはこれからも着実な深化を続けるものと思われるし，そうであることが強く期待される。ただし近年になって，ESSを取り巻く環境にいくつかの懸念材料も顕在化しつつある。それらについて少しふれておきたい。

まず，改善されてきたとはいえ未だに失業率が全国水準よりも高いことである。2018年の数値[3]では，全国が9.1%であるのに対してノール県が12.0%，パ・ド・カレ県が11.1%である。なかでも15～24歳の若年層については，全国も20.8%と高いがノール県は27.0%，パ・ド・カレ県は28.9%になっている。しかも，私たちがいくつかのインタビュー先で,「親子三代にわたって就職できていない」と聞かされたように，長期化し構造化した失業も多い[4]。

フランスの失業・雇用対策関連の社会支出額は，対GDP比でみると，「栄光の

2）1998年に制定された「特定非営利活動促進法」は第1条の目的に「ボランティア活動をはじめとする市民が行う自由な社会貢献活動としての特定非営利活動の健全な発展を促進し，もって公益の増進に寄与することを目的とする」とうたっている。

3）INSEEのホームページ（Recherche dans Statistiques）から当該のデータを取得。

4）OECDの調査によると，フランスの失業者に占める長期失業の比率は44.4%である（独立行政法人　労働政策研究・研修機構『データブック　国際労働比較　2018』：147)。

30年」といわれた経済成長期末の1973年に0.87%であったものが，2005年には4.35%とおよそ5倍にまで増加している（松村 2007: 69)。こうした現実のなかでは，失業・雇用対策費を抑制して新産業への投資に回せば経済が成長して雇用も増えるし，さらに労働規制を緩和して労働力を流動化すれば失業も減少する，といった論理が支持されがちである。そして，公的事業の民間委託と同じように，ESSが社会支出の削減手段とみなされるようになれば，新自由主義的なグローバル資本主義を補完するものとしてESSが矮小化され主流の経済レジームに組み込まれることになりかねない。

第二に，フランスあるいは世界各地で進む，経済格差の拡大と社会の分断傾向である。FN（国民戦線）党の躍進にみられるように，近年，格差や貧困の解決を旗印にしながら，社会的属性の異なる人びと，とりわけ移民をターゲットにした分断と排除の圧力が増している。ESSは今ここにいる人びと全員の民主主義的な協同と連帯によって，今ここにある矛盾を解決し，GDPには単純に還元されないような「新しい豊かさ」を創り出すことをめざす試みである。そのために，第8章が述べたように，リール市の参加民主主義は様々な取組みをつうじて，まず人のつながりを創り出すことを重視していた。そうした文脈に分断と排除の論理が持ち込まれることになれば，ESSとその基盤である民主主義はつき崩されてしまうことになるだろう[5)]。

第三に，これまでESSと連携してきた国会，地方議会の勢力が急速に弱体化していることである。リール地域のESSは市民のイニシアティブを基本的な発展土台にしているが，中央政府や地方政府との連携によって活動舞台を広げてきた部分も大きい。ところが2017年の大統領選挙で社会党のオランド政権に代わって緊縮財政路線のマクロン政権が誕生し，すでにESS関連の予算も削減されだした。それ

5）土台にあるのは，国民国家と個人のアイデンティティが揺らいでいること，グローバル経済の中で中流層もふくんで生活が不安定化していること，移民や外国人が「自分のエリア」に増えていることである。こうした空気を政治的な支持基盤として捉えて増幅しているのが，極右ポピュリズムである。たとえば2007年大統領選挙で投票した人の意識調査では，「フランスでは移民が多すぎる」と回答したのは全体で56%であったが，極右に投票した人の中では90%に及んだ。また「以前ほど自分の国にいると感じない」と答えたのは全体では56%，極右に投票した人では80%であった（Mayer 2012: 148)。極右ポピュリズムのFN党が2017年大統領選挙に掲げたような，「愛国の歴史と文化を守り促進するよう憲法に記載」とか「フランス国民に優先的に公営住宅を割り当てる」とかいった政策が，もし現実に採用されることになれば，事態はさらに深刻なものとなる。

だけでなく，リール地域ではこれに先行して，ESSを強力に推進してきた社会党を中心にした左派系の影響力が低下し，政策の傾向が変化するだけでなく，イニシアティブと政府をつなぐ意思疎通の糸が細くなり出している[6]。

以上三つの懸念事項はESSのむしろ外部で起こっていることではあるが，ESSの存立・維持・発展環境にかかわる重要な課題でもある。

§§§§

ESSは，本書で検討してきたように，「もう一つの経済」に向けた壮大な実験であり，これまでのところ，「経済の民主化」という理念を具体的に実現しつつあるようにみえる。その一方で，たとえば市場経済と互酬性の原理の狭間で生じるような緊張や，上記のような社会・政治情勢からの試練をも受けざるを得ないのである。そうしたESSのたえざる挑戦を含めて，本書で紹介したリールの経験が日本でも「もう一つの経済」を模索したいと考える読者諸氏にとって示唆深いものになることを願っている。

「はじめに」でも述べたように，リールを中心にした私たちの調査は足かけ8年に及んだ。それは，ESSの事業分野と企業形態が多様である上に，それを支援する組織や機関も多岐にわたるため，主要対象を訪問し，刻々と変わる状況を追跡するだけでも多くの時間を要したからである。私たちは行政機関については一般財団法人自治体国際化協会パリ事務所に仲介をお願いし，ESS関連の事業所や個人についてはノール=パ・ド・カレ州のESSネットワークセンターであるAPESに紹介してもらうなどして，延べ47の視察・インタビュー・交流会等を行うことができた（巻末付録を参照されたい）。両団体の丁寧なお世話がなかったら，とてもここまでの調査は実行できなかった。また通訳の甲田充子さんには，調査期間の全体を通じて，調査相手との面倒な調整や資料収集もまかせきりでお願いし，大変なご苦労をおかけしてしまった。甲田さんの的確・迅速かつ鋭い折衝のおかげで実施可能となったインタビューは少なくない。通訳・資料収集に関しては後藤祐喜子さんのご尽力も欠かせなかった。調査のセッティングをしていただいた方々にまずもってお礼申し上げたい。

それから多忙な中で時間を割いていただいたインフォーマントの方々や調査を

6）2014年のコミューン選挙以降はリール欧州メトロポールMELの議長に無党派が就任し，2015年の州議会選挙からは中道右派が州の政権を担うようになった。上記いずれの場合も極右ポピュリズムの政権をくい止めるために，左派系が無党派や右派と手を組んだ結果であるが，ESS政策に及ぼす影響は小さくないと推察される。

サポートしてくださった方々に厚く御礼を申し上げる。紙面の関係で全ての方を列挙することができないことは残念だが，とりわけ，リール市第1助役のピエール・ド・シャンティニョン氏，ノール県家族手当金庫（CAF du Nord）所長のリュック・グラール氏，ジャンマルク・ルギャール氏（社会戦略コンサルタント，パリ第4大学），それからAPESで中心的に対応してくださったジョアキム・ルブラン氏（サブ・ディレクター）やギヨーム・ドゥルヴァク氏には深い感謝の念を表したい。

最後に，本書は科研費補助金（基盤研究B：2014 ～ 2017）「フランスの斜陽工業地域における社会連帯経済」（課題番号26300033）の成果である。またその後，調査・研究を継続する上で，（基盤研究B：2016 ～ 2019）「田園回帰による農山村空間の変容実態に基づく日本型ネオ内発的発展モデルの構築」（課題番号16H03523），（基盤研究C：2019 ～ 2021）「現代資本主義における「価値づけの装置」に関する経済地理的研究」（課題番号19K01189）を活用した。ナカニシヤ出版編集者の米谷龍幸さんには，私たちの企画の意図を理解し出版を快く引き受けてくださっただけではなく，その後コロナ禍においても本書の刊行に向けて粘り強くご支援いただいた。また，入稿作業にあたっては，鳥取市地域おこし協力隊（元岩波書店編集部）の山川良子さんに外部校閲作業を行なっていただけたことも大きな助けとなった。心から御礼を申し上げたい。

本書は，2021年3月に刊行された初版の第二刷である。初版刊行から1年経たずして，編者の一人である三浦純一さんがお亡くなりになった。三浦さんは本書のアイデアを一緒に議論し，形にしてきた大切な研究仲間であった。編者として全体の原稿を取りまとめ推敲を重ねていく段階では，病と闘いながら，しかしそれを感じさせないほど粘り強く，かつ繊細に作業をされる姿が印象的だった。三浦さんの存在を抜きにして，本書が仕上がることはなかっただろう。この第二刷が，ささやかな餞になることを願っている。

【文　献】

松村文人　2007．フランスの失業保険と雇用政策．国立社会保障・人口問題研究所『海外社会保障研究 WINTER 2007 No.161』69.

Mayer, N. 2012. De Jean-Marie à Marine Le Pen: L'électorat du Front national a-t-il changé ? In *Le Front national. Mutations de l'extrême droite française*. ed. P. Delwit, 148. Bruxelles: Éditions de l'Université de Bruxelles.

【巻末付録】インタビュー調査の訪問先と主な内容

日（曜）	No.	訪問先	所在地	主な内容
2010年9月				
27日（月）	No.1	イル・ド・フランス州開発局（ARD）	パリ市	パリ地方と大阪圏のクラスター政策についてワークショップ形式で交流。ARDのパリ首都圏経済プロモーションについて説明を受ける。
	No.2	イカッド（ICADE）社	サン=ドニ市	ビジネスパークの開発を手がけるSCIC企業のIcade社にて，サン=ドニ市におけるマルチメディア産業クラスターについて説明を受ける。
	No.3	スタジオ107等		廃倉庫をリノベーションしたテレビ番組製作会社「スタジオ107」および一帯の廃倉庫群の再生状況を視察。
	No.4	ダタゴーラ（DATAGORA）	ロワシー・アン・フランス市	公益法人DATAGORAが行なっているロアシー・シャルル・ド・ゴール空港ビジネス地区開発事業についてのプレゼンテーションと質疑。
29日（水）	No.5	一般財団法人自治体国際化協会パリ事務所	パリ市	フランスの地方行政事情，およびリール・メトロポール（LMCU）についての基礎知識について説明を受ける。
	No.6	リール・メトロポール（LMCU）	リール市	LMCUとグラン・リール商工会議所が50%ずつ出資するAPIMが行なっている産業クラスターと結びついた企業誘致について説明を受ける。
30日（木）	No.7	PICF（企業連携グループ）（シェール県商工会議所）	ブールジュ市	機械金属の中小企業連携アソシアシオンであるPICFの活動について説明を受けた後，大阪府八尾市の企業連携について報告交流。
	No.8	ガトファン（Gattefin）社		PICFの現会長の精密加工の企業を視察。1977年の創業，敷地は1ヘクタール，7棟の工場でそれぞれ異なる作業を行う。従業員85名。
	No.9	ベルトロー（Berthelot）社	オービニー・シュル・ネール市	PICFの前会長の精密加工の企業を視察。市長兼国会議員と県会議員があいさつに訪れ，地元新聞2社も取材に来る。
2012年8月				
28日（火）	No.10	リール・メトロポールLMCU 社会連帯経済州会議所（CRESS）	リール市	午前にLMCUの各担当部署から都市政策，企業誘致，中小企業支援，社会連帯経済について説明を受け，夕方からCRESSと交流。
	No.11	ユーラ・テクノロジー		4千人が働いていた繊維工場跡地の100haをIT企業のインキュベーション施設に再開発。完成までに20年を要している。
29日（水）	No.12	アペス（APES）	リール市	ESSの地域ネットワークセンターAPESの地域担当支援員ローラン・クローブル氏より，ESSの概要について説明を受ける。
	No.13	2 sous de table（レストラン）	リール市	APESの会員企業である，中央リール地区の有機レストランで経営者たちに起上げ資金の確保などについてインタビュー。

日（曜）	No.	訪問先	所在地	主な内容
31 日（金）	No.14	PICF（企業連携グループ）（シェール県商工会議所）	ブールジュ市	前年に深められなかったシェール県商工会議所の活動について，地域産業の状況やクラスター政策とも合わせながら取材する。

2012 年 9 月

6 日（木）	No.15	ルーベ市役所	ルーベ市	社会的結束プロジェクト課課長 Bertrand SAUVAGE 氏と同課の分権的協働担当の Claudia CAPECCHI 氏に，ルーベ市における ESS 政策の展開についてインタビューした。

2015 年 3 月

10 日（火）	No.16	アペス（APES）	リール市	APES が取り組んでいる「新しい豊かさ指標」づくり，および補完通貨としての地域通貨・時間通貨の基礎概念と事例についてインタビュー。
	No.17	ラコルドリィ（l'Accorderie）	リール市	フィーヴ地区でサービス・知識の交換を時間通貨 SEL を単位にして行なっているアソシアシオンの視察とインタビュー。
11 日（水）	No.18	国立統計経済研究所ノール=パ・ド・カレ支局（INSEE）	リール市	INSEE の基本的役割，「新しい豊かさ指標」づくりの取組，ノール=パ・ド・カレ州の社会的・経済的状況に関する統計情報をインタビュー。
12 日（木）	No.19	リール市「参加民主主義」部署	リール市	市の機構図で「近隣市民生活の活力」部門に属する「参加民主主義」部署に，制度の仕組みと実際の取組事例をインタビュー。
	No.20	ノール県家族手当金庫（CAF）	リール市	2011 年に 8 つの CAF が合併してフランス最大になった。ノール県における人口，世帯状況と社会福祉事業についてインタビュー。
13 日（金）	No.21	ノール県商工会議所	リール市	県商工会議所がノール=パ・ド・カレ州と連携して取り組んでいる第三次産業革命事業について説明を受ける。
	No.22	ノール=パ・ド・カレ州第三次産業革命担当ディレクター	リール市	持続可能な経済をめざす既存プロジェクトをリフキンのいう文脈で再構成した性格をもつ「第三次産業革命」についてインタビュー。

2015 年 9 月

21 日（月）	No.23	ヨーロッパ革新的繊維センター（CETI）	ルーベ市・トゥールコワン市・ワットルロー市にまたがって再開発中のユニオン地区	UP-tex クラスターの中核的施設の視察とインタビュー。化学繊維を研究開発するインキュベーター的ラボで，開発が終わったら出る。
	No.24	プレヌ・イマージュ（Plaine Images）		5ha の繊維工場跡地を再開発したデジタル・アート企業を育成する施設の視察とインタビュー。約 50 社が入居している。
	No.25	ユニオンの家を中心にスポーツ複合施設，市民庭園など		80ha のユニオン地区について，再開発コンセプト等の説明を受けた後，プロジェクト責任者の案内により歩いて視察。

日（曜）	No.	訪問先	所在地	主な内容
22日（火）	No.26	サプロフィット（Les Saprophytes）	リール市	都市計画にかかわる建築家やデザイナー集団が取り組む，市民参加の菜園づくりや日曜大工クラブ等の視察とインタビュー。
22日（火）	No.27	SPLユーラリール社（SPL Euralille）	リール市	リールをヨーロッパの中心として再開発するユーラリール・プロジェクトについて，取組の歴史，主体，事業計画等をインタビュー。
23日（水）	No.28	都市再生第三セクター（SEM Ville Renouvelée）	ユニオン地区	・午前は第三セクターの担当者による，ユニオン地区再生プロジェクトへの住民参加システムの説明。 ・昼は，地区内にある元サン・ルイ教会を企業が買取り，社員と住民のための施設に改修している事例の視察と交流会。 ・午後は，ステファンソン地区の住宅再生を手がけたコンストリュー社の担当者より，開発コンセプトと住民参加の様子などについて説明。その後，市民参加による庭園整備の現地視察と説明。
24日（木）	No.29	ブーロネ地方都市圏共同体（Communauté d'agglomération du Boulonnais）	ブーローニュ・シュル・メール市	・会議の前に，地域通貨を使えるフェアトレードの店舗，ビオコープ，プリントサービスショップ，大学内の連帯マーケットなどを視察。 ・ブーロネ地方都市圏共同体にて，同地方の市民通貨推進協会（APMCB）と地域通貨Bou'solについて説明を受け交流討議。
25日（金）	No.30	ナカラ（NACARAT）社	リール市	エコやソーシャルミックスに配慮して開発するナカラ社に，市場経済の手法で開発したハーモニー地区の事例を中心にインタビュー。

2016年9月

19日（月）	No.31	リール市第1助役	リール市	第1助役ピエール・ド・サンティニョン氏にインタビュー。市のESS予算，政策形成における市民参加，ESS政策と他の政策との関連など。
21日（水）	No.32	ノール=パ・ド・カレESS講座	リール市	人間・社会科学の欧州会館にて，リール第1大学のジャニカトリス教授およびESS講座メンバーと，ESSの社会的有用性について研究交流。
22日（木）	No.33	アペス（APES）の新事務所	リール市	新しくできたESSセンターとAPES事務所を視察し，最近の取組についてインタビュー。また会員企業の芸術家団体サポート事業，再生可能エネルギー事業をインタビューする。
22日（木）	No.34	リラ（Lilas Autopartage）社	リール市	リール・フランドル駅近くで「機能性の経済」としてカーシェアリング事業を行うSCIC企業。理念，仕組み，利用状況などをインタビュー。
23日（金）	No.35	ミュチュアラブ（Mutualab）	リール市	シェアリングオフィス事業のアソシアシオン。インキュベーション機能と自主運営について説明を受け，その後ウェブ開発などの入居企業を視察。
23日（金）	No.36	サプロフィット（Saprophytes）	リール市	代表ダミアン氏に，建築思想，地区再生の考え方，自身の生活や生き方に対して突っ込んだインタビュー。

日（曜）	No.	訪問先	所在地	主な内容
2018年3月				
12日（月）	No.37	オー・ド・フランス商工会議所	リール市	ALL プロジェクトのプロジェクトリーダー Nobert Crozier 氏に同プロジェクトの内容についてインタビューした。
	No.38			Cédric Van Riel 氏に第三次産業革命の進捗についてインタビューした。
16日（金）	No.39	社会連帯経済州会議所全国会議（CNCRESS）	パリ市	Florent Duclos 氏に社会連帯経済関連法の影響やリール地域の全国的評価についてインタビューした。
2018年9月				
10日（月）	No.40	地域バンク（Banque des territoires）	パリ市	Géraldine Welter 氏に，預託金庫（CDC）グループ「地域バンク」と ESS の関係について話を聞いた。Welter 氏は社会的経済・結束部門のサブディレクターである。
11日（火）	No.41	SCOP 総同盟（CGSCOP: la Confédération générale des SCOP）	パリ市	研究ディレクターの Catherine Friedrich 氏に，同組織の活動内容と ESS における協同組合会社の現状についてインタビュー。
12日（水）	No.42	オー・ド・フランス州「社会連帯経済州会議所」（CRESSHDF）	リール市	ディレクターの Hager KHEZAMI 氏にオー・ド・フランス州における CRESS の活動と，ESS をめぐる成果や諸課題について聞いた。
	No.43	PTCE「initiativesETcité」	リール市	代表（Président）Arnaud TURBEZ 氏に，PTCE「initiativesETcité」の活動についてインタビューした。
14日（水）	No.44	アペス（APES）	リール市	サブディレクターのジョアキム・ルブラン氏とギヨーム・ドゥルヴァク氏に，ESS を取りまく直近の状況についてインタビュー。
	No.45	Little big women		女性起業家を養成するアソシアシオン。代表の Fatiha Legzouli 氏に事業内容や実績についてインタビュー。
	No.46	ラ・ネフ（La Nef）		倫理銀行の巡回銀行員である Alice Longuépé 氏に，連帯金融の仕組み，働きがいなどをインタビュー。
	No.47	オー・ド・フランス州「社会連帯経済州会議」（CRESSHDF）	リール市	CRESS で PTCE を担当する Stéphane Coezy 氏に，PTCE の制度的特徴やオー・ド・フランス州における展開についてインタビューした。

事項索引

A-Z

APES　93, 97, 98, 100-104, 107, 108, 112, 113
CDC　49-51
CFESS　48
CNLAMCA　16
CRESS　48, 52-56, 59, 60
CSESS　48, 108
ESUS 認証　47, 48, 54, 63
LETS　122
PTCE　27, 52, 53, 55-60
RTES　53
SCIC　19, 27, 45, 51, 53, 57, 59, 60, 71-73, 83, 94
SCOP　15, 42, 43, 45, 56
SEL　122-124

あ行

アクターネットワーク理論　26
アソシアシオン　15, 16, 38, 41, 51, 54, 57, 69, 74, 79, 83, 89, 88, 91, 95, 144, 161, 186-188, 219, 220, 222, 242
アソシアシオン主義　26, 27
アソシアシオン法　15
アソシエーション的調整　23
アニメーター　125, 127, 190
アラルド政令　15
インダストリー4.0　227
エンプロイヤビリティ　3
オルター・グローバリゼーション　118, 137, 171

か行

外国人評議会　185
価値尺度機能　119
貨幣　119, 120
貨幣の流通　120
技術決定論　234
機能性と協同の経済　111
機能性の経済　111, 230
協議整備地区（ZAC）　152
共済組合　16, 38, 69, 74, 95, 144, 219
協同組合　16, 38, 41, 42, 51, 69, 74, 79, 95, 144, 218
協同組合会社　42, 43
極右ポピュリズム　244, 245
近接性　1, 19, 23, 32, 51, 52, 170
近接性の経済　52
近隣公共空間　170, 171, 188, 191
近隣サービス　23, 33, 145, 235
近隣民主主義法　168, 173, 177
クラスター論　52
クリエイティブ・コモンズ　5, 73, 144
経済学　22
経済のグローバル化　122
芸術家的批判　3, 4
減価する価値　124
コアビタシオン　174
交換　120
公共空間　21, 27, 170, 171
交通手段としての機能　119, 120
高齢者評議会　184
互酬性　8, 20, 22, 23, 28, 42, 61, 63, 136, 170, 245
互酬性原理　136
古典派的経済学　232
子ども評議会　183
コミューン団体評議会　184
コモン　4, 5, 24, 25, 32, 42, 73
コモンズの悲劇　103, 104
コラボレーション経済　27, 28, 33, 45
コンヴァンシオン経済学　26, 27
混合経済会社　100

さ行

財団　16, 38, 74, 219
再分配　8, 20, 42, 60, 63
参加型／民主的ガヴァナンス　20
参加型民主主義　143, 145, 154
参加民主主義　113, 168-174, 176-179, 185-188, 190, 191, 244
産業革命　96, 224
シェアリング・エコノミー　33, 45, 115, 116
時間交換　126, 127
時間通貨　118, 122-125, 128, 136
自己調整的市場　21, 22
市場　20, 42, 61
市場経済　8, 19, 33, 63, 136, 241, 245
持続可能な開発目標（SDGs）　230
持続可能な経済成長　106
失業の相対的改善度　210
資本主義的市場経済　240
社会的開発　148
社会的企業　66-69, 87, 91, 237
社会的起業家　2, 17, 18, 28, 60, 61, 63, 69, 74, 91, 238
社会的企業家精神　67
社会的経済　2, 13, 15-19, 41, 46, 49, 51, 62, 63, 69, 74, 87, 94, 95, 144, 241
社会的経済省庁連絡委員会

16
社会的効用　19, 20, 23, 24, 26, 41, 42, 47, 49, 54, 55, 60, 66, 108, 110, 143, 144, 242
社会的コモン　29, 31
社会的排除　17, 48, 128
社会的批判　3, 4
社会包摂企業　62
社会連帯企業（ESS 企業）　40-42, 47-50, 52, 54, 65, 66, 68, 69, 71, 74, 76, 87, 88, 217, 242, 243
社会連帯経済（ESS）　1, 2, 4, 8, 18-21, 24, 27-33, 38, 40, 46, 51, 55, 57, 59-63, 65, 66, 68-71, 74, 96, 139, 143, 155, 158, 169, 188, 190, 194, 231, 240-242, 244
社会連帯経済関連法　2, 18, 24, 38, 40, 46, 48, 53, 60, 62, 65, 66, 76, 87, 90, 94, 119, 139, 195, 241
就業の相対的改善度　210
住区評議会　173, 176, 177, 179, 181, 182
集合的記憶　144, 148, 149, 158
熟議民主主義　21
循環型経済　230
商業企業　19, 20, 41, 46, 51, 54, 55
商品貨幣論　120
新自由主義的市場経済　99, 137
進歩の運動　107
信用貨幣　120
スマートシティ　230
青年評議会　183
責任ある購入　108
責任ある消費　106
相互理解　186
ソーシャルインパクト　49, 60
ソーシャルビジネス　17, 28, 62

た行

第 3 次産業革命　227-235, 237
代議制民主主義　191
代替的経済　95
代表民主主義　175, 178, 179
多元的経済　112
脱工業化　194, 195, 202-204, 216, 222
単純型株式会社（SAS）　76, 79
地域通貨　108, 118, 123, 124, 129-137
地域的補完通貨　52
地域バンク　49
地域分散型エネルギーシステム　230, 235
地区直轄事業体　17, 144, 145
地方分権　169, 173, 177
地方分権改革　168, 172, 174
調整（レギュラシオン）　29, 30
直接民主主義　191
貯蓄手段　119, 120
地理的近接性　24
田園回帰現象　2
都市空間　144, 158
都市計画　140, 154
都市内分権　168, 169, 176, 177

な行

2.5 次産業化　195
認知資本主義　28
認知的近接性　24

は行

ビヤン・コマン（共通財／善）　5, 8, 9, 21, 23-28, 32, 42, 57, 60, 66, 73, 87, 88, 110, 121, 141, 144, 145, 158, 170, 171, 185, 188, 240
フォーディズム　3, 69, 95
フレキシビリティ　3
平成の大合併　168, 169
補完通貨　118, 119, 121, 124, 136, 137, 240
ポストコロナのシェアリング・エコノミー　117
ポスト資本主義　28
ポリス　186

ら行

倫理銀行　36, 37
ル・シャプリエ法　15
レギュラシオン理論　18
連帯金融　2, 28, 36, 47, 107
連帯経済　2, 13, 17, 18, 20-24, 28, 60, 62, 63, 69, 74, 87, 94-96, 99, 136, 170, 188, 240, 241
連帯経済企業　17
連帯貯蓄　47
連帯マーケット　135
レント　4

人名索引

A-Z

Ailenei, O.　8
Antoni, J. P.　152
Arnstein, S. R.　154
Béal, V.　139
Blanc, J.　60
Boyer, J.-C.　225
Brenner, N.　139
Dacheux, É.　27, 28
Derudder, P.　121
Epstein, R.　141, 154, 155
Esquerre, A.　149
Eynaud, P.　65
Fabert, B. P.　122-124
Favereau, O.　31
Gayot, G.　147
Goujon, D.　27, 28
Hallauer, E.　141
Hems, L.　65, 68, 70
Lanciano, E.　60
Larpin, L.　47
Lindsay, G.　65, 68, 70
Marcuse, P.　139
Marion, C.　122-124
Mayer, M.　139
Mayer, N.　244
Morel, S.　168
Paquot, T.　140
Robé, J.-P.　31
Robert, P.　60
Rousseau, M.　139
Roussel, E.　140, 143, 144
Sauze, D.　60
Storper, M.　234
Studer, M.　49
Theodore, N.　139
Thévenot, L.　5
Young, D. R.　65

あ行

アスコエ（Hascoët, G.）　14, 17-19, 143
安倍晋三　115
アモン, B.　14
アルティ, A.　2, 47
池上洋通　168
池本幸生　2
ヴェルカメ, F.　14
宇仁宏幸　23
枝廣淳子　118
エム（Eme, B.）　28
大谷禎之介　120
岡田知弘　169
岡部遊志　234
オストロム, E.　25
小田宏信　193, 226
尾上修悟　47
オブリー（Aubry, M.）　94, 95, 143
重田園江　15
小山　勉　187, 188

か行

カイエ（Caillé, A.）　28
門　彬　173
ガドレー（Gadrey, J.）　19, 26, 97, 144
ガルダン（Gardin, L.）　20, 60, 96, 109, 140, 143, 144
カロン, M.　24, 26
川口夏希　140, 144
北島健一　2, 7, 8, 17, 23, 65, 69
工藤律子　2
久邇良子　174, 175, 177
クレッソン, E.　175
ゲゼル, S.　124
コリア（Coriat, B.）　25, 26

さ行

斎藤幸平　4, 5
佐藤一子　167
佐無田 光　7
ジッド, C.　15, 16
ジャニ=カトリス（Jany-Catrice, F.）　109, 110
シャペロ, E.　3, 4, 17, 232
ジュペ, A.　175
シュミル, V.　235
ジョージ, S.　118
ジョスパン, L　19, 94, 95, 175, 176
シラク, J.　175, 176
杉森滉一　195
鈴木美和子　2
スミス, A.　231
スミス, N.　170
スリティーヌ（Slitine, R.）　2, 13-16, 19, 46, 48, 52
セン, A.　29
孫　正義　234

た行

高橋　洋　230
高橋伸夫　193, 224
高橋正巳　115
立見淳哉　1, 2, 8, 24, 66, 69, 74, 140, 224, 228
津田直則　2
筒井一伸　2, 7
ティロール, J.　6
デシー（Dechy, G.）　110
手塚　章　193, 224
デュエム, S.　182
デュファルヴァール（Dufalvard, H.）　9, 27, 29-31
デルガ, C.　14
ドゥルヴァク（Delevaque, G.）　62, 115, 117
トクヴィル, A.　187, 188
ドフェール, G.　174
ドンズロ（Donzelot, J.）　140, 141, 154, 155

な行

長尾謙吉　1, 195, 235

中澤高志　*7*
中田晋自　*174, 176*
中野隆生　*151, 152*
ナポレオン・ボナパルト　*172*
西尾　勝　*172*
西川　潤　*168*

は行
ハーヴェイ（Harvey, D.）　*3, 4, 6, 7, 139*
ハーシュマン, A.　*21*
ハーディン, G.　*103, 104*
ハーバーマス, J.　*170*
バシェロ, R.　*14*
幡谷則子　*2, 5*
パットナム, R. D.　*188*
原口　剛　*170*
バラデュール, E.　*175*
パンヴィル, M.　*14*
ピット, J.-R.　*237*
ビルパン, D.　*175*
廣田裕之　*2, 40, 67, 68, 121, 124, 137, 139*
ファビウス, R.　*175*
フーリエ, C.　*15*
福原宏幸　*2*
藤井敦史　*94*
ブシャン（Bouchain, P.）　*153-155, 157, 158, 162*
ブラッドワース, J.　*116*
ブランケール, M.　*141, 155*
ブランダン（Blandin, M.-C.）　*143*
プルードン, P.-J.　*15*
フレッス（Fraisse, L.）　*59, 139, 153, 169, 170*
ペクール（Pecqueur, B.）　*52*
ベレゴヴォワ, P.　*175*
ポーター, M.　*52*
ポランニー, K.　*21, 22*
ボルタンスキー, L.　*3, 4, 17, 149, 232*

ま行
松井範惇　*2*
松村文人　*244*
水岡不二雄　*235*
水野真彦　*24*
ミッテラン, F.　*174, 175*
ムーラート（Moulaert, F.）　*9*
モーロワ, P.　*174-177*
森 裕亮　*169*

や行
藪谷あや子　*104*
山口　定　*170*
山本大策　*7*
山本泰三　*4*
山本光雄　*183*
ユナス , M.　*18*
除本理史　*7*

ら行
ラヴィル（Laville, J.-L.）　*2, 4, 6, 7, 13, 16-19, 21-24, 26-28, 62, 63, 65, 67-69, 112, 113, 136, 139, 140, 143-145, 169, 170, 188*
ラクロワ（Lacroix, G.）　*2, 13-16, 19, 46, 48, 52*
ラトゥーシュ, S.　*5, 28*
ラファラン, J-P.　*175*
ラリー, F.　*238*
リエター, B.　*121, 122*
リピエッツ（Lipietz, A.）　*7, 18, 19, 28, 94-95*
リフキン, J.　*227-232, 234, 235*
ルッセル, P.　*14*
ルッツ, M. A.　*6*
ル・プレ, F.　*15*
ルペン, M.　*56*
ロカール, M.　*14, 16, 175*

著者紹介（* 印は編者）

立見淳哉（たてみ じゅんや）*
名古屋大学大学院環境学研究科修了，博士（地理学）。
大阪市立大学大学院経営学研究科教授。
担当：第1章，第2章，第3章，第4章，第5章，第11章，コラム6

長尾謙吉（ながお けんきち）*
大阪市立大学大学院文学研究科後期博士課程退学，文学修士。
大阪市立大学を経て2017年より専修大学経済学部教授。
担当：第1章，第10章，第11章

三浦純一（みうら じゅんいち）*
大阪市立大学大学院創造都市研究科修士課程修了，修士（都市政策）。
大阪市立大学都市研究プラザ特別研究員。
担当：第1章，第5章，第8章，第11章，コラム1, 2, 3, 4, 7

大田康博（おおた やすひろ）
大阪市立大学大学院経営学研究科後期博士課程単位取得退学，経営学博士。
徳山大学経済学部教授。
担当：第1章，第4章

大貝健二（おおがい けんじ）
京都大学大学院経済学研究科博士後期課程修了，博士（経済学）。
北海学園大学経済学部准教授。
担当：第1章，第6章

川口夏希（かわぐち なつき）
大阪市立大学大学院文学研究科後期博士課程単位取得退学，博士（文学）。
大阪市立大学都市文化研究センター研究員。大阪府立大学／阪南大学非常勤講師。
担当：第1章，第7章，コラム5

小川　亮（おがわ りょう）
大阪大学大学院経済学研究科博士後期課程単位取得退学，博士（経済学）。
大阪市立大学大学院経済学研究科准教授。
担当：第1章，第9章

花木完爾（はなき かんじ）
大阪市立大学大学院経済学研究科博士後期課程修了，博士（経済学）。
大阪市立大学大学院経済学研究科特任助教。
担当：第1章，第9章

※肩書きは出版時のものである。

社会連帯経済と都市

フランス・リールの挑戦

2021年 3月31日　初版第1刷発行
2022年11月10日　初版第2刷発行

編　者　立見淳哉
　　　　長尾謙吉
　　　　三浦純一
発行者　中西　良
発行所　株式会社ナカニシヤ出版
〒606-8161　京都市左京区一乗寺木ノ本町15番地
Telephone　075-723-0111
Facsimile　075-723-0095
Website　http://www.nakanishiya.co.jp/
Email　iihon-ippai@nakanishiya.co.jp
郵便振替　01030-0-13128

印刷・製本＝ファインワークス／装幀＝白沢　正

ISBN978-4-7795-1562-0